O VOTO DEMOCRÁTICO

AMANUENSE

O VOTO DEMOCRÁTICO

CELSO CINTRA MORI

1ª EDIÇÃO
SÃO PAULO • 2022

AMANUENSE

Edição e preparação: Rodrigo Haidar
Revisão: Rafael Baliardo
Projeto gráfico e diagramação: Luciana Huber
Imagem de capa: siamimages/RF123.com

Dados Internacionais de Catalogação na Publicação (CIP)
(Câmara Brasileira do Livro, SP, Brasil)

Mori, Celso Cintra
O voto democrático / Celso Cintra Mori. --
1. ed. -- São Paulo : Amanuense, 2022.

ISBN 978-65-991464-6-6

1. Brasil - Política e governo 2. Cidadania 3. Democracia - Brasil 4. Eleições
5. Política e governo I. Título.

22-108202 CDD-321.81

Índices para catálogo sistemático:

1. Brasil : Democracia e cidadania : Ciências políticas 321.81

Aline Graziele Benitez – Bibliotecária – CRB-1/3129

AMANUENSE

Amanuense Livros Ltda.
Rua Nilo 241, Sala 02 – CEP 01533-010 São Paulo SP
contato@amanuense.com.br
www.amanuense.com.br

"Que continuemos a nos omitir na política é tudo o que os malfeitores da vida pública mais querem."

BERTOLD BRECHT

SUMÁRIO

No processo de crime comum a mesma instância que recebe a denúncia detém competência para julgar o acusado. Mas no processo de *impeachment* o recebimento da denúncia é de competência do Plenário da Câmara e o julgamento da acusação, nos termos do que estabelece o artigo 86 da nossa Constituição, é procedido pelo Plenário do Senado.

O Presidente da Câmara não exerce função legalmente prevista em despachos decisórios do processo de *impeachment*. Tal como estabelecem o regimento da Câmara e o artigo 19 da Lei 1.079/50, detém competência para recepcionar e despachar todos os documentos que sejam endereçados à Câmara Federal. Mas esse despacho é meramente ordenatório. Ao mencionar "recebida a denúncia" o artigo 19 da Lei 1.079/50 não está se referindo ao ato de julgar plausível a denúncia, mas unicamente ao ato de recepcionar o documento expressivo da denúncia. A Constituição e a Lei 1.079/50 não atribuem função judicial ao Presidente da Câmara. Não cabe a ele receber ou rejeitar a denúncia no sentido técnico de processo penal. Única e exclusivamente quando e se a denúncia for ostensivamente inepta poderá, a partir de precedente estabelecido em um primoroso voto do Ministro Pertence, ao recepcionar tal denúncia determinar o seu arquivamento (MS 20.941-DF – STF).

O que o Presidente da Câmara não pode fazer é reter a denúncia, sem lhe dar andamento. Esse comportamento precisaria ser examinado à luz do Código Penal, quando define o crime de prevaricação. Ao reter os requerimentos de *impeachment*, sem mandar arquivar os que sejam notoriamente absurdos e sem encaminhar ao Plenário os que estejam formalmente em ordem, o Presidente da Câmara atribui a si mesmo o poder inconstitucional de manter sob ameaça e sob seu arbítrio a estabilidade do Presidente da República.

O livro do Celso Mori – meu Amigo desde sempre, para sempre – leva-me a condensar este prefácio com a constatação de que tal como acontece no processo de *impeachment*, para a democracia não bastam as boas intenções. A democracia não é um fato posto. É um processo composto pela participação de todos, pela responsabilidade de muitos e pela coragem de alguns.

O leitor pode não concordar com tudo que afirma ou propõe este livro, mas certamente encontrará nele os estímulos para aprofundar o pensamento e revigorar as emoções, em quase tudo que diz respeito ao futuro democrático deste país.

Eros Roberto Grau

VONTADE DO POVO 1

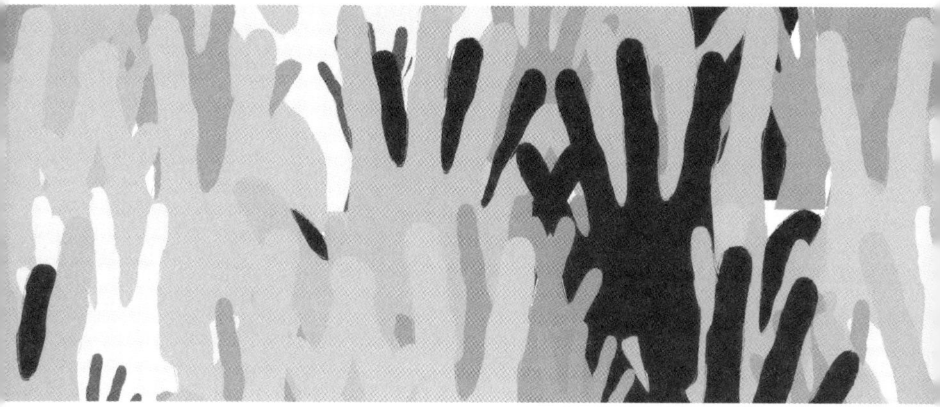

A narrativa do que possa ser o voto democrático pressupõe um entendimento razoavelmente uniforme do que seja democracia. Ao longo deste texto, espero que fique suficientemente claro o que penso que seja. Mas é preciso lembrar ao leitor que o conceito de democracia ao longo da história e, principalmente, o prestígio dessa forma de organização política passaram por grandes transformações. A democracia grega, que conheceu o seu auge na Atenas do século V a.C., e durou menos de 180 anos, era o regime de governo de uma *polis* com aproximadamente 300 mil habitantes, dos quais cerca de 150 mil eram escravos. Descontadas as mulheres, as crianças e os estrangeiros, os historiadores registram algo entre 15 e 30% da população de Atenas como os homens – proprietários – que podiam votar e ser votados. A igualdade entre estes era de tal ordem que muitos cargos eram preenchidos por sorteio.

Aristóteles e outros filósofos, como Xenofonte, consideravam a democracia como a corrosão do regime político, na medida em que fazia com que os mais sábios fossem governados pelos menos sábios. Com as guerras macedônicas, a democracia da antiga Grécia desapareceu, e só veio a ressurgir no discurso dos pensadores políticos pouco antes da Revolução Francesa, depois de quase dois mil anos de hibernação.

A experiência concreta de democracia renasce com a independência dos Estados Unidos, e, ainda assim, com as limitações próprias daquela época histórica. As mulheres só passaram a votar em 1933; e os negros, apenas em 1965. Essas rápidas considerações históricas são necessárias para que se tenham presentes duas realidades: a primeira, de que os conceitos e o prestígio da democracia se alteraram ao longo da história; a segunda, de que a democracia tem, ao longo da história, vínculos persistentes com os conceitos de liberdade e de respeito à vontade dos governados. Mas, exatamente porque a liberdade e a vontade humana são conceitos abertos, com variações infinitas, não existe um modelo estratificado e preconcebido que possa exaurir e monopolizar o conceito de democracia. Este regime político, respeitados os seus pressupostos sobre os quais falaremos brevemente ao longo deste texto, pode tomar muitas formas. Diferentes países democráticos podem adotar diferentes estruturas de organização social, política e de governo.

A consideração mais frequente quando se fala de democracia é a de um regime que permite a formação e condução do governo segundo a vontade do povo. Mas, se pararmos para pensar, vamos ter muita dificuldade em definir o que é "a vontade do povo". Essa dificuldade começa com o fato de que povo não é um ente único e indivisível, que possa ter uma só vontade. Povo é um conjunto ilimitado de pessoas com vontades muito diversas.

Povo faz parte da população de um determinado país. Povo e população, entretanto, são duas universalidades distintas. A expressão "população" é usada para se referir àqueles que habitam um determinado território. Nesse sentido, a palavra população não tem conotações subjetivas, e ninguém tem dúvidas sobre o que seja população nem tem a tendência de incluir ou excluir membros na contagem de uma população. Para o conceito de população se contam todas as pessoas que habitam um determinado território. No extremo conceitual, pode-se dividir essa população em diferentes categorias: por etnias, nacionalidades, faixas etárias e outras. Mas sem nunca colocar em dúvida que todos os habitantes daquele território compõem a população.

Povo é conceito que se insere na totalidade da população de um determinado território. Mas a totalidade da população não é necessariamente o povo. Portanto, as expressões povo e população não são sinônimos. População é quantitativo. Povo é qualitativo. As expressões têm diferentes conteúdos semânticos. Quando se fala em população, pensa-se principalmente no número de pessoas. Quando se fala em povo, pensa-se principalmente nas qualidades morais, culturais ou étnicas que fazem daquela população uma unidade de vínculos.

Apesar dessas diferenças, ou por causa delas, é relativamente fácil dizer qual é a população de um determinado país. Mas os costumes, as definições culturais e os preconceitos criam dificuldades em se identificar quem é e quem não é povo nesse mesmo país.

Também o conceito de povo evoluiu historicamente. Na Grécia antiga, povo eram os cidadãos, uma parte restrita da população, formada por homens que podiam votar e ser votados, com participação direta no governo. Na Roma antiga, *populus* era um designativo de distinção, reservado para os cidadãos que tinham e exerciam direitos políticos.

Em tempos atuais, frequentemente se considera povo apenas a massa da população. Aquela parte da população que forma um grande volume, porém não se destaca por nenhuma qualidade específica. Diferentes formas de preconceito e ideologia podem olhar para essa massa e imaginar que ela é o único povo que interessa, exatamente porque prevalece pela quantidade.

Nessa perspectiva subjetiva, as elites – aqueles que se destacam por alguma razão econômica, intelectual, de poder ou outra – não fazem parte do conceito de povo. Na mão oposta, com fundamento em outras ideologias e preconceitos, há quem pense que, exatamente porque não se destaca em nenhuma qualidade, a massa não deveria ser considerada a parte mais importante do povo.

O fato é que, para a democracia, o povo são todos os que têm direitos políticos; e os que têm a perspectiva de adquiri-los, por simples progressão de faixa etária. A massa e as suas elites. O povo é o conjunto de população que têm direitos políticos, com todos os indivíduos que o compõem. A evolução da ideia de democracia nos últimos 100 anos se deu com a ampliação do conceito de povo, para abranger, progressivamente, diferentes categorias dos que eram anteriormente excluídos. Vontade do povo, em teoria, é a vontade desse conjunto, de toda a população politicamente habilitada a participar direta ou indiretamente do governo da nação.

Entretanto as vontades individuais daqueles que formam o povo são muito diversas entre si. Nenhuma vontade individual se pode considerar como a vontade do povo. A vontade de muitos indivíduos, ainda que sejam a maioria, continua sendo a vontade de muitos indivíduos, e não a vontade "do povo". A rigor, só se poderia chamar de vontade do povo as vontades unânimes de toda a população política.

Como a vontade unânime de todos os indivíduos do povo não existe, por convenção social considera-se como vontade do povo a vontade da maioria. Isso cria a necessidade de aferir – com segurança – qual é a vontade da maioria. Governantes demagogos e populistas que reverberam a vontade de meia dúzia de pessoas, coincidente com a sua vontade, dirão que estão agindo segundo a vontade do povo.

> *A vontade de muitos indivíduos, ainda que sejam a maioria, continua sendo a vontade de muitos indivíduos, e não a vontade "do povo".*

A verdade é que as vontades de todas as pessoas que formam o povo são infinitas, concorrentes, opostas e, muitas vezes, excludentes entre si. Desses inúmeros temas é possível destacar os que tem relevância política e aferir, com relação a cada um deles, qual é a vontade da maioria.

Esse raciocínio pode levar a uma armadilha fatal para a democracia. Com base nas premissas expostas, se pode pensar que, se a democracia é a vontade do povo, e se a vontade do povo é a vontade da maioria, democracia seria o governo segundo a vontade da maioria. Mas, como a maioria não é o povo, a democracia não é o governo segundo a vontade do povo.

Duas observações afastam esse aparente paradoxo.

A primeira é que, quando se fala em maioria – normalmente, e exceto nas sociedades conduzidas por pensamentos totalitários –, não se está falando de uma única maioria. Para cada tema relevante haverá uma maioria. E quem integrou a maioria da população na definição de um determinado tema poderá integrar a minoria quando se tratar de outro tema. As maiorias podem ser circunstanciais – e tendem a sê-lo – a respeito de diferentes temas políticos.

A segunda observação é que a qualidade da democracia como governo do povo, e não da maioria, decorre da representação das minorias. Nos regimes efetivamente democráticos se assegura representatividade às minorias. O poder que emana do povo nas democracias não se concentra total e exclusivamente na vontade da maioria. Onde não houver espaço de representação da vontade da minoria não se poderá falar em vontade de todo o povo e, portanto, não haverá democracia.

Rousseau já fazia a distinção entre o conceito de vontade da maioria e vontade geral:

> "Há muitas vezes, uma grande diferença entre a vontade de todos e a vontade geral: esta olha somente o interesse comum, e outra coisa não é senão a soma de vontades particulares; mas, tirai dessas mesmas vontades as que em menor ou maior grau reciprocamente se destroem, e resta como soma das diferenças a vontade geral".

Nos estados autocráticos, a vontade da maioria se impõe como forma de submissão de minorias desiguais. Nos estados democráticos, as partes contratam em estado de liberdade as formas de convivência social.

Vontade do povo, portanto, é o conjunto de vontades a respeito do qual os indivíduos que formam o povo convergem ou divergem segundo se identifiquem como maioria ou como minoria.

A identificação de povo exige rigor conceitual. Quando se diz que o povo foi para as ruas, significando que milhares, ou até milhões de pessoas foram para as ruas, na verdade dever-se-ia dizer que as pessoas que foram para as ruas eram parte do povo. Mas que elas não são a totalidade do povo. Ser parte do povo não significa ser o povo como um todo. Essas pessoas que foram para as ruas são uma amostra do povo, mas não representam o povo no seu conjunto. Imagine-se um país como o Brasil, com pouco mais de 200 milhões de habitantes. Imagine-se que dois milhões de pessoas vão para as ruas manifestando uma determinada vontade política. Pela impressão das aparências, e pelas emoções que sempre acompanham as movimentações de massas populares, o noticiário e os interesses políticos dirão que o povo foi para as ruas. Entretanto 1% do povo não é "o povo". Pode-se presumir que uma parte dos 99% da população que ficou em casa apoie os que se deram ao trabalho de ir para as ruas. Ao contrário, também se pode dizer que uma parte dos 99% da população ficou em casa exatamente porque diverge da vontade que levou aquele 1% para as ruas.

As movimentações de massas populares são respeitáveis sinais do que pensa ou quer o povo, mas também podem ser sinais de emoções ou catarses coletivas e momentâneas, que apenas representam vontades passageiras e irrefletidas de uma parcela da população. Pode ser sutil a distinção entre o que são manifestações populares de sentimentos consolidados e reivindicações persistentes, e o que são impulsos de ocasião ou conveniência momentânea e circunstancial. A presença de contingentes populacionais nas ruas não pode ser desconsiderada. No entanto, deve ser vista como sinal de fatos explícitos ou implícitos, mais ou menos complexos.

Sinais são símbolos a serem interpretados. Os sinais implícitos nas manifestações populares precisam ser interpretados conforme os contextos em que se inserem.

O fato de alguém comparecer a determinada manifestação popular não significa que esteja inteiramente alinhado com o motivo anunciado como causa da manifestação. Assim, um corrupto pode comparecer a uma manifestação contra a corrupção. Quase sempre as manifestações de rua são carregadas de emoções e reúnem manifestantes com motivações similares; contudo, dificilmente serão motivações idênticas. Embora manifestações populares somem vontades políticas conexas, estas serão variadas.

Para que a democracia seja, efetivamente, um regime político de governo construído segundo a vontade do povo é preciso perguntar o que pensa cada um dos indivíduos que formam o conceito de povo. E essa resposta vem através do voto.

1.1
O voto como símbolo da democracia

A possibilidade de cada indivíduo manifestar a sua vontade política em igualdade de condições com qualquer outro indivíduo – e com isso participar do processo de formação da vontade coletiva – é a essência da democracia.

A democracia não se esgota nas eleições. A simples existência de eleições não é, por si só, suficiente para configurar a existência de democracia. Mas, de outro lado, a ausência de eleições livres é suficiente para se poder afirmar que não existe democracia.

O voto é, pois, o principal símbolo da democracia. Em perspectiva mais analítica, se deve dizer que o voto é também um ato de liberdade. Para que assim seja, desenvolveu-se o voto secreto. No sigilo e na solidão da cabine eleitoral, o cidadão pode manifestar livremente a sua escolha. Mais do que um símbolo da democracia e um ato de liberdade, o voto é, em alguma extensão, uma escolha de destino. Pelo voto se escolhem as grandes diretrizes pelas quais se vai organizar a sociedade em que estamos todos inseridos.

O maior mérito do voto, que é o de ter igual valor para todos os eleitores, é também o seu maior demérito. Objetivamente, o sistema de um voto por eleitor e todos os votos com igual valor é fundamental e assegura a igualdade entre os eleitores, nenhum se pondo acima de outros. O contrário, o chamado voto censitário, é profundamente antidemocrático e preconceituoso. A suposição de que aqueles que cumprem determinados requisitos, econômicos ou intelectuais, estarão mais aptos a votar segundo o melhor interesse comum, além de ser ingênua, é contaminada pelo preconceito de que há superioridade moral onde só existe superioridade econômica ou intelectual. Os detentores do voto censitário tenderão a votar privilegiando os seus próprios interesses.

A democracia, como hoje a vemos, adota o princípio de um voto por pessoa, com o direito de voto para todas as pessoas adultas, com raríssimas exceções. As exceções já foram muitas, mas a evolução histórica as diminuiu. Porém, subjetivamente, o fato de cada pessoa ter apenas um voto gera em uma parte do eleitorado o sentimento de insignificância e impotência. Muitos eleitores pensam que apenas um voto não fará diferença na condução da vida política do país. A relação entre as micro partes e o todo não é facilmente perceptível. Com essa reação emocional, muitos eleitores se desinteressam pelo processo eleitoral e até pela política. Acreditam que seu próprio voto seja insignificante, e que não lhes seja possível exercer qualquer influência na vida política. Muitos eleitores se esquecem de que se o seu voto não vale mais do que o de nenhum outro eleitor, também é verdade que o voto de nenhum outro eleitor vale mais do que o seu. Exatamente porque se esquecem disso, muitos eleitores ficam com a sensação de que o poder político está fora do alcance do eleitor comum, ou de que o

> *A democracia não se esgota nas eleições. A simples existência de eleições não é, por si só, suficiente para configurar a existência de democracia.*

mundo político é algo distante e inatingível. Sensação infundada, que é tão ruim quanto generalizada.

Em consequência dela, o eleitor nem se sente responsável pelo resultado das eleições, nem se sente representado por aqueles que são eleitos. Esse sentimento explica uma certa leviandade com que muitos eleitores tratam o próprio voto. É comum, especialmente nas eleições para o Legislativo, os eleitores não saberem, até bem perto das eleições, em quem vão votar. E tomam decisões de última hora, pouco informadas. Há um número considerável de eleitores que não chega a tomar decisão alguma. Vota em branco ou anula o próprio voto. O voto nulo ou em branco pode resultar da decisão irresignada, tomada sob o convencimento de que nenhum dos candidatos está à altura do cargo. Mas muito frequentemente corresponde a desinteresse pela escolha política, na falsa suposição de que um único voto não tenha relevância para o resultado do jogo político.

Se o seu voto não vale mais do que o de nenhum outro eleitor, também é verdade que o voto de nenhum outro eleitor vale mais do que o seu.

No extremo oposto está o fanatismo político daqueles que votam por paixão. Votam como se estivessem depositando uma oferenda a um messias salvador. O fanatismo político se assemelha, em muito, ao fanatismo religioso ou ao fanatismo de torcida esportiva. Não se questionam os devotamentos de fé. Não se espera racionalidade de escolha das torcidas esportivas. Devoções de fé e torcida esportiva podem ser pura emoção. Não se está afirmando, aqui, que o voto deva ser despido de emoção. A inteligência emocional, na produção daquilo que se convenciona chamar de bom senso, ou senso comum, é exatamente a combinação ponderada entre razão e emoção. Contudo, as emoções exacerbadas dificilmente produzem um voto de cujas consequências o eleitor esteja plenamente consciente.

Nesse patamar também se situam os votos de protesto e os votos por ironia. Não são raros os casos em que candidatos são eleitos exatamente porque suas dificuldades em entender a vida em sociedade ou os conceitos de interesse público os tornaram tipos folclóricos.

Quer pela indiferença, quer pela paixão, o fato é que, no ato de votar, uma parte considerável dos eleitores se comporta completamente fora dos padrões do seu comportamento cotidiano. No supermercado, o consumidor bem informado olha a marca do produto e avalia a confiança que tem no fabricante. Depois pensa nos componentes e nas qualidades do produto, e olha o preço segundo uma relação de custo e benefício. Mesmo o consumidor mais distraído olha se o produto não é tóxico, se não está deteriorado ou com o prazo de validade vencido.

Esse mesmo consumidor, entretanto, é consumidor de serviços públicos pelos quais paga impostos. Mas, ao eleger aqueles que lhe vão prestar serviços públicos, o eleitor consumidor não se considera responsável por fazer uma seleção de qualidade, baseada na credibilidade do partido político fornecedor do candidato. Não tem sequer a preocupação de excluir os candidatos tóxicos para o interesse público.

Se quisermos evitar a comparação entre o consumidor de produtos comerciais e o consumidor de serviços públicos, podemos nos referir ao fato de que ninguém escolhe o síndico do seu condomínio sem se informar sobre suas qualidades e competências, e muito dificilmente elegeria conscientemente um síndico corrupto. Assim como não elegeria um síndico com notórias dificuldades para entender a vida em condomínio. Na política, entretanto, transformou-se em opção supostamente válida eleger o corrupto, desde que este professe a mesma ideologia que o eleitor, ou seja um realizador das obras, com cujos percentuais de corrupção se vai enriquecer.

Ninguém contrata um profissional de prestação de serviços que não tenha demonstrado um mínimo de habilidade para prestar o tipo de serviço desejado ou necessário. Entretanto, na política muitas vezes a atitude é displicente e o eleitor nem sequer se pergunta quais são as competências do candidato antes de votar.

Para encerrar essa pequena lista de exemplos das diferenças entre as cautelas de escolha da vida cotidiana e a frequente irresponsabilidade das escolhas políticas, basta registrar que muitos empresários, de todos os níveis, elegem – para altas funções executivas de governo – políticos que jamais contratariam para gerentes de suas empresas.

Não se está aqui afirmando que a condução política de uma cidade, de um estado, ou do país se equipara à administração de um condomínio ou de uma empresa. São coisas completamente diferentes, quer quanto à natureza, quer quanto aos objetivos de cada uma dessas atividades. Mas o que se destaca e se critica é que, para participar de decisões que importam para o futuro do eleitor e das próximas gerações – com as implicações e complexidades de uma vida política contínua, de gestão de desafios de saúde, de educação, de segurança, de economia, e de impactos duradouros –, o eleitor atue com uma displicência que não teria na gestão de seu condomínio ou de sua empresa. Todos esses fatos são expostos exatamente para que se tenha consciência de que a relevantíssima importância do voto nem sempre é levada

Muitos empresários, de todos os níveis, elegem – para altas funções executivas de governo – políticos que jamais contratariam para gerentes de suas empresas

em conta pelo eleitor. Mas, como o voto é o fundamento da democracia, esse sistema está, e estará, em constante e maior risco conforme a proporção entre o voto responsável e o voto irresponsável estiver sendo desbalanceada em prejuízo do voto responsável. Por voto responsável, evidentemente, se devem entender os votos dados com a consciência das suas possíveis consequências. Só a partir dessa consciência, com a constatação de que o voto é muitas vezes subavaliado, se podem desenvolver trabalhos de esclarecimento e educação para que cada voto seja efetivamente cuidado como um importante pilar da democracia.

1.2 O voto obrigatório

Essas considerações sobre a fundamental importância do voto na construção do regime democrático impõem que se reflita sobre o voto como ato voluntário ou obrigatório.

O fato de que os governantes serão governantes de todos, sem exceção, faz supor que todos devam votar, porquanto terão os benefícios e os prejuízos das escolhas. Há quem sustente que votar, como ato de participação em uma atividade fundamental para a democracia, seria um dever cívico. Faria parte das obrigações da cidadania. Essas razões determinariam a obrigatoriedade do voto.

Entretanto, mais do que um abstrato dever cívico, votar é o exercício de um direto. Todo cidadão tem o direito de participar, em igualdade com os demais, da escolha daqueles que vão governar seu município, seu estado ou seu país. Mas faz parte da natureza de todo direito a liberdade de exercê-lo ou não. Direito de exercício obrigatório não é direito. É obrigação.

O dilema que se coloca, pois, é o de definir se o voto é um direito ou uma obrigação.

Parto da premissa de que votar é exercer uma escolha. É um ato de vontade e de liberdade. Obrigar alguém a ter vontade de exercer uma liberdade de escolha é um paradoxo. Além disso, na democracia o voto tem um valor objetivo definido. Cada voto vale um, e é igual a qualquer outro voto. Mas o valor subjetivo do voto é indefinido. O voto consciente, refletido, informado, tem um valor extraordinário, concorrendo para compor a efetiva vontade do povo. Já o voto leviano, improvisado, irrefletido ou irresponsável tem um efeito devastador, contribuindo fortemente para a deterioração do regime democrático. Corrói as suas raízes.

Objetivamente cada voto anula um outro voto em sentido contrário, na medida em que dois votos opostos se neutralizam. Parece totalmente injusto que o voto refletido, que expressa a efetiva vontade de um eleitor, tenha o seu efeito anulado por um voto oposto, dado sem nenhuma vontade, por obrigação e com algum tipo de leviandade. A solução para essa injustiça não está em eliminar um dos votos opostos entre si. Está em tentar fazer com que todos os votos, ou a grande maioria deles, sejam votos conscientes e refletidos. Mas ninguém pode ser obrigado a votar conscientemente.

O voto tem o valor que lhe dá o eleitor. Aquele que efetivamente dá valor ao seu voto terá muito mais possibilidades de o exercer com liberdade e segundo a crença do que lhe pareça ser a melhor escolha.

O eleitor que não dá nenhum valor ao seu voto, e ainda assim se vê obrigado a votar, estará vulnerável a votar segundo a vontade de terceiros, com prejuízo do princípio de que cada eleitor deve ter seu próprio voto.

Já cheguei a acreditar que o voto obrigatório faria com que todo eleitor, pelo menos nas épocas de eleições, se interessasse pela política, refletindo sobre a governança pública. Além disso, ou por isso, a participação no processo eleitoral teria uma função de educação cívica. Hoje, essa me parece ser uma visão romântica. O eleitor que se interessar pela política vai participar do processo eleitoral sem que ninguém o obrigue. E o eleitor que não se interessar evitará se preocupar com o assunto, mesmo em época de eleições.

Isso me leva a concluir que o voto democrático não pode ser obrigatório. O sistema eleitoral deve facilitar o ato de votar, por exemplo permitindo o voto daqueles que estejam fora do seu domicílio eleitoral. E deve estimular o voto consciente. Mas não deve obrigar ninguém a votar.

Em rigor, a liberdade de expressão constitucionalmente garantida inclui, por definição, a liberdade de não se expressar. Aquele que, por qualquer motivo, entenda que não se deve expressar politicamente através do voto, na aferição da vontade popular, deve ter a sua liberdade respeitada.

Alguém poderia dizer que a opção do voto nulo ou em branco garante a liberdade de expressão política em toda a sua amplitude. Isso é verdade, do ponto de vista da vontade afirmativa. Aquele que vota nulo ou em branco afirma a sua vontade de não votar em ninguém.

Mas, de par com estes, também existem os que gostariam de expressar a sua vontade e a sua liberdade de não participar do processo político. Essa vontade, que não prejudica a ninguém, também deve ser respeitada; e está incluída nas liberdades fundamentais da Constituição.

Obrigar alguém que não quer votar em ninguém a sair de casa, e dirigir-se a uma cabine eleitoral para manifestar o voto nulo ou em branco, corresponde a um constrangimento da liberdade individual. Não há nenhum fundamento ético ou moral que justifique esse constrangimento.

Alguém poderia dizer que o ato de não votar só seria ético caso esse comportamento pudesse ser praticado por todos os eleitores. Mas, se todos os eleitores se abstiverem de votar, acaba-se a democracia.

Sem prejuízo das suposições teóricas que se possam fazer sobre uma hipótese muito improvável, se devem considerar as razões de ordem prática. Se todos os eleitores votarem inconscientemente, apenas para cumprir uma suposta obrigação legal de votar, o mesmo princípio da generalização dos comportamentos nos indicará que será o fim da democracia. Portanto, a suposição altamente improvável de que – facultada a possibilidade de não votar – ninguém mais votaria não nos ajuda a superar o impasse da conveniência, ou inconveniência, social do voto obrigatório.

Fico com o princípio filosófico de que ninguém pode obrigar outrem a ter determinada vontade. Se o eleitor não tem vontade de votar, forçá-lo a ter vontade é não apenas impossível, como também é um convite a fazê-lo expressar vontade alheia. O que me ocorre aqui é um velho e sábio dito popular: "Você pode levar o cavalo até o bebedouro. Mas jamais conseguirá obrigá-lo a ter vontade de beber água".

Ainda do ponto de vista constitucional, o sistema de voto obrigatório fere o princípio da equidade. Dois eleitores que não queiram participar do processo de escolhas políticas resolvem que não votarão em nenhum candidato. Um dos eleitores vai até à cabine, no dia e horário eleitorais, e anula o seu voto. O outro eleitor, persistente no propósito de não votar em ninguém, deixa de comparecer à seção eleitoral. Simplesmente não vota.

Embora ambos tenham tido substancialmente a mesma conduta, de se recusar a votar em qualquer candidato, o sistema eleitoral brasileiro considera normal o comportamento daquele que anulou o voto, e considera ilícito o comportamento daquele que não proferiu voto algum. Este último será multado e impedido de exercer vários atos da sua vida política e até de sua vida profissional.

A distinção de reações do sistema não encontra nenhum fundamento na distinção de comportamentos dos dois eleitores. Portanto, comportamentos substancialmente iguais são tratados de formas diferentes, produzindo desigualdade e iniquidade.

Se o eleitor não tem vontade de votar, forçá-lo a ter vontade é não apenas impossível, como também é um convite a fazê-lo expressar vontade alheia.

É falacioso o argumento de que a obrigatoriedade do voto é necessária para que os eleitores, ainda que votando sem vontade própria, sejam educados para a política e passem a votar por vontade própria. Não há nenhuma evidência, e muito menos há comprovação estatística de que eleitores obrigados a votar contra a sua vontade tenham tomado gosto pelo ato de votar e passado a votar segundo a própria consciência.

Por outro lado, a defesa de que o voto não seja obrigatório não pode ser confundida com a suposta pregação de que alguma parcela da população seja alienada, afastando-se definitivamente dos processos políticos. O fim do voto obrigatório deveria ser implantado em conjunto com políticas públicas pelas quais se pusessem em prática amplas, eficientes e contínuas campanhas de esclarecimento sobre a importância do voto, os fundamentos básicos de política e o significado da cidadania.

1.3
A frustração do voto

A experiência da maior parte dos governos democráticos indica alguma tendência para as eleições serem processos de frustração. O eleitor vota imaginando que o eleito vai realizar o que prometeu como candidato, ou simplesmente o que o imaginário do eleitor projetou no candidato. Mas frequentemente isso não acontece, e as democracias, muitas vezes, entram em um círculo vicioso de eleição, frustração, eleição, frustração.

Esse processo pode ser sintoma da imaturidade do eleitor que imagina um governante que seja capaz de só trazer benefícios e poupar os governados de qualquer sacrifício. Também pode ser resultado de vícios de um processo eleitoral de propaganda enganosa. Não sem razão, cunhou-se no Brasil a expressão "estelionato eleitoral" para designar o voto obtido com uma promessa de grande repercussão que nunca se pretendeu cumprir. Desse cenário não se podem excluir os casos em que o povo simplesmente erra. Elege governantes sem capacidade de governar.

Evidentemente, todo esforço para desenvolver a consciência e a responsabilidade política do povo contribuirá para a solução ou para o abrandamento desse problema. Mas o remédio eficaz para qualquer frustração eleitoral são as eleições periódicas e a possibilidade de rotatividade do poder. Aqui se coloca o problema de se saber se os princípios democráticos de boa governança são mais bem atendidos com mandatos curtos, e possibilidade de reeleição, ou com mandatos mais longos, sem reeleição.

Há uma percepção geral, e verdadeira, no sentido de que governar exige diagnóstico, adaptação, planejamento e execução. Tudo isso leva algum tempo. Embora os governos competentes e devidamente qualificados para as suas funções possam e devam apresentar resultados desde o seu primeiro dia, é inegável que há projetos e realizações governamentais que levam tempo considerável para apresentar os resultados projetados. Mandatos muito curtos impedem a realização dos atos de governo de mais longo alcance. A solução para isso pode ser a reeleição. Quando o governo convence o eleitor de que está no caminho certo, e de que precisa de um segundo mandato para dar continuidade à sua administração, normalmente é reeleito.

A reeleição, entretanto, cria um grave prejuízo à governança. É que o governante será tentado a escolher as opções de governo que favoreçam sua reeleição, em lugar de fazer escolhas segundo o melhor interesse público.

Alguém dirá que as escolhas segundo o melhor interesse público são as mesmas que agradam o eleitor e favorecem a reeleição. Não é assim. Haveria mesmo um certo grau de cinismo nessa afirmação. Imagine-se que o interesse público exija que se aumentem determinados impostos. Ou exija que se demitam funcionários públicos. Essas medidas, mesmo quando necessárias ou convenientes ao interesse público, podem ser desastrosas do ponto de vista eleitoral.

Além disso, ainda que a legislação eleitoral procure evitar o uso da administração pública e de seus funcionários a benefício do candidato que esteja postulando a reeleição, este terá sempre alguma vantagem competitiva, pelo simples fato de representar o poder.

Por outro lado, mandatos longos prejudicam a possibilidade de rotatividade do poder, que é da essência da democracia. E mandatos longos tendem a perpetuar vícios de gestão e pactos de poder no interesse dos governantes, acima do interesse dos governados.

O sistema de mandato de quatro anos com reeleição frequentemente resulta em oito anos de mandato. Porém sempre haverá a possibilidade de o governante não ser reeleito, interrompendo-se ao final do quarto ano a administração que não esteja correspondendo às expectativas da maioria dos eleitores.

Há países que adotam o mandato presidencial de quatro anos com possibilidade de reeleição, e há outros que adotam mandatos de cinco ou seis anos, sem reeleição.

Quando se observa a extensão territorial do Brasil, com 26 estados, um Distrito Federal e 5.568 municípios, justifica-se indagar se há alguma razão para que mandatos de prefeitos, governadores e presidente da República tenham a mesma duração. A resposta parece ser negativa. As prefeituras têm, de modo geral, menor necessidade de mandatos longos, porquanto executam planos e projetos de mais curto prazo. Ao contrário dos governos estaduais e federal, que precisam conceber e executar projetos de maior complexidade e de maior período de maturação.

Portanto, parece bastante razoável defender-se a conveniência de mandatos de quatro anos com possibilidade de reeleição para as prefeituras. E mandatos de cinco anos sem a possibilidade de reeleição para o período imediatamente subsequente no caso dos governos estaduais e da Presidência da República.

1.4
O voto consciente

Para que o voto tenha efetivamente o efeito de contribuir para a construção da democracia, e represente validamente o exercício de um poder individual e político de liberdade, é preciso que cada eleitor tenha a plena consciência da importância de seu voto; e de que nenhum voto valerá mais do que o seu. O voto como escolha pessoal do eleitor precisa estar na consciência dele como um direito político inalienável, e a ser exercido no seu melhor interesse.

A palavra interesse provoca no leitor um sentimento inicial de desconforto, porque frequentemente está associada a interesses mesquinhos, inconfessáveis ou francamente antissociais. Quando se diz que uma pessoa é interesseira, a expressão traz uma crítica implícita de egoísmo e inconsequência. Mas, despida desses preconceitos, toda escolha é a manifestação de interesse em um determinado resultado. Quando se diz que uma pessoa é interessada, significa uma atitude positiva de quem tem um determinado tema no foco de sua atenção de uma forma construtiva.

A expressão interesse engloba o desejo, como impulso predominantemente instintivo e emocional, e a vontade, como impulso emocional elaborado e sedimentado com a participação da razão. Os interesses humanos podem ser os mais nobres ou os mais abjetos, mas são a causa de todas as escolhas. Os interesses decorrem de instintos do ser humano, de suas emoções e de sua racionalidade, todas essas energias e condições operando simultaneamente, naquilo que na segunda metade do século passado começou a ser designado como inteligência emocional. O interesse é fundamentalmente desejo, e, portanto, emoção. Mas o interesse inteligente é aquele em que a emoção foi submetida a filtros de racionalidade.

Em toda escolha há uma multiplicidade de interesses concorrentes. Quem estiver interessado em emagrecer, mas ao mesmo tempo estiver interessado em comer algo extremamente calórico, vai ter que fazer uma escolha. Que será uma, ou outra, dependendo de como suas emoções e sua racionalidade interajam, buscando resultados de curto, médio ou longo prazo e segundo os seus valores de vida. Se o prazer gastronômico, que é parte do instinto de sobrevivência, representar na consciência um valor mais importante do que os valores estéticos ditados pela cultura, ou do que os valores de saúde, a escolha será comer. Em toda escolha consciente a razão apontará as possíveis consequências, e a emoção decidirá pela opção que dê mais prazer ou cause menor dor.

O princípio do prazer, dizia Freud, rege as escolhas. O hedonista terá possivelmente prazer em descansar em uma cama macia. O faquir terá prazer em mostrar a si mesmo que sua vontade consegue encontrar conforto em uma superfície extremamente áspera.

Na política, as escolhas não são diferentes. O voto, como escolha política, é a manifestação de um ou de alguns interesses que sobressaiam entre outros, com os quais concorrem em interação da emoção e da razão, e segundo os valores de cada eleitor. Podem ser interesses de curto, médio ou longo prazo. Podem ser interesses egoístas ou interesses altruístas, ou a combinação de ambos. Mas será sempre um conjunto de interesses. Esses interesses predominantes nem sempre estarão claros na consciência daquele eleitor. Ainda assim, é importante para o sucesso da democracia que cada eleitor vote segundo aquilo que consegue definir como seu interesse, presente na sua própria consciência.

> *Voto consciente é aquele em que o eleitor tem interesse por um determinado resultado político, sabe quem são os candidatos e quais são os motivos pelos quais pode supor e esperar que um determinado candidato vá satisfazer os seus interesses.*

A consciência é o conhecimento que o ser humano consegue ter do próprio pensamento. É a ciência concomitante do pensamento. Estar consciente é saber que está pensando e ter um razoável controle sobre os próprios pensamentos. Mas ter consciência é um pouco mais. Aqui a diferença entre estar e ter é relevante. Ter consciência significa conhecer as possíveis causas e consequências do que se pensa, e organizar esse conhecimento na escala de valores que prioriza hierarquicamente os desejos e interesses próprios do indivíduo. Portanto, o voto consciente é aquele em que o eleitor tem interesse por um determinado resultado político, sabe quem são os candidatos e sabe quais são os motivos pelos quais pode razoavelmente supor e esperar que um determinado candidato vá satisfazer os seus interesses.

1.5
Hierarquia de interesses do eleitor

Antes de ser eleitor, o eleitor é uma pessoa. É uma personalidade, que tem emoções, tem racionalidade e organiza emoções e racionalidade segundo as suas necessidades, interesses, possibilidades e valores, o que o caracteriza de maneira diversa de qualquer outra personalidade. Organiza segundo o seu caráter, que é o mapa das escolhas individuais de interesses.

Como os interesses humanos são múltiplos, infinitos e concorrentes, a organização deles na consciência do eleitor se pode fazer por diferentes critérios. O primeiro critério que parece natural é aquele que indaga onde está o centro dos interesses. Alguns interesses dizem respeito predominantemente ao próprio eleitor, como indivíduo que se coloca como centro deles. Outros interesses dizem respeito ao grupo social em que o indivíduo vive, e no qual este coloca a relevância dos seus interesses. Portanto, é natural o critério que distingue os interesses individuais dos interesses coletivos.

A partir da formação desses dois grandes grupos de interesses, os individuais e os coletivos, que ora se tangenciam, ora se reforçam ou concorrem entre si, os interesses individuais podem ser organizados em uma pirâmide segundo a respectiva importância hierárquica. Aqui se pode, parcialmente, e com pequenas adaptações, tomar emprestada a pirâmide das necessidades humanas, de Maslow.

Assim, os interesses individuais fundamentais estão na base da pirâmide e são comuns a praticamente todos os eleitores, uma vez que se relacionam com as necessidades físicas ou fisiológicas de sobrevivência. Dizem respeito à alimentação, ao vestuário, à habitação, à locomoção e ao repouso. É de se supor que todo eleitor defenda prioritariamente esses interesses, em relação a si próprio e/ou aos que estejam sob sua responsabilidade. Pode-se imaginar, em tese, que algum eleitor faça a escolha de um candidato que comprometa ou dificulte a sua sobrevivência porquanto acredite que tal candidato realizará importantes benefícios coletivos. Em teoria, isso pode acontecer. Mas, na prática, muito dificilmente. A escolha eleitoral deve ser encarada como realmente é, um ato do cotidiano em que o heroísmo só acontece muito raramente. Portanto, na perspectiva prática e realista se deve supor que os eleitores farão suas escolhas segundo a melhor probabilidade de que as suas necessidades fundamentais sejam atendidas.

Logo acima na pirâmide dos interesses estão os desejos de segurança, em sentido amplo. Segurança são os sentimentos de satisfação que mantêm o eleitor na zona de conforto em que se encontra, ou os que lhe assegurem a possibilidade de chegar a uma zona de conforto desejada. Nesse patamar da pirâmide e sob o rótulo de segurança estão as necessidades da segurança física, da segurança de saúde, da segurança patrimonial e de oportunidades de trabalho. Spinoza definia a felicidade como a passagem de um estágio de alegria e realização pessoal para um estágio superior de alegria e realização pessoal. O segundo patamar dessa pirâmide é justamente o interesse em não perder a segurança já adquirida, e ter a possibilidade de desfrutar de segurança ainda maior. Portanto, o candidato da escolha do eleitor será aquele que o convencer de que tem condições de lhe garantir maior segurança.

Com frequência associamos o sentimento de segurança e a demanda por ela à necessidade de ser protegido contra a ação do crime violento.

Isso é tão forte e paradoxal que muitos eleitores não se importam em ser roubados em milhões por políticos criminosos do colarinho branco, desde que estes os estejam protegendo de criminosos violentos que atuam na periferia das relações sociais e que lhes podem roubar algumas centenas de moedas.

Mas a necessidade de segurança cobre um amplo espectro, dentro do qual o eleitor quer ter a certeza de que o poder público está zelando pela manutenção das suas conquistas já alcançadas, bem como assegurando a possibilidade de novas conquistas. Quando o eleitor constata taxas crescentes de desemprego, ainda que pessoalmente esteja bem empregado e seguro nessa posição individual, fica inseguro quanto às possíveis consequências sociais de um alto índice de desemprego. Da mesma forma, ainda que o eleitor esteja economicamente prevenido e protegido, a percepção de que a economia do país está melhorando ou se deteriorando altera o seu sentimento de segurança. Será natural que escolha os candidatos que lhe inspiram os mais fortes sentimentos de segurança, quer em relação à sua posição individual, quer em relação à coletividade na qual convive.

Na escala da pirâmide, diferentemente do que acontece na pirâmide de Marlow, acredito que o eleitor coloque como prioridade imediatamente seguinte a necessidade de satisfação da sua autoestima. Satisfeitas as suas necessidades de sobrevivência e de segurança, o eleitor tem interesse em eleger um candidato cujas metas de atuação concorram para que se sinta empoderado; e para que se sinta como cidadão no exercício dos poderes da cidadania. O eleitor quer o reconhecimento não apenas de que o seu voto conta, mas igualmente de que ele, eleitor, é relevante como cidadão. Políticos experientes sabem a importância de chamar um eleitor pelo seu próprio nome.

Contudo, os interesses do eleitor não se esgotam naqueles que lhe dizem respeito individualmente. Como parte de grupos sociais e como cidadão de seus respectivos municípios, estados e da nação, o eleitor tem interesse em eleger candidatos que satisfaçam o seu orgulho de pertencer ao grupo a que pertence. O eleitor tem interesse no sucesso das diferentes coletividades que integra. Disso decorrem as escolhas que fará dos candidatos que atendam a esses interesses coletivos, que podem ser específicos ou difusos. Podem ser os benefícios salariais ou tributários de uma determinada categoria profissional. Ou os benefícios de aposentadoria de outra categoria profissional. Podem, também, como interesses difusos, estar concentrados na melhoria dos níveis educacionais do município, do estado ou do país. Ou no sentimento difuso de satisfação da sociedade com o desenvolvimento da economia. E, assim, indefinidamente, nos interesses de ordem prática e dos quais se possa beneficiar individualmente, através das coletividades de que participe.

O eleitor sabe que, se for cidadão de um país mais próspero e respeitado, ele próprio será mais próspero e respeitado.

Os interesses coletivos também podem ser difusos. Da mesma forma que a maioria dos brasileiros tem interesse em que a seleção brasileira de futebol, seja a feminina, seja a masculina, se consagre como vencedora, há um interesse difuso dos eleitores nos sucessos do país como nação nas comparações internacionais de melhorias de qualidade de vida segundo diferentes aferições. Há em cada eleitor, consciente e aflorado, ou subjacente e em potencial, um interesse em que a coletividade nacional evolua para patamares de maior dignidade, prosperidade e realizações civilizatórias.

No seu subconsciente, quando não em plena consciência, o eleitor sabe que, se for cidadão de um país mais próspero e respeitado, ele próprio será mais prospero e respeitado. Portanto, esse sentimento de compartilhar o bem comum acaba por despertar o interesse na realização do bem comum.

1.6
Interesses e valores

Os critérios hierárquicos de seleção e organização dos interesses que foram anteriormente mencionados – em que o interesse na sobrevivência precede ao interesse na segurança, que por sua vez é seguido pelo interesse na autoestima, e todos esses à frente dos interesses coletivos – não são estáticos. Eles são mencionados na ordem mais frequente, mas é preciso fazer a importante ressalva de que o que realmente estabelece a hierarquia de interesses de cada eleitor são os seus valores. O eleitor vota para satisfazer o interesse que mais valoriza.

Essa afirmação desafia uma consideração mais aprofundada sobre o que são valores. Frequentemente nos referimos a valores sociais, à defesa de determinados valores, à necessidade de valores, mas raramente nos detemos para pensar sobre o que são valores. Nos confundimos ao imaginar que valores morais sejam uma categoria completamente diferente dos valores materiais, como se não fossem, ambos, espécies do gênero valor. Importante, portanto, é saber o que é valor. A definição que se segue é convicção minha, que não vi em outro lugar, mas parece óbvia.

Valor é a intensidade do desejo. Aquilo que ninguém deseja, perde valor. Aquilo que muita gente deseja, adquire valor. Isso é assim, tanto no campo material quanto no campo moral. Os desejos efêmeros geram valores efêmeros. Os desejos persistentes, perenes, sedimentados na sociedade a partir de hábitos e costumes que a sociedade considera relevantes para a sua própria perenidade e melhoria, se transformam em valores morais da sociedade.

Alguns valores são tão sedimentados, por tantos e tantos milhares de anos, que estão escritos nos livros que as respectivas religiões consagram. Estão escritos na Bíblia, no Talmud, no Alcorão. Na sociedade líquida, de que fala Bauman, os valores parecem estar escritos no gelo. Mas valores são inerentes à condição humana, visto que decorrem dos desejos instintivos e constroem os hábitos e os costumes que a experiência social demonstra terem importância essencial para a sobrevivência em determinadas condições de dignidade.

A afirmação de que valor é a intensidade do desejo recomenda uma pequena digressão sobre os desejos humanos. Desejos, fundamentalmente, são manifestações dos instintos, que aguçam um sentido de necessidade de determinados objetos. As necessidades fundamentais, que são de origens instintivas, despertam desejos fundamentais. A necessidade de alimento gera desejo de alimento, que, por sua vez, confere valor ao alimento. As necessidades de abrigo, vestuário, locomoção e repouso geram desejo de se ter uma habitação, dispor de vestuário, ser livre para a locomoção e poder desfrutar do repouso, conferindo valor a cada um desses bens da vida.

À medida que se sobe na pirâmide das necessidades humanas, tal como concebida por Marlow, sobe-se também na escala de desejos e na escala dos respectivos valores. Nessa progressão, satisfeitas as necessidades básicas que geram desejos físicos e valores materiais, se passa gradativamente para as etapas de necessidades mais abstratas, que correspondem a desejos de segurança, de convivência, de autoestima, de reconhecimento social, de expressão artística e muitos outros correlatos, todos eles gerando valores morais.

De par com os desejos fundamentais, entretanto, existem desejos derivados de outros desejos. Temos necessidade e desejo fundamental de abrigo. Mas também temos instintos de competição. O nosso desejo de abrigo nos faz atuar para ter uma casa. O nosso instinto de competição gera um desejo de ter uma casa igual à do nosso vizinho ou melhor do que a dele. Temos um número considerável de desejos que não derivam diretamente das nossas necessidades instintivas personalíssimas. Derivam do instinto gregário, e de como, com base nele, nos relacionamos com os nossos semelhantes. Refiro-me aos desejos miméticos que foram definidos por Girard.

Os chamados desejos miméticos, ou desejos estimulados pela observação das satisfações aparentes dos desejos alheios, são, na realidade, mistificações dos desejos. Pensamos que estamos desejando alguma coisa, quando, de fato, desejamos outra. Não desejo uma roupa mais colorida, uma casa maior, ou o meu nome em determinada placa. Não sinto, genuinamente, uma necessidade disso. Mas sinto a necessidade de uma roupa tão colorida quanto a do meu irmão, de uma casa tão grande quanto a do meu amigo e de reconhecimento público tão marcante como o do meu conhecido. Nessa perspectiva, corro o sério risco de confundir os meus valores, atribuindo valor a coisas que não correspondem e não satisfazem a nenhuma necessidade realmente minha.

Para mantermos a coerência e completude de uma teoria de valores, dentro do conceito de que valor é a intensidade do desejo, é preciso ter em mente que os desejos fundamentais geram valores fundamentais. Os desejos derivados, daquilo que desejamos porque outros desejam, geram valores derivados. Estes, pela sua própria natureza, são quase sempre efêmeros. Aquilo que se deseja porque outro deseja dificilmente nos trará a plenitude do desejo satisfeito. O que se busca sem necessidade, por desejo mimético, não cria valor persistente.

Quando nos referimos a valores sociais, estamos tratando daqueles desejos de determinadas condutas que a sociedade percebeu, elegeu e sedimentou como necessárias para que ela possa realizar determinados fins. Os valores perenes, como a busca da verdade, da solidariedade, da lealdade, da honestidade e tantos outros são frutos da experiência humana de vida em coletividade. Deseja-se intensamente o hábito individual e o costume coletivo de dizer a verdade porque milenarmente a sociedade experimenta os prejuízos e dificuldades causados pela mentira. O ser humano é gregário, e interdependente. Um ser humano deixado à própria sorte desde o nascimento não sobrevive. O desejo da vida em sociedade, com a consciência de que juntos somos mais fortes, desenvolve a solidariedade como um valor relevante da sobrevivência humana. Da mesma forma, o desejo intenso e perene de lealdade e de honestidade, como de muitas outras condutas necessárias à sobrevivência digna da espécie, nos leva, como seres humanos, a eleger tais condutas como valores sociais.

O eleitor consciente, no momento de decidir o voto, fará uma organização hierárquica dos próprios interesses, segundo os valores morais que considera predominantes.

Os interesses que mobilizam o eleitor em direção a um determinado candidato, portanto, se organizam segundo escalas de necessidades que definem seus interesses e segundo os valores morais que adota. Dito assim, parece simples. Mas os interesses humanos são muitas vezes concorrentes e excludentes entre si. É preciso admitir e considerar os conflitos de interesses que atingem o eleitor segundo a trajetória de vida dele.

Na ordem individual de cada eleitor, o processo de escolha do candidato é um confronto inicial entre o interesse e o desinteresse. O eleitor que não tem interesse pela vitória de nenhum candidato muito dificilmente fará um voto consciente. Para esse eleitor, o único voto consciente será o voto em branco. Ou o voto nulo, se houver a intenção de protesto. Esse eleitor estará frequentemente em uma posição vulnerável, eventualmente disponível para votar segundo o interesse de alguém a quem pretenda agradar.

O interesse do eleitor na vitória de um determinado candidato nasce de um conflito interno de interesses que se manifestam na sua consciência. Haverá uma ponderação entre seus interesses materiais, de curto, médio e longo prazos, e seus interesses morais, notadamente os relacionados aos seus valores. Quando os valores morais estão claramente ancorados na consciência do eleitor, o processo de escolha começa pelo que ele considera moralmente aceitável, ou inaceitável. Um eleitor consciente e coerente que tenha a honestidade como um valor moral relevante dificilmente votará em um candidato corrupto. Um eleitor consciente e coerente que tenha a igualdade como valor moral a ser preservado dificilmente votará em um candidato que tenha preconceitos contra minorias.

> *O eleitor consciente, no momento de decidir o voto, fará uma organização hierárquica dos próprios interesses, segundo os valores morais que considera predominantes.*

Essa relação entre os valores morais do eleitor e a escolha de candidatos que não violem tais valores morais nem sempre é linear e coerente.

Talvez seja esse um dos mais graves desafios da democracia. Eleitores que conduzem suas vidas com honestidade pessoal muitas vezes votam em candidatos corruptos. Eleitores que valorizam a solidariedade humana como diretriz da sua própria vida, não obstante podem votar em candidatos egoístas e indiferentes às misérias dos governados.

Há eleitores que não dão nenhum passo importante nas suas vidas particulares sem pensar, planejar, prever e prover. Entretanto, sem pestanejar votam em candidatos que não apresentaram nenhum plano de governo. Esse aparente paradoxo decorre do fato de que, frequentemente, consideramos a ordem política e a ordem das nossas vidas particulares como dois mundos distintos e separados. Deixamo-nos levar pelo preconceito de que em política vale tudo. Quando grandes líderes como J.F. Kennedy dizem que "política é a arte do possível", confundimos o conceito como se ele tivesse dito o que não disse: que "em política tudo é possível".

O ser humano, quer na sua vida particular, quer na sua atividade política, é exatamente o mesmo. Tem os mesmos vícios e as mesmas virtudes. É ingenuidade imaginar que o mundo da política seja um mundo em que apenas se manifestem as virtudes do ser humano. Não se deve imaginar a ordem política como o universo das nossas melhores fantasias. Para começarmos a falar de Maquiavel, que tem muito a ver com este tema, vale transcrever a advertência feita por ele no capítulo XV de *O Príncipe*:

> "Todavia, como é meu intento escrever coisa útil para os que se interessarem, pareceu-me mais conveniente procurar a verdade pelo efeito das coisas do que pelo que delas se possa imaginar. E muita gente imaginou repúblicas e principados que nunca se viram nem jamais foram reconhecidos como reais. Há tanta diferença entre o como se vive e o modo por que se deveria viver, que quem se preocupar com o que se deveria fazer em vez do que se faz aprende antes a ruína própria do que o modo de se preservar."

Pensar a democracia como um movimento contínuo de aperfeiçoamento da vida política exige que se concorde com a primeira parte dessa afirmação de Maquiavel, para que se tenha a objetividade de admitir que não se deve fantasiar o mundo político como algo distante da realidade possível. Mas a preocupação com o que se deveria fazer, em vez de a pura aceitação de tudo que se faz, é, ao contrário do que afirma Maquiavel, o movimento esperado de quem acredita no aperfeiçoamento das condutas e organizações humanas, em direção ao dever ser, e não motivo de ruína pessoal.

Estou convencido de que as ideias expostas por Maquiavel em *O Príncipe* constituem um marco histórico nas formulações teóricas sobre a ética. Ali se defende a existência de duas categorias éticas. A da vida particular e a da vida política. Mas, além do que Maquiavel efetivamente disse, são atribuídas a ele ideias que não expressou. Ele nunca disse que os fins justificam os meios. Embora tenha dito outras coisas que poderiam levar a essa conclusão. Mas Maquiavel efetivamente disse que salvar a alma, o que equivale a manter princípios da moral cristã e agir de acordo com eles, é diferente de salvar o Estado. O cidadão comum deve procurar salvar a sua alma, agindo de acordo com valores que a religião transforma em dogmas ou mandamentos. O governante deve procurar salvar o Estado, o que pode significar fazer o que seja útil a esse objetivo, com barreiras morais peculiares às escolhas que se impõem ao governante. O Príncipe, governante a que se refere Maquiavel, deve fazer o que seja necessário para o melhor bem-estar do maior número de pessoas e para a preservação das instituições de Estado, ainda que isso o obrigue a atos que a moral cristã condenaria.

Entre esses atos que considera defensáveis na conduta do Príncipe estão atos que poderiam ser considerados de profunda crueldade e até de injustiça para com alguns, a benefício da preservação do poder. Porém, Maquiavel, como consigo lê-lo, nunca defendeu a desonestidade como conduta aceitável na ordem política. Ao contrário, confiram-se as suas próprias palavras:

> "Portanto, um Príncipe deve gastar pouco para não ser obrigado a roubar os súditos; para poder defender-se; para não se empobrecer, tornando-se desprezível; para não ser forçado a tornar-se rapace."

Sucessivas distorções desse dualismo ético, entre o que se pode e deve fazer na vida particular e o que se pode e deve fazer na vida política, levaram grandes parcelas de algumas sociedades, entre estas infelizmente a brasileira, a aceitar a ideia de que a ordem política se possa organizar sem nenhuma ética. Maquiavel não expôs um mundo particular com ética e um mundo político sem ética. Considerou a ordem particular e a ordem política como duas ordens sujeitas cada qual à sua ética.

Entendo que a escolha política consciente deve superar esse dualismo maquiavélico de duas ordens éticas. E, com mais razão, deve superar as distorções que se agregaram ao pensamento de Maquiavel.

Não se pode justificar a alternativa de ser moralmente correto na vida privada e moralmente incorreto na vida política. Isso acontece efetiva e frequentemente na prática. Mas nem tudo que acontece na vida prática é aceitável. Na prática, os seres humanos frequentemente se matam uns aos outros. Nem por isso se tomará os assassinatos como aceitáveis.

O ser humano íntegro é aquele que se mantém inteiro, coerente em todas as suas virtudes, em todos os campos de suas atividades. Terá, e é possível e muito provável que tenha, como decorre da sua condição humana, ao lado de suas virtudes, os próprios vícios. Mas não pode ter vícios seletivos, de tal forma que se comporte por determinados padrões morais na sua vida privada, na sua relação com a própria família e com os amigos, e se comporte por padrões completamente diversos quando está na vida política, mandatado para representar os eleitores que lhe renderam confiança.

Essa forma de pensar é a negação dos valores morais. Se os valores morais só servissem para orientar a vida contemplativa, para a futura salvação da alma, e não tivessem nenhuma utilidade para a vida prática, especialmente para a vida política da sociedade, não seriam valores morais. Valor, repita-se, é a intensidade do desejo. Os valores morais são o desejo intenso e duradouro de que algumas virtudes, como a honestidade, a solidariedade, o compromisso com o bem comum, se implantem e permaneçam como costumes sociais.

Se a sociedade não deseja que os políticos sejam virtuosos, leais, honestos, responsáveis e amantes da verdade, isto significa que a lealdade, a honestidade, a responsabilidade e a verdade não são valores do mundo político. Mas, se não são valores do mundo político, não são valores da sociedade. Porque viver em sociedade é, por si só, um ato político.

O eleitor que tem efetivamente valores morais está consciente deles. Porque não é possível ter valores morais inconscientes. Portanto, o voto consciente é o voto guiado pelos valores morais do eleitor, os quais organizam a sua pirâmide de interesses.

Na edificação dessa pirâmide de interesses existem, como já se viu, muitas escalas. Mas se podem, pelo espírito de síntese, considerar outras duas. Uma subjetiva, outra objetiva. A rigor todas se mesclam, colocando-se os interesses uns sobre os outros por várias razões e diversos critérios. Entretanto, para efeito de perspectiva do analista, se podem considerar os interesses pessoais do eleitor, que o levam a pensar exclusivamente no seu próprio bem, e os interesses sociais, que o fazem pensar no bem da sua família, dos agrupamentos que integre, da sua comunidade, da sua cidade, de seu estado, de seu país.

Quer quanto aos interesses pessoais, quer quanto aos interesses sociais, o primeiro impulso em relação a determinadas escolhas ocorre a partir de emoções. Estas se vão organizar segundo as necessidades prioritárias do eleitor. Depois, vão ser reorganizadas segundo os valores morais dele.

1.7 Interesses emocionais do eleitor

A principal emoção do eleitor é a empatia. *Pathos*, em grego, é a emoção. Que todos temos, as mais diversas. Na relação da emoção de cada um de nós com a emoção do outro, podemos estar apáticos, quando a emoção do outro simplesmente não nos interessa. Podemos estar antipáticos, quando a nossa emoção antagoniza a emoção do outro. Ou podemos, em atitude diversa, ter simpatia pela emoção do outro, quando vemos a emoção como sendo efetivamente do outro, mas desenvolvemos sentimentos de afeto em relação a ele. Somos espectadores da emoção do outro, mas a apoiamos e a entendemos com alegria. A empatia é um pouco mais que a simpatia. Na empatia, nos colocamos no lugar do outro para entender e compartilhar as emoções dele.

Ter ou não ter um sentimento de simpatia em relação ao candidato nos fará criar interesse pelas ideias e propostas dele. Ter empatia com as emoções do candidato fará o eleitor se sentir parceiro das mesmas emoções e das mesmas ideias. Assim, ter empatia em relação ao candidato é fator determinante para a destinação do voto.

A primeira percepção que o eleitor tem do candidato é sempre emocional. Ao conhecer um candidato, ou simplesmente saber de sua existência, e ser estimulado para eventualmente apoiar sua candidatura, o eleitor tem como primeira reação, frequentemente, um de três sentimentos: gosto, não gosto, ou não estou interessado. O gostar decorre de uma sensação de simpatia. O eleitor gosta porque se situa em um ou alguns alinhamentos simpáticos com o candidato. Porém, quando desenvolve sentimentos de empatia, adere emocionalmente ao candidato. Nessa fase, se identifica com modos de ser e agir do candidato. Sente-se alinhado na mesma emoção, que compartilha.

O eleitor busca no candidato as qualidades, sejam vícios ou virtudes, que reconhece ou admite em si mesmo e com as quais se sente confortável. Busca no candidato os reflexos da imagem que faz de si mesmo. A identificação com o modo de pensar pode ocorrer ou não; e frequentemente ocorre. Mas não é absurdo se imaginar uma relação empática em que não haja total identidade de pensamento.

A empatia decorre de necessidades emocionais do eleitor. Um espírito livre, que cultive a liberdade como um valor maior, provavelmente se identificará com o candidato que faça a pregação das liberdades individuais. Um eleitor inseguro, que teme tomar as próprias decisões, provavelmente sentirá simpatia por um candidato que defenda regimes autoritários. Um eleitor que se sente injustiçado pela vida poderá votar em candidato que ele acredita estar sendo injustiçado, ou em candidato que considera bem-sucedido na vida, capaz de superar todas as injustiças.

A ausência de empatia, que não significa exatamente a antipatia, pode se situar em diferentes patamares, desde a indiferença até à aversão. Nesse espectro se situam preconceitos, medos e discordâncias, quer quanto à maneira de ser e de agir, quer quanto à maneira de pensar do candidato. Os preconceitos são emoções decorrentes de juízos de valor precipitados, pelos quais se atribuem ao candidato vícios que ele não tem. Pelas circunstâncias de vida do candidato, sua origem, sua atividade, sua classe social, presume-se que ele tenha defeitos ou crenças que efetivamente não tem. Os medos estão quase sempre ligados a hipóteses de que o candidato possa causar a desestabilização de situações em que o eleitor se sente confortável.

O eleitor busca no candidato as qualidades, sejam vícios ou virtudes, que reconhece ou admite em si mesmo e com as quais se sente confortável.

Ainda no plano dos interesses predominantemente emocionais do eleitor estão os desejos imaturos de encontrar um salvador da pátria.

Quando somos crianças, ou mesmo nas fantasias da nossa maturidade, ao nos darmos conta de que o controle das transformações da vida exige energia, perseverança, sacrifícios e tempo, optamos por pedir ajuda a personagens imaginários. Os gregos iam aos templos, como o de Delphos, onde deuses e sábios lhes davam as diretrizes para conduzir as próprias vidas, em busca da felicidade. No mundo moderno, muitos de nós, às vezes, invocamos os super-homens, as supermulheres, os homens-aranha e todos os demais super-heróis que, no imaginário, são capazes de reconduzir o mundo e as nossas vidas para uma ordem que nos convenha. Muitos gostariam de ter um Mestre Yoda a quem recorrer nos momentos de perigo, que os orientasse na luta pelo bem. Na política, muitos eleitores pensam que, como eles próprios não se sentem com os equipamentos necessários ou suficientes para transformar o mundo, melhor seria entregar essas tarefas aos super-heróis do imaginário.

As mudanças para uma vida melhor, a fuga de situações de sofrimento, as transformações positivas da sociedade quase sempre acontecem de forma lenta e gradual, exigindo esforços e persistência. A criança normalmente não entende e não respeita o tempo de cada coisa. Quer tudo agora. A criança também não se conforma com o fato de que tudo tem uma causa e, sem que ocorram as causas, não adianta desejar ou esperar as consequências. Na suposição das crianças, as coisas acontecem porque um adulto protetor, quase sempre alguém a quem a criança está afetivamente ligada, fez acontecer como simples ato de vontade. Crianças acreditam em Papai Noel, em bruxas, fadas, fantasmas, mulas sem cabeça, saci-pererê e outros mitos como agentes transformadores do mundo, capazes de produzir ações imediatas e sem causas.

Quando os sentimentos remanescentes da criança que, felizmente, existe dentro de cada um de nós, se hipertrofiam nas emoções do eleitor, este passa a acreditar em mitos e salvadores da pátria que, uma vez eleitos, solucionarão as suas aflições em um passe de mágica. Nesse transe, o eleitor se torna incapaz de qualquer análise ou escolha fundada em fatos e possibilidades reais.

O ser humano é movido pela esperança. Tem a expectativa de que, das várias possibilidades em que o dia de hoje se transforme amanhã, haverá de se concretizar alguma que seja melhor que hoje. Os otimistas exacerbam a esperança, inclinando-se a considerar como certas as expectativas que são meras possibilidades. Os pessimistas desconfiam da esperança. Supõem que amanhã as esperanças não se vão concretizar. Os reflexos dessas atitudes na política, e especialmente na escolha do candidato, são muito fortes.

Na avaliação do que poderá fazer o candidato, o eleitor otimista estará propenso a esperar do candidato mais do que este poderá fazer, e até mais do que prometeu. O eleitor projeta no candidato qualidades que este não tem, mas gostaria que ele tivesse. O otimista tende a imaginar que o seu candidato quer o melhor resultado e que superará as dificuldades para obtê-lo.

Já o eleitor pessimista buscará desacreditar até mesmo dos precedentes de efetiva realização do candidato. O pessimista tenderá a reduzir as qualificações que acha razoável esperar do candidato, especialmente as qualidades morais. Porque, pensa ele, como todos os candidatos têm defeitos, não fará muita diferença escolher o candidato A ou o candidato B.

No mundo ideal, o eleitor que busque o voto consciente estará consciente das suas emoções e procurará situá-las na equidistância entre o otimismo e o pessimismo exagerados. E submeterá suas emoções a critérios da razão.

Contudo o ser humano também é movido ou imobilizado pelo medo. Medo e esperança são os dois principais sentimentos concorrentes na definição do voto de todo eleitor. A esperança faz com que o eleitor escolha um candidato segundo as qualidades que ele projeta no candidato. O eleitor vota pela crença na probabilidade de que o candidato realize os seus desejos e interesses.

A esperança é fundamental, como sentimento que move adiante o ser humano. Mas é preciso cautela para distinguir entre a esperança e a autoilusão. A esperança tem que estar assentada no conhecimento do candidato, da sua vida passada, das suas crenças, experiências e habilidades. A esperança de que o candidato incapaz se transforme no administrador habilidoso, ou de que o candidato desonesto se transfigure em administrador probo, não é esperança. É autoilusão.

O medo, ao contrário, leva o eleitor à escolha por exclusão. Vota em um determinado candidato não pelas qualidades dele, mas pelo medo que sente em relação ao outro candidato. Aqui reside, muitas vezes, a causa das escolhas equivocadas. O eleitor se equivoca achando que quer eleger um determinado candidato cujas competências mal examinou ou conhece, quando, na realidade, apenas não quer o outro candidato. Mas isso pode não ser um equívoco. Pode ser uma escolha de quem prefere um pulo no escuro à eleição de outro candidato ao qual se antagoniza. Mas não considero que essa seja uma escolha feita com a consciência de todas as possibilidades e respectivas consequências.

Em primeiro lugar, é preciso, na busca do voto consciente, avaliar se o medo se justifica em razão de fatos, ou se é o medo de mula sem cabeça que tenha um olho na testa. O medo com maturidade existe, mas precisa estar suportado em fatos. Precisa estar vinculado à realidade. O imaginário, as *fake news*, a difamação e/ou outras ferramentas indesejadas de campanha desafiam o eleitor a pensar com racionalidade.

Há casos em que o medo se justifica. Por exemplo, quando o candidato representa efetivamente um perigo para as crenças e para os valores morais do eleitor. Mas o fato de um candidato significar a ameaça de efetiva concretização de danos previsíveis não faz o outro candidato nem melhor nem pior do que efetivamente é. Portanto, cada candidato deve ser analisado pelos seus próprios méritos e virtudes, e não apenas porque seja concorrente de outro candidato ruim.

O dilema que frequentemente se coloca, da escolha entre dois candidatos ruins, também não justifica o medo como critério de escolha. Decidir entre votar no menos ruim, votar em branco ou anular o voto é sempre uma escolha muito difícil. Mas ainda aqui é preciso afastar o medo do improvável. É preciso, sim, ter medo dos danos que possam ser causados pelos dois candidatos ruins. Mas resta a tarefa árdua de, sopesando os interesses legítimos do eleitor e os seus valores morais, avaliar objetivamente qual dos candidatos se situa a menor distancia desses interesses e valores.

Já fui contra o voto nulo ou em branco. Na vida, não existe a não escolha. Quando não escolhemos as opções dos nossos destinos, outros fatores ou pessoas fazem as escolhas, porque não se pode paralisar a vida enquanto se pensa o que decidir. Contudo, em um sistema em que os partidos políticos, ou circunstâncias alheias ao eleitor, impõem candidatos dos quais nenhum possa corresponder aos anseios do eleitor, ou todos possam contrariar gravemente os valores dele, o voto nulo ou em branco pode equivaler à manifestação válida de que o sistema de escolha de candidatos é inaceitável.

1.8
A razão como filtro das emoções

A mente humana é composta de emoções e de racionalidade. A escolha do eleitor é fundamentalmente emocional. É a emoção que o move em direção à realização de um determinado interesse. Mas a escolha não é exclusivamente emocional. O eleitor consciente submete suas emoções ao crivo da razão.

A racionalidade do eleitor nem sempre chega a ser amplamente exercitada. É muito comum o voto puramente emocional. A verdade, entretanto, é que não se pode falar em voto consciente quando não existe o concurso da razão. A experiência humana de viver consolidou determinados princípios racionais, que necessariamente se aplicam também às escolhas políticas.

PRINCÍPIO DAS CAUSAS E CONSEQUÊNCIAS – Tudo que acontece tem uma causa, seja ela física, seja ela moral. As mesmas causas, atuando em contextos razoavelmente similares, produzem os mesmos efeitos. No mundo dos fenômenos naturais, a ciência identifica causas. Na convivência familiar e social, os comportamentos têm as respectivas causas. Em toda a vida humana, os acertos e os erros têm causas. Nem todas as causas são conhecidas ou passíveis de conhecimento, nem todas estão sob controle humano. Mas toda ação humana é necessariamente causa de suas respectivas consequências. Afasto-me aqui, voluntariamente, das correntes filosóficas que se recusam a acreditar que os fenômenos naturais e sociais sejam, quase sempre, um encadeamento de causas e consequências.

O costume nefasto de pensar o mundo político como um algo à parte, distante do mundo em que vivemos o cotidiano, anestesia-nos em boa parte do senso comum. Ele adormece a razão, e altera as emoções. Na política, muitas vezes pensamos que as mesmas causas possam produzir resultados diferentes. Chegamos a achar que a incompetência, o despreparo, a leviandade e o primarismo que levaram um político a ter carreira longa e medíocre possam ser causa de um ótimo governo, se lhe forem conferidos poderes maiores. Se as causas que levaram alguém a entrar na vida política foram mesquinhas, limitadas a um universo restrito de interesses egoístas, e se nessa motivação não houve qualquer comprovada alteração de contexto, o efeito necessário será a mediocridade de atuação. Aqui, vale lembrar o chiste do Barão de Itararé: de onde menos se espera, é de onde não sai nada mesmo. A política, como uma atividade humana distinta de outras atividades, tem dinâmica própria. Mas não se pode imaginar que seja regida por uma lógica própria, em que as causas não têm consequências.

PRINCÍPIO DA CONTINUIDADE DO CARÁTER E DAS CONDUTAS – As pessoas, de modo geral, incluindo os políticos, têm uma trajetória de vida. Na experiência cotidiana vão acumulando causas que as fazem pensar e agir desta ou daquela forma. Quando ingressam na vida política, nada indica ou assegura que se transformem em alguém diverso daquilo que decorre das suas causas de existir. Podem acontecer mudanças, porque o ser humano tem capacidades infinitas. Mas, na busca do voto consciente, as mudanças terão que ser comprovadas. Não podem ser presumidas. O candidato que não se comporta como um bom cidadão na vida social muito dificilmente se vai comportar como tal na vida política. Normalmente, o poder é causa de corrosão das virtudes, não do aprimoramento delas. Portanto, e até prova em contrário, o eleitor deve imaginar que o candidato, uma vez eleito, se vá comportar com os mesmos vícios e virtudes com que se comporta na sua vida particular. Isso, se não se deixar corromper pelo poder e não tiver o acentuamento dos vícios em prejuízo das próprias virtudes.

PRINCÍPIO DA EXCLUSÃO DOS CONTRÁRIOS – Não se pode querer uma coisa e o seu contrário ao mesmo tempo. Nas enunciações de vontade, quando estamos conversando em abstrato, percorrendo apenas o mundo das ideias, todos queremos um país justo e com igualdade de oportunidades para todos, sem privilégios ou preconceitos de castas. Temos consciência de que as desigualdades sociais exacerbadas empobrecem o país como um todo e o tornam vulnerável a instabilidades. Queremos um país civilizado, do qual possamos nos orgulhar. Imaginamos que, quando um estrangeiro se referir ao Brasil, teremos orgulho em saber que o fez com respeito, proclamando tratar-se de uma terra de gente digna. Isso é, aparentemente, o que queremos.

> *O candidato que não se comporta como um bom cidadão na vida social muito dificilmente se vai comportar como tal na vida política. Normalmente, o poder é causa de corrosão das virtudes, não do aprimoramento delas.*

Mas, nas situações concretas, se um candidato afirma que vai aumentar os impostos dos contribuintes que pagam menores impostos, ou se anuncia que favorecerá temporariamente, e dentro de determinados limites, a uma classe social que até então vinha sendo desfavorecida, encontrará a rejeição de muitos que supostamente queriam a correção das injustiças. Queremos os resultados, mas não queremos os sacrifícios pessoais que possam levar a esses resultados.

O voto consciente, o verdadeiro sentimento democrático, exige que se respeite o princípio da não contradição. Se queremos um país civilizado, precisamos, como eleitores e como cidadãos, fazer escolhas civilizadas. É absolutamente certo que os fins não justificam todos os meios. Há meios injustificáveis, quaisquer que sejam os fins desejados. Mas não se pode desejar determinados fins, de uma forma madura e consciente, se não existirem a disponibilidade e a coragem de desejar os meios legítimos e moralmente válidos que conduzam àqueles fins.

PRINCÍPIO DO OBJETIVO DEFINIDO – Não existe vento favorável para o marinheiro que não sabe para onde quer ir. Na viagem a um destino escolhido, é preciso saber que destino é esse, onde fica, e quais as rotas possíveis ou convenientes para se chegar lá. A escolha do destino é, no primeiro momento, emocional. Agrada-nos a ideia de ir para um determinado lugar. Ou, aceitamos a necessidade de ir até lá. Mas a escolha não é só emocional. Em seguida às primeiras emoções, virão as ideias das vantagens e desvantagens de ir para aquele destino, iniciando-se um processo racional comparativo. Cogitamos os motivos para ir para um determinado destino e não para outro. Escolhido o destino, o mesmo processo mental ocorrerá em relação às possíveis rotas para atingi-lo. No início, se a emoção predominante for estética, seremos atraídos emocionalmente pela rota mais bela. Ou pela rota mais perigosa, se a emoção predominante for o espírito de aventura. Mas a razão interferirá na composição das nossas emoções, para indicar quais escolhas são compatíveis e quais são incompatíveis com o objetivo e as possibilidades da viagem.

Assim deveria ser na vida e nas escolhas políticas. A menos que nos conformássemos em simplesmente flutuar ao sabor das ondas.

O voto consciente começa com a escolha daquilo que queremos, ou daquilo que aceitamos como nosso destino político. Feitas as escolhas segundo as nossas emoções predominantes, é preciso escolher racionalmente os caminhos que levem àquele destino. As nossas emoções nos indicam as alternativas políticas que nos agradam e as que não nos agradam. A razão nos ajuda a selecionar os destinos possíveis, a encontrar os meios e a eleger as pessoas que possam concretizar essas alternativas.

Na definição do voto, os interesses que passam pelos filtros da racionalidade se podem agrupar em dois grandes blocos: o dos interesses individuais, que podem ter conotações de egoísmo; e o dos interesses coletivos, que quase sempre têm algumas conotações de altruísmo. Esses blocos não têm fronteiras estanques. Ninguém é exclusivamente egoísta, ou exclusivamente altruísta. Os interesses individuais podem coincidir com interesses individuais de muitos outros indivíduos, tornando-se interesses de uma determinada coletividade. Os interesses corporativos frequentemente têm essa natureza.

Nesse capítulo, a concorrência entre o egoísmo e o altruísmo é de muita importância. O eleitor, ao buscar a satisfação dos interesses individuais por meio do voto, pode ser egoísta. Não é o ideal, entretanto, não é surpreendente. E é frequentemente esperado que assim o seja. Mas o candidato egoísta, aquele a quem falta altruísmo, é a proposta de uma contradição. Quando alguém se apresenta como candidato, se tiver o mínimo de consciência política, estará se propondo como representante dos eleitores. Representar significa sustentar e defender os interesses do representado. Posto isso, se o candidato for predominantemente egoísta, sem um mínimo necessário de altruísmo, estará naturalmente incapacitado para representar os interesses dos seus eleitores.

Os interesses do eleitor serão perniciosos à democracia quando se situarem em um patamar de individualismo que os sobreponha de forma absoluta a qualquer outro interesse de coletividades, ou da sociedade como um todo. Na ideologia de alguns eleitores, o egoísmo busca justificar-se na crença de que, se cada indivíduo buscar alcançar o que é bom para si, e todos fizerem o mesmo, a sociedade poderá alcançar o que é bom para ela. Isso, evidentemente, é um sofisma. A soma de interesses heterogêneos e conflitantes nunca produzirá um todo homogêneo e harmônico.

A democracia, como regime político em que o povo escolhe o seu próprio destino com predominância de sua maioria, e com respeito a determinados direitos da minoria, terá mais sucesso à medida que os eleitores conseguirem conciliar seus interesses pessoais defensáveis e os interesses institucionais da sociedade.

Essa capacidade de conciliação de interesses não é inata. É fruto de aprendizado.

1.9 **O voto consciente e consciência social**

Tudo o que se disse até agora sobre o voto democrático e a necessidade de que seja consciente nos leva a analisar duas ordens de consciência. A consciência individual e a consciência social.

A consciência individual é um estado psicológico. É a ação do psiquismo, no sentido de permitir àquele que pensa a capacidade de saber que é um ser pensante e com algum controle sobre os próprios pensamentos. Pela consciência individual o ser humano se reconhece como um ser pensante. Identifica o que é.

Por outro lado, o ser humano conhece, ou pode conhecer, o contexto social em que vive. À medida que desenvolve esse conhecimento, adquire consciência social. Projeta o seu pensamento para fora de si mesmo para ter como foco os ambientes concreto e abstrato em que se situa. Pela consciência social, o ser humano identifica as características materiais e imateriais do ambiente em que vive, e o faz na perspectiva consciente de suas relações com os demais seres humanos que ocupam o mesmo espaço.

Toda escolha, e disso não destoam as escolhas políticas, exige conhecimento. Exige a plena consciência de quais são as alternativas realistas de escolha que se apresentam. A consciência social é fundamental para que a consciência individual faça suas escolhas.

Para a plena consciência do voto democrático, o eleitor precisa saber quais serão os impactos do seu voto na sociedade em que vive. Precisa avaliar o contexto social em que vive e decidir em quais aspectos gostaria que esse contexto fosse mantido, e em quais aspectos gostaria que fosse transformado. Portanto, não existirá voto consciente se não existir a consciência dos efeitos sociais do voto.

1.10
O voto inconsciente

Postas as considerações sobre o que seja o voto consciente, pareceria desnecessário falar sobre o voto não consciente, hipoteticamente, o contrário daquele. As causas e a relevância do voto não consciente, entretanto, exigem e justificam narrativa própria. Para facilidade de exposição, chamarei o voto não consciente de voto inconsciente, com a ressalva de que essa terminologia está sendo usada aqui para significar a ausência de reflexão sobre os motivos e possíveis implicações atuais ou posteriores do voto dado.

Por ordem metodológica, defina-se o voto inconsciente como aquele que é dado sem que o eleitor tenha consciência de quais são os seus efetivos interesses e motivos para votar neste ou naquele candidato e quais são as possíveis ou prováveis consequências do seu voto.

As raízes do voto inconsciente estão na alienação política. A etimologia da palavra alienação, que remonta no latim ao adjetivo *alienus* e ao verbo *alienare*, explica muita coisa.

Alienus é o alheio. O que pertence a outro. Alienar é verbo de uso corrente, como sinônimo de vender ou passar para outro a propriedade de algo que é nosso. Alienação política é o comportamento que nos afasta da vida política, excluindo o nosso interesse em conhecê-la e dela participar, com a falsa suposição de que o mundo político pertença aos outros. De que ele seja coisa alheia a nós.

O equívoco grave, muito grave, dessa percepção da realidade está no fato de que nós até podemos querer sair da política, mas a política nunca sairá de nós. Portanto, podemos ter com a política uma relação equilibrada, ora como causa, ora como consequência dela. Ou podemos ter uma atitude passiva, em que sofremos todas as consequências da atividade política dos outros, mas não temos nenhuma projeção ou controle da nossa vida política, ou da vida política da sociedade em que vivemos.

Alienação política é o comportamento que nos afasta da vida política, excluindo o nosso interesse em conhecê-la e dela participar, com a falsa suposição de que o mundo político pertença aos outros.

Vivemos em agrupamentos humanos, sejam rurais, sejam urbanos, os quais os gregos chamavam de *polis*. A vida da *polis* e na *polis* é a vida política. E ninguém escapa disso. A vida na *polis* é formada pelas relações de dependência, de interdependência, de autoridade, de subserviência, de cooperação, de hostilidade, de afeto ou desafeto e todas as demais relações que constituem a vida familiar ou social.

A ideia de que política seja coisa dos outros e para os outros é totalmente imatura. Corresponde ao refúgio em uma falsa zona de conforto, como se fosse possível esconder-se da vida social e ignorar os princípios, valores, costumes, normas e comportamentos que a regem.

As relações políticas são relações de poder. Poder é a capacidade de realizar as próprias potências. Poder político é a capacidade de interferir na realização, ou na inibição, da potência dos outros e da sociedade que todos integramos. Todas as coisas e todas as pessoas têm a potência de se transformar naquilo que devem vir a ser. Potência é energia de transformação. Cada um de nós, sejamos eleitores ou não, estamos em contínua transformação, em busca da construção do nosso destino. Temos na nossa natureza a potência que nos impulsiona nessa transformação.

Da mesma forma, a sociedade em que vivemos se transforma continuamente para vir a ser aquilo que resulte das suas próprias potencias. O poder sobre si mesmo é a capacidade de determinar, relativa ou absolutamente, o seu destino, e de definir aquilo que cada um quer ou pode vir a ser, em um processo de contínua transformação. Paralelamente, e sem que uma coisa exclua a outra, poder político é, na nossa relação com os outros, a capacidade de definir o que virá a ser a nossa sociedade ou a comunidade a que esse poder político se refere. Toda vez que a sociedade se transforma, e isso acontece a cada instante, transforma-se a nossa relação com a sociedade em que estamos inseridos. Nessa transformação podemos ser participantes ativos ou passivos. Mas a passividade não impede a transformação. Apenas permite que ela aconteça sem a contribuição de quem se manteve desinteressado.

Nos jogos de poder, os mais poderosos de todos os tempos usaram, como estratégia de conservar e ampliar o próprio poder, o discurso de que política é uma ciência para os iniciados, e a grande massa da população não deveria ter a pretensão de entender a política ou atuar nesse mundo supostamente hermético.

Nesses jogos de poder desenvolveu-se a crença, muito conveniente para os poderosos, de que a grande massa da população deveria se preocupar apenas com as próprias vidas, com a sua sobrevivência e a sobrevivência dos seus dependentes, buscando as melhorias pessoais, quer na ordem material, quer na ordem intelectual. E os desafios políticos deveriam ser deixados para os especialistas, que nas ditaduras ou nos regimes autoritários surgiriam pela sua própria força, e nas democracias seriam escolhidos de tempos em tempos pelo voto do povo.

Essa forma de perceber e organizar a vida política social nada mais é do que a projeção de uma das formas ancestrais de perceber e organizar a vida familiar. Em algumas sociedades antigas, e segundo costumes que prevaleceram até muito recentemente, e ainda subsistem em determinadas culturas, o modelo de família era o patriarcal, caracterizado por ter como figura central o patriarca, ou seja, o pai chefe da família. Este deveria deter todo o poder sobre ela e o poder que dela emanava, de forma a tomar, com vontade incontrastável, todas as decisões importantes para o destino da família.

Os demais membros deveriam apenas cumprir as suas respectivas funções, sem interferir no poder paterno. O conceito de respeito, nessa perspectiva, nada mais é do que a proibição de qualquer conduta que signifique o questionamento ou o desafio do poder paterno absoluto.

Nesse aspecto, a formação do Estado, especialmente nas monarquias absolutistas, se inspirou no modelo familiar. Todo poder político se concentra nos governantes, que no imaginário social cumprem as funções paternas ou a vontade divina. E os governados apenas obedecem, como convém a súditos fiéis.

Sejam motivos históricos, sejam motivos atuais de evolução da cultura, são muitos os motivos que afastam o cidadão comum da vida política. O eleitor não apenas elege representantes com os quais frequentemente perde qualquer contato ou interlocução, como aliena o seu próprio destino político. Torna-se, literalmente, um alienado.

O eleitor alienado é forte candidato a proferir um voto inconsciente.

O DESENCANTO COM A POLÍTICA – É comum que se procure justificar a alienação com o fato de que há um desencanto generalizado com a política. Afirma-se o desencanto como causa da alienação, mas também se poderia afirmar a alienação como causa do desencanto.

A crença de que os políticos sejam necessariamente pessoas sem limites morais ou éticos, capazes de qualquer coisa para conquistar e manter o poder, alimenta a ideia de que o mundo político seja um espaço social diferenciado negativamente. Forma-se um círculo vicioso inteiramente perverso. Os cidadãos e cidadãs mais virtuosos, ou ciosos de suas reputações, temem ingressar na vida política, porque isso poderia fazer com que fossem confundidos com maus políticos. E quanto mais isso acontece, maiores são os espaços da vida pública que ficam abertos à ocupação pelos maus políticos.

Essa divisão entre cidadãos políticos e não políticos, como se fossem duas comunidades de conteúdo ético ou moral diversas, é enganosa e artificial. Nas democracias, todo poder político resulta do voto. Portanto, os políticos só ocupam os respectivos cargos quando são escolhidos pelo voto de um determinado e considerável número de eleitores. Em rigor, os políticos representam os eleitores não apenas no sentido jurídico, mas também em termos culturais e de costumes sociais. Uma sociedade profundamente religiosa em sua maioria muito dificilmente elegeria políticos ateus. Uma sociedade majoritária e extremamente conservadora certamente não elegeria políticos que se propusessem a acelerar fortemente as transformações sociais. Os vícios e as virtudes dos políticos são os mesmos da sociedade que os elegeu.

Toda sociedade tem, pelas suas estruturas e modelagem cultural, sua própria tolerância ou intolerância aos vícios, ou sua aderência às virtudes. Os políticos que essa sociedade elege terão esses mesmos padrões de vícios e virtudes. O desencanto com a política, portanto, quando analisado friamente, é um comportamento infantil dos que acreditam que uma sociedade viciada em costumes que a prejudicam possa eleger políticos com as virtudes necessárias para encantá-los.

Essa divisão entre cidadãos políticos e não políticos, como se fossem duas comunidades de conteúdo ético ou moral diversas, é enganosa e artificial.

A política, repita-se, já o disseram grandes líderes, é a arte do possível. Isso significa que nem tudo é possível em política. Como se trata de organizar as coincidências e os conflitos de objetivos entre os diferentes agentes políticos, é irrefutável a conclusão de que nem tudo que um determinado agente político pretenda, ainda que seja uma boa ideia, será possível de obter. E, como essa constatação vale para todos os políticos, é absolutamente verdadeira a afirmação de que a política é a arte do possível. É preciso engenho e arte para obter resultados políticos. O fato de a política ser a arte do possível, e uma atividade em que frequentemente se conseguem menos realizações do que as que se desejariam, não poderia justificar o desencanto. A verdade é que a própria vida é a arte do possível. Em nenhuma atividade humana se consegue sempre tudo que se quer.

Mas a afirmação de que política é a arte do possível não pode, nem de longe, significar que em política tudo é possível e que o imoral e o antiético podem se incorporar ao cotidiano da vida pública ou da atividade política. Os preconceitos contra a atividade política, e a suposição de que só os tolerantes com as transgressões de valores morais possam se dedicar a ela, acabam alimentando a degradação do mundo político. O que deveria ser uma atividade nobre, de representar os demais cidadãos na construção do bem comum, é visto frequentemente como uma atividade em que tudo é permitido, e um espaço em que os valores morais da sociedade estariam suspensos.

Existe desencanto com a política no mundo inteiro. Em muitos países, como no Brasil, há o sentimento de que os políticos constituem uma casta diferenciada, dos quais seria necessário tolerar desvios éticos e de caráter, desde que produzam algum benefício para aqueles que os apoiam. No Brasil, entre todos os motivos que possam justificar esse sentimento, é possível identificar alguns preponderantes.

A dificuldade de entender e defender o bem comum é, sem dúvida, uma grande causa de desencanto político. Uma das matrizes da nossa atividade política está necessariamente vinculada à dificuldade que têm os indivíduos, de modo geral, para distinguir entre o que é propriedade privada, ou bem individual, e o que é propriedade pública, ou bem comum. Nas nossas origens como nação, há apenas quinhentos e poucos anos, convivemos com os costumes da monarquia, e especialmente da monarquia portuguesa. O rei, com algumas concessões voluntárias ou inevitáveis à sua corte de nobres, era o governante e proprietário de tudo que não fosse comprovadamente propriedade privada. Portanto, o poder político significava não apenas administrar os bens comuns da nação como também dispor deles como coisa sua. Essa proximidade confusa entre o que era patrimônio da nação a ser administrado e patrimônio de que o administrador podia fazer uso e dispor como coisa sua perdurou ao longo dos séculos; e perdura ainda hoje no subconsciente de muitos que ingressam na vida pública para exercer atividade política.

Digo que isso está no subconsciente porque, no consciente, enquanto não exercemos cargos públicos, temos a perfeita noção, como povo, do que pertence ao povo e do que pertence ao político administrador de bens do povo. Essa é a grande diferença entre as antigas monarquias absolutistas e as repúblicas. Nas repúblicas, prevalece a coisa pública. A res pública. Mas, quando os políticos assumem os seus cargos, sentem-se frequentemente empoderados a satisfazer todos os seus desejos e ambições pessoais, como se fossem os donos do bem comum. Poder de administrar e poder de dispor como coisa sua se passam a confundir. E coisa pública é vista como coisa de ninguém, da qual o governante possa dispor segundo sua vontade.

Tomem-se como exemplo as pequenas prefeituras do interior. Em muitas delas, o prefeito passa a agir como se fosse o dono da cidade, começando por trazer para o seu gabinete seus parentes e amigos mais próximos, contornando, lícita ou ilicitamente, a legislação que veda o nepotismo. Nos diferentes degraus da hierarquia política, até chegar aos gabinetes de Brasília, não é diferente. Os deputados frequentemente se concedem benefícios salariais e de verbas acessórias, inclusive para financiar as próprias campanhas, como se estivessem usando recursos próprios e não precisassem prestar contas a ninguém.

Isso só acontece porque o eleitor, de modo geral, acha normal que assim aconteça. No *Discurso da Servidão Voluntária*, que Etienne de La Boétie escreveu quando tinha apenas 18 anos, há algumas tentativas de explicação dos motivos pelos quais a maioria da sociedade muitas vezes se submete, sem que esteja irresistivelmente forçada, a determinadas práticas injustas ou descabidas dos governantes. Entre os vários motivos elencados, três parecem subsistir na sociedade atual, apesar de o referido livro ter sido escrito em 1548. Refiro-me, como primeiro motivo, aos hábitos individuais que se tornam costumes sociais. Os indivíduos que se deveriam rebelar contra os abusos dos governantes simplesmente os toleram e se habituam a essa tolerância. E, quando os abusos se tornam intoleráveis, esses indivíduos já não têm meios ou energia para a rebelião. A imagem que me ocorre é a do sapo que salta imediatamente da água fervendo, se nela for lançado de repente; porém não acredita que morrerá na água quente, se for posto em uma água fria que se aqueça progressivamente até à fervura, porque se vai habituando ao aumento de temperatura.

O segundo motivo mencionado por La Boétie para a tolerância voluntária aos abusos dos governantes era a superstição, que nos idos do século XVI ainda estava muito vinculada a sentimentos religiosos e de conquista do reino eterno pelo sacrifício. Em atualização desse conceito, poder-se-ia dizer que a servidão com que ainda hoje se toleram absurdos no comportamento de políticos e governantes está motivada por preconceitos, que nos levam a acreditar que não existam alternativas mais saudáveis para o relacionamento entre governantes e governados, ou entre representantes políticos e representados. O terceiro motivo referido por La Boétie são as estruturas de dominação em que se organizam as atividades de poder. O governante abusivo, que aquele autor chama de tirano, faz-se cercar por meia dúzia de áulicos e bajuladores a quem oferece prestígio e algumas migalhas de suas benesses. Esses apoiadores, comprometidos pelo próprio interesse, e frequentemente anestesiados por ele, replicam o modelo uma escala abaixo, com efeito multiplicador que se vai repetindo em sucessivas escalas, até formar uma estrutura de apoiadores do político que abusa da sua condição de mandatário; todos estimulados por alguma benesse. E quem está fora dessa estrutura se sente incapacitado para enfrentá-la.

Decorridos quase cinco séculos desde que La Boétie fez esse diagnóstico da enfermidade social pela qual governados se submetem voluntariamente ao abuso de governantes, não se pode dizer que a situação no Brasil seja fundamentalmente diferente daquela descrição. Políticos praticam contínua e progressivamente abusos contra os interesses do eleitor e contra os interesses dos contribuintes de impostos, que também são eleitores, mas há uma inércia que paralisa as forças de reação. Muito se fala, mas pouco se faz para coibir esses abusos de forma eficiente.

Não existe publicamente, e muito menos nas urnas, nenhum gesto de reprovação dos desvios que estabeleça a cultura de diferenciar o que é bem comum, e de tratar essa categoria patrimonial como algo a ser defendido. Todos defendemos os nossos bens pessoais, mas raramente nos dispomos a defender um bem público que esteja perecendo ou sendo depredado. Não nos sentimos donos do que é propriedade comum. Com isso, o bem comum é frequentemente tratado como coisa sem dono, da qual o político se pode apropriar.

As explicações engendradas para essas distorções chegam a um grau de infantilidade que desafiam os melhores psiquiatras. Para permitir que um determinado empreendedor faça um loteamento nas cidades que administram, muitos prefeitos exigem uma comissão sobre o valor dos lotes. E se justificam moralmente dizendo que não estão retirando dinheiro da prefeitura, e sim, fazendo um acordo com o empreendedor, que concorda. Muitos eleitores acham isso normal, e reelegem o prefeito como grande realizador que promoveu o desenvolvimento urbano do município. E se o administrador público disser que a comissão exigida da construtora foi para uso em campanha eleitoral, o eleitor vai aceitar isso com menos repugnância do que aceitaria a simples exigência e pagamento de propina. Alguém contrata dezenas de falsos funcionários públicos, que embora nomeados nunca comparecem ao trabalho, e o nomeante se apropria da quase totalidade dos respectivos salários. E, como forma de não recriminar o político desonesto da sua preferência emocional, o eleitorado passa a discutir se a "rachadinha" é mais grave ou menos grave do que a propina da construtora. Os legisladores fazem com que o contribuinte, além de pagar os seus salários, pague os restaurantes, as viagens, o combustível e o exército de cabos eleitorais travestidos de funcionários públicos.

Em síntese, a cultura do desrespeito ao bem comum é largamente difundida entre não poucos que a praticam, prevalecendo-se de posições de poder, e entre muitos que a toleram, como se não fossem capazes de qualquer reação. É a sociedade, no seu conjunto e com as exceções que se devem destacar, que pensa e age assim, em harmonia de abusadores ousados e atrevidos e de vítimas tolerantes. Portanto, os eleitores não se deveriam desencantar com os políticos que praticam essas condutas que a sociedade tolera. Ou se aceita a conduta, e não se justifica o desencanto em razão dela, ou se repele a conduta, e se mostra isso na escolha do voto.

A cultura do desrespeito ao bem comum é largamente difundida entre não poucos que a praticam, prevalecendo-se de posições de poder, e entre muitos que a toleram, como se não fossem capazes de qualquer reação.

Como parte dessa cultura que se convencionou chamar de patrimonialismo, pela confusão dos patrimônios público e privado, existe o hábito de usar o poder não para servir àqueles que o outorgaram, mas para se servir do poder em benefício próprio. Há aí uma confusão conceitual sobre a finalidade do poder que remonta aos tempos do poder absoluto. Nas democracias, teoricamente, o poder é o instrumento que o povo confere aos governantes para que os governantes possam realizar o bem comum. Na prática, entretanto, e nas democracias que não desenvolveram mecanismos de autodefesa, os governantes assumem o poder como benefício pessoal, e se servem dele para obter vantagens que não são nem inerentes nem compatíveis com os cargos que ocupam.

A ideia de que o político é um representante do povo que o elege para prestar serviços públicos é, com desanimadora frequência, embaçada pelas vaidades e bajulações do poder. Estas levam o político a acreditar que foi eleito exclusivamente para ser honorificado, tratado como um ser acima dos comuns, e a usar o poder como bem lhe aprouver, e para os fins que desejar. O desencanto com a política é maior quanto mais os eleitores e os eleitos se afastam do conceito de que a representação política é um serviço público.

Entre as causas do desencanto com a política, e da crença de que os políticos constituam uma casta com vícios imutáveis, está, sem dúvida, o corporativismo.

Esse mal não é exclusivo da classe política. O corporativismo surgiu como um movimento útil, necessário e de resultados positivos para a sociedade. Os artesãos, que já eram a semente da burguesia na sociedade feudal, se organizavam em corporações para defender a sua liberdade de trabalho e a comercialização de seus produtos.

Na sociedade contemporânea, entretanto, o corporativismo quase sempre significa o esforço interno das corporações profissionais em defender não apenas as suas prerrogativas profissionais, mas, principalmente, os seus privilégios. As corporações, sejam as de advogados, de juízes, de promotores, de médicos, de engenheiros, de policiais, de militares, de funcionários públicos e praticamente todas as outras, acabam sendo tolerantes com o mau corporativismo, isso quando não o incentivam abertamente. Assim, a par da defesa da liberdade de trabalho e da justa recompensa, com o reconhecimento de seus méritos pela sociedade, muitas vezes se dedicam a encobrir ou minimizar os desvios de conduta de seus membros.

Nesse sentido, são pífios os resultados dos vários comitês internos de ética e disciplina que as várias corporações organizam em suas estruturas. Para se ter a dimensão deste comentário, basta lembrar que passamos por inúmeras apurações de ilícitos penais praticados contra o erário nos últimos 30 anos, e que foram muito poucas as apurações e punições feitas pelos comitês de ética e disciplina das respectivas corporações daqueles profissionais que confessadamente praticaram ilícitos.

Nas corporações políticas não é diferente, exatamente porque a ordem política é parte e consequência da ordem social. Parlamentares são, com dolorosa frequência, punidos pelos tribunais penais; mas nem por isso, ressalvadas raras exceções, são julgados pelas comissões de ética das respectivas casas parlamentares. Exemplo gritante do corporativismo maléfico esteve recentemente nos jornais, e diz respeito à deputada que, comprovadamente, e em conluio com filhos, que já estavam presos havia muito tempo, participou do assassinato do marido e só teve o mandato cassado pela Câmara Federal dois anos depois da ocorrência! Isso para não mencionar o caso de deputado federal condenado criminalmente por delito patrimonial, que, diariamente, deixa o presídio para ir participar das sessões da Câmara.

No capítulo da tolerância de eleitores e eleitos com a proximidade de parlamentares à atividade criminal, é importante destacar o efeito nefasto produzido pelas deturpações da imunidade parlamentar.

A Constituição Federal, com muita propriedade, exclui a natureza de ilícito penal das condutas que, inerentes à função parlamentar e necessárias ao bom exercício dela, possam atingir bens jurídicos de terceiros. Parte-se do correto pressuposto de que, para bem representar os seus eleitores, o parlamentar precisa ter liberdade de expressão e de ação, sem que esteja sujeito à investigação ou à condenação penal pelos atos necessários praticados no estrito cumprimento de sua função parlamentar. O contrário seria inibir sua atuação ou sujeitá-lo a perseguição política.

Mas as deturpações de interpretação dessa garantia constitucional chegaram ao ponto de transformar o Congresso Nacional em território neutro, ou paraíso criminal, de vários tipos de crimes e de criminosos. Muitos criminosos de colarinho branco se esforçam para conseguir um mandato parlamentar como salvo conduto para impedir ou interromper os processos penais a que devem responder.

Com esse fenômeno notório, não se pode estranhar que o prestígio do Parlamento perante a opinião pública tenha ficado tão prejudicado, e que o povo, de modo geral, manifeste desencanto em relação à classe política.

Sem pretender esgotar o rol dos fenômenos que contribuem para o desencanto do povo com a classe política, vale a pena mencionar que, independentemente das intenções que possa ter, o Ministério Público contribui para a banalização do sentimento equivocado de que todo político é corrupto. Refiro-me a ações de improbidade administrativa movidas indiscriminadamente – além dos casos de efetiva improbidade – naquelas situações em que o administrador apenas cometeu um erro de decisão, ou em que decidiu acertadamente, mas em sentido contrário a recomendação do Ministério Público.

O fato é que muitos profissionais qualificados e empresários experientes relutam em participar da vida pública pelo risco de sofrerem processos por improbidade, em que pese atuarem com a mais convicta boa-fé. O resultado é que se ampliam as oportunidades da vida política para os candidatos que não se incomodam em ter sua reputação posta em dúvida, justa ou injustamente, por processos que duram, não raramente, muitos e muitos anos.

Por todos esses fatos e razões, o desencanto com a política é uma realidade que afeta os eleitores, especialmente os de boa-fé, e afeta muito negativamente o juízo público que se faz dos candidatos e dos administradores públicos. Quando se fala, entretanto, do voto democrático e do voto consciente, é preciso atrair a atenção para o fato de desencanto e encantamento serem faces opostas da mesma moeda.

Muitos profissionais qualificados e empresários experientes relutam em participar da vida pública pelo risco de sofrerem processos por improbidade, em que pese atuarem com a mais convicta boa-fé.

E, nesse tema, é preciso evitar o desencanto que decorra de preconceitos, de falsas impressões, de generalizações conceituais indevidas a partir de comportamentos individuais reprováveis. Com a mesma energia que se devem repelir os danos efetivos ao bem comum, também se deve rejeitar a atração do pessimismo, que não raro faz com que se tenha uma percepção equivocada da realidade. Muitas vezes, o mundo não é tão feio quanto parece. No fundo, tudo se define segundo uma combinação de fatos e crenças.

Os fatos são importantes e não podem ser ignorados. A maturidade supõe que se vejam os fatos como efetivamente devem ser percebidos. Mas os fatos alimentam nossas crenças, e daí pode resultar o encanto ou o desencanto. O resultado depende da crença que tenhamos na espécie humana como vítima irresgatável dos seus vícios ou como capaz de cultivar virtudes que definam destinos de grandes realizações.

Não creio que se possa fechar os olhos aos fatos que conduzem ao desencanto. Mas também não creio que se deva ceder ao desencanto, com crescente desinteresse pela vida política. É preciso resistir ao efeito manada, e buscar os caminhos que efetivamente conduzam a todos os benefícios da democracia. A rebelião contra os abusos que levam ao desencanto não precisa ser violenta. Mas pode ser drástica.

Em tese, se os eleitores quisessem efetivamente desestimular os abusos, bastaria que, a cada eleição, deixassem de votar em políticos que têm um histórico de uso do poder para benefício pessoal. O voto consciente é uma ferramenta preciosa que possibilita que sejam guindados ao poder os políticos que sejam compatíveis com os interesses do eleitor.

1.11
O voto útil

A expressão voto útil é usada para designar o voto direcionado a um candidato que não é aquele em quem o eleitor reconhece as melhores qualidades para o exercício do cargo. Em detrimento do que seria sua escolha qualitativa, o eleitor acaba privilegiando o voto em alguém que tem melhores condições de derrotar um candidato por ele indesejado. O voto útil, também referido como voto estratégico, não é simplesmente o voto no candidato com maior aparência de possibilidades de vitória. Não se confunde com o voto de rebanho. Mais do que um voto a favor de determinado candidato, é um voto para impedir a ascensão de outro.

No conceito de voto útil há um preconceito de que o voto dado a um candidato que perdeu as eleições seria um voto inútil. No jargão popular, chega-se a dizer que o voto perdedor foi jogado no lixo. O absurdo desse preconceito está na falta de compreensão do que é efetivamente a democracia e na falta de compromisso com os elementos da sua construção. Quando o torcedor vai ao estádio de futebol e torce para o time que perdeu, isso não justifica que deva sair do local com a sensação de que mais útil teria sido torcer para o time que venceu. A utilidade do voto não se resume nem se esgota em levar o vencedor à vitória. O ato democrático de votar é muito importante para definir quem deve ser eleito, mas sua importância não se limita a isso. Pela distribuição de votos da população se aferem as correntes de pensamento e de desejos do eleitorado. Além de ser um processo de seleção dos governantes, as eleições produzem os resultados de consultas políticas ao eleitorado, de cuja resposta é possível aferir quais as propostas eleitorais que encontraram eco na sociedade. O resultado global de cada eleição, aí considerados vencedores e perdedores, é um elemento fundamental na construção das várias forças políticas, de cujo confronto resulta a democracia. Todo voto, para qualquer candidato, tem utilidade como elemento fundamental da democracia.

Quando se analisa o conceito de voto útil, é recomendável começar por indagar o que significa ser útil. A conclusão simples é de que útil é aquilo que pode produzir um resultado desejável. Em síntese, identifica-se como útil o ato que gera as consequências buscadas pelo agente. Nesse sentido, o útil não é bom, nem ruim. É apenas eficiente.

Abstraídas as conotações morais ou éticas, útil é tudo que possa ser causa eficiente de um determinado resultado. É o que pode ser usado, com sucesso, para um determinado fim. Na conotação semântica predominante, útil tem sentido positivo, de coisa boa. Pessoa útil, atitude útil, conselho útil, resultado útil são expressões de significado festejado como positivo e de bom conteúdo. Dia útil é um dia de trabalho, embora um feriado possa ser muito útil para o descanso, se este for o fim desejado.

Os utilitaristas, da escola filosófica que teve como precursores Epicuro, Richard Cumberland e Francis Hutcheson, e teve Jeremy Bentham como patrono, defendiam a tese de que útil é aquilo que produz felicidade para o maior número de pessoas.

Todo voto, para qualquer candidato, tem utilidade como elemento fundamental da democracia.

Prestigiado esse conceito, o voto útil deveria ser o que produzisse como resultado a felicidade da maior parte do povo. Mas, quando se fala em felicidade da maioria dos eleitores, pode-se pensar a curto prazo e no resultado eleitoral imediato em favor de um candidato, ou se pode pensar a médio e longo prazo na consolidação de determinados valores que são importantes para a construção contínua da democracia.

Em tese, um dos grandes méritos da democracia é o de permitir que o eleitor vote no candidato que considera o melhor para o cargo. Nessa perspectiva, o voto estratégico é uma frustração da expectativa de se elegerem os melhores.

A análise do voto útil deve ser precedida de profunda consideração sobre a atitude consciente ou inconsciente do eleitor não apenas nas eleições, mas em face dos atos e fatos da vida como um todo.

Parte-se, como é necessário, da constatação de que o voto útil é mais fortemente motivado pelo sentimento negativo, de rejeição ao candidato que não se quer ver eleito, do que pelo sentimento afirmativo, da intenção de eleger um candidato com determinado conjunto de qualificações para o cargo. Mas essa não é uma decisão isolada na vida do eleitor. Diariamente todos os eleitores estão confrontados com um grande número de escolhas que precisam fazer na condução de suas vidas. E, na metodologia dessas escolhas, todas as pessoas desenvolvem os padrões de suas próprias condutas.

Nos distintos tipos psicológicos que somos todos nós, há pessoas cujo ato de escolha sempre, ou quase sempre, se rege pelo padrão negativo. Estão mais preocupadas em evitar perder o que não querem perder. E há pessoas que, ao contrário, atuam nas respectivas escolhas pelo padrão positivo, mais preocupadas com o que podem ganhar com a opção feita. Entre a garrafa meio cheia, que anima os que consideram o lado positivo, e a garrafa meio vazia, que preocupa os que gostariam de evitar fatos negativos, não há o certo ou o errado. São, ambas, atitudes profundamente humanas.

Quando se carreia essa condição humana para o mundo político, e mais especificamente para as eleições, o voto pode ser democrático e consciente, quer esteja motivado para eleger alguém, quer esteja motivado para evitar a eleição de alguém. Mas é preciso considerar tudo isso com cautela.

Tanto a emoção que move o eleitor a querer eleger alguém quanto aquela que move o eleitor a querer evitar a eleição de alguém precisam estar relacionadas a fatos reais. Votar em alguém cujas qualidades e competências para o cargo nem foram devidamente analisadas – para evitar que se eleja um outro candidato que se supõe seja uma mula sem cabeça – certamente não é um voto consciente, e certamente não conta na categoria dos votos úteis. Quando constatar que mulas sem cabeça não existem, o eleitor vai se arrepender e se dar conta de que deixou de votar no candidato da sua preferência para votar em outro, por um motivo imaginário. Ou seja, com a intenção de dar um voto útil, inutilizou o voto que pretendia dar em um candidato que considerava capacitado para o cargo.

Isso alerta para os riscos do voto útil, que são de duas categorias: o risco dos falsos medos e o perigo dos cálculos equivocados.

Os falsos medos levam o eleitor a temer um determinado candidato por vícios, defeitos, ou fragilidades que este efetivamente não tem. A insuficiência da informação, o preconceito e até as campanhas depreciativas antiéticas levam o eleitor a rejeitar um determinado candidato não pelo que ele é, mas pela imagem negativa e falsa que dele se tenha criado. Portanto, e pela adesão ao que considera o voto útil, o eleitor pode deixar de votar no candidato que julga o melhor; e, para evitar a eleição de outro candidato, que nem tem os defeitos que imagina, o eleitor pode votar em um terceiro candidato que mal conhece, mas que acredita que tenha mais possibilidades de derrotar o candidato indesejado.

Já o perigo dos cálculos equivocados se refere à possibilidade de o voto útil resultar de cálculos sem sustentação, causados por pesquisas que distorcem as probabilidades de vitória dos vários candidatos. As pesquisas são indicações de momentos das campanhas, cuja eficiência e certeza dependem de inúmeros fatores aleatórios. Ao deixar de votar em um candidato que considera o melhor, movido pela convicção de que este não tem possibilidade de vencer, o eleitor toma uma decisão extremamente difícil. Será sempre equivocada a decisão que for tomada com fundamento em medos e cálculos que a realidade não confirma.

No seu conceito mais profundo, o voto útil exige uma reflexão sobre qual seja a utilidade mais desejável, e capaz de produzir a felicidade da maior parte do povo: o resultado imediato de determinada eleição, ou o fortalecimento de princípios da democracia, com a votação nos candidatos que cada eleitor acredite que seja o melhor.

1.12
O efeito manada

Na escolha política, no próprio ato de votar, o efeito manada pode ser extremamente pernicioso.

O eleitor que não tiver consciência política poderá se sujeitar a acompanhar o que lhe pareça ser a maioria. No comportamento humano, em qualquer tema, há um desejo que é próprio, instintivo. Como o desejo de sobrevivência. Mas há outra categoria de desejo, que não é genuíno, que não é próprio. Deseja-se não porque se tenha uma necessidade instintiva, nem porque se tenha a necessidade do objeto em si mesmo. Deseja-se porque o outro deseja, e, aparentemente, o outro está feliz com isso. Os especialistas se referem a esse fenômeno como desejo mimético. Mais vulgarmente, pode-se dizer que atua aí um espírito de imitação que decorre do instinto gregário, como necessidade de fazer parte, de pertencer para competir. Se o outro comprou um objeto novo e está feliz, também quero comprar esse objeto, mesmo que dele não necessite. Se o outro está aplaudindo e está feliz, também quero aplaudir. Suponho que fazer o que está fazendo o outro, que me parece feliz, talvez possa me fazer feliz também.

Esses comportamentos coletivos são comuns em manifestações públicas, em torcidas organizadas e outros momentos da vida social em que parece natural e confortável comportar-se como o restante do público. Esses comportamentos uniformizam ações e reações, independentemente do juízo que cada integrante do grupo possa fazer em relação ao ato que se pratica. Portanto, se aparentemente muitos vão votar em um determinado candidato, o efeito manada instiga cada eleitor a seguir o rebanho.

A isso se soma o fato de que, para muitos eleitores, a eleição é uma competição que carrega em si mesma a emoção diferenciada de ganhar ou perder. Não importa quem sejam os candidatos. O eleitor menos esclarecido pode se entusiasmar com a ideia de ser um vencedor. Portanto, vota no candidato que tem, na sua percepção de eleitor, maior probabilidade de vencer. O eleitor menos esclarecido manifesta o sentimento de que não pode perder o seu voto direcionando-o a um candidato que aparentemente tem poucas possibilidades de ser eleito.

De todos esses fatores se aproveitam candidatos ou mandatários que tenham a capacidade de identificar os anseios e tendências populares, mesmo as que não sejam benéficas às diferentes comunidades sociais.

1.13
O populismo

Na sociedade capitalista, em que o instinto de competição é um forte e louvável fator de organização e de mobilização social, é previsível que existam ganhadores e perdedores nas diferentes competições econômicas, educacionais, de oportunidades de trabalho e de realização de projetos pessoais.

Nas sociedades mais organizadas, ou mais democraticamente desenvolvidas, as competições têm regras que se estabelecem em busca de um equilibrado senso de justiça e de benefício da maior parte do povo. E, o que é o principal, as regras são observadas. Nessas sociedades, os resultados das competições nunca são definitivos. O ganhador de hoje pode ser o perdedor amanhã e vice-versa. E aquele que perde ou ganha em determinada competição poderá ganhar ou perder em outra, nas múltiplas oportunidades e riscos da sempre complexa, variada e intrincada vida social.

Mas, nas democracias menos desenvolvidas, de sociedades estruturadas em privilégios, o preparo para a competição social e as oportunidades de competir em condições semelhantes são muito menores. Com isso, os ganhadores acabam se tornando sempre ganhadores, em todas as modalidades de competição, e os perdedores acabam sendo sempre os mesmos: aqueles com baixa escolaridade, com dificuldade de entender os jogos em que estão ou são envolvidos, e sem equipamentos para fazer as suas escolhas. Para estes, a necessidade não é a vida plena; é simplesmente sobreviver. E eles formam dois grupos sociais que se tangenciam, mas que não se identificam: os excluídos e os ressentidos.

Os excluídos são objetivamente excluídos. Estão fora da maioria dos benefícios do capitalismo. Não compartilham com equidade os resultados da produção que muitas vezes ajudaram a gerar. Não se sentem e não são donos de seu próprio país, nem de seu destino. Vivem o hoje, sem meios ou esperanças para pensar o amanhã. Como ainda não conseguiram satisfazer as próprias necessidades fundamentais, dificilmente terão disponibilidade para pensar nas suas necessidades mais abstratas ou nas necessidades do bem comum.

> *Nas democracias menos desenvolvidas, de sociedades estruturadas em privilégios, o preparo para a competição social e as oportunidades de competir em condições semelhantes são muito menores.*

Os ressentidos estão frequentemente em uma escala social um pouco superior. Não necessariamente estão privados de benefícios materiais da vida social. Mas se sentem sempre privados de reconhecimento. Nunca ninguém lhes deu uma medalha de honra ao mérito. Acreditam que a vida não lhes deu tudo que mereciam. Muitas vezes fizeram pouco, mas atribuem seus insucessos aos outros. E, frequentemente, não se sentem representados por políticos e governos que só falam para os ganhadores que compõem as chamadas elites sociais. Sejam as econômicas, sejam as intelectuais.

Quando se fala do voto democrático, e da democracia em si mesma, o que existe de muito grave nos fenômenos sociológicos da exclusão e do ressentimento é o risco do populismo.

O populismo é a estratégia de poder pela qual líderes despreparados para os aspectos positivos do jogo democrático, e frequentemente movidos por intenções incompatíveis com a democracia, criam empatia e granjeiam o apoio de excluídos e de ressentidos. As democracias e seus sistemas eleitorais quase nunca estão preparadas para se proteger dos danos que lhes podem ser causados por líderes populistas.

O discurso do líder populista é sempre simples, e para produzir efeitos sobre o maior número de eleitores, é parcialmente verdadeiro e parcialmente falso. O líder populista consegue identificar verdadeiramente as frustrações de excluídos e as de ressentidos, pelos quais algumas vezes sente – e muitas vezes simula – profunda empatia. Mas raramente está preparado para resolver, ou mesmo tem a intenção de resolver, as aflições dos excluídos e dos ressentidos. E, como não está preparado para entender as raízes dos problemas e construir soluções efetivas e equilibradas, frequentemente, muito frequentemente, causa desorganização da vida econômica, política e social do país. Procura atalhos onde não existem caminhos curtos ou fáceis, atalhos esses que obviamente só pioram as situações de excluídos e ressentidos. Os elos mais fracos da corrente social são os primeiros a sentir os solavancos de políticas econômicas e sociais inconsequentes.

EDUCAÇÃO DO ELEITOR 2

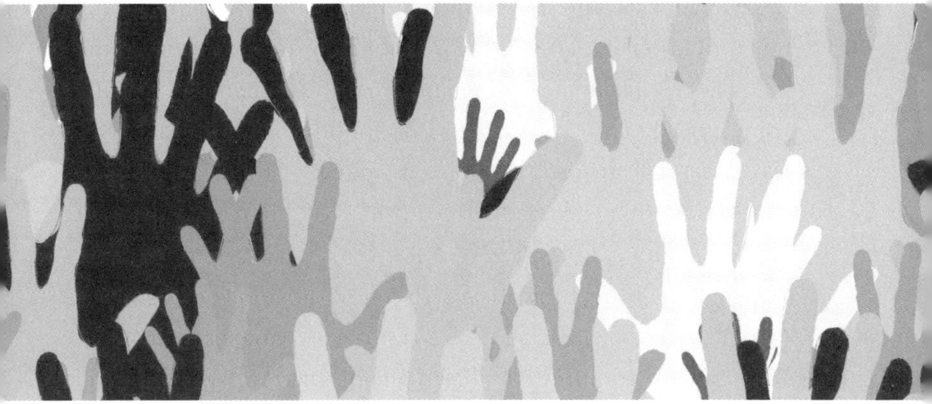

Ninguém nasce sabendo o que é democracia, ou o que significa ser um eleitor consciente e responsável no processo democrático. Portanto, esses conceitos e práticas estão sujeitos a processos de aprendizado.

A própria democracia, como regime político, não é um conceito acabado, completo. É uma ideia em contínua construção. Surgiu através de um longo aprendizado civilizatório das diferentes organizações sociais da espécie humana. A mais antiga memória que se tem desse processo concentra-se na Grécia. Mas desde a Grécia – onde a democracia era uma relação entre os iguais que compunham a elite de homens livres e proprietários, com exclusão de várias categorias sociais – até os dias de hoje, a democracia evoluiu, em um contínuo processo de aprendizado. Não apenas um processo de aprendizado, mas, sobretudo, um processo de transformação.

Quando se fala na democracia na Grécia, a referência se dirige a tão somente uma cidade estado grega, que foi Atenas. Mas a democracia em Atenas durou menos de 200 anos. Foi duramente criticada por filósofos como Sócrates e Platão e satirizada em textos literários, como as comédias de Aristófanes. Para a intelectualidade grega, os governos deveriam ser exercidos por aqueles que detivessem o conhecimento. Como o conhecimento não era difundido entre toda a população, o poder político também não poderia pertencer a toda a população.

Essa mesma crítica acompanhou a democracia durante muitos séculos, imputando-lhe a conotação pejorativa de ditadura da maioria, mencionada mesmo por defensores da democracia como Alexis de Tocqueville. Até praticamente a Revolução Francesa, entendia-se que o poder político deveria ser concentrado na aristocracia. Essa crença estava sustentada no fato histórico de que só a aristocracia tinha acesso à cultura, e não se cogitava que a grande massa da população, em larga escala analfabeta, pudesse participar do governo.

A transformação da democracia em um regime desejável se deu aos poucos, aproximadamente nos últimos duzentos anos, à medida que a sociedade difundiu processos de educação e sistematização de avanços culturais entre contingentes crescentes da população.

Mesmo a democracia norte-americana, do início da formação dos Estados Unidos, era restrita, excludente de mulheres e escravos. A própria existência da escravatura é incompatível com o conceito que hoje temos de democracia.

Entretanto, à medida que se foram desenvolvendo ideias de igualdade de todos em direitos fundamentais, como forma de justificar, manter e desenvolver a convivência social, se foram ampliando os espaços de relacionamento abrangidos pela democracia.

Hoje se pode dizer que a democracia não é apenas uma forma de governo. É também uma forma de organização da sociedade, com ênfase nos conceitos de liberdade, igualdade e solidariedade, no contínuo desenvolvimento dos princípios que inspiraram a Revolução Francesa.

A democracia é um regime político em que se supõe que o povo possa fazer escolhas. As escolhas exigem conhecimento. Ninguém faz efetivamente escolhas se não estiver suficientemente informado sobre as alternativas entre as quais deva ou possa escolher, e sobre as causas e consequências de sua escolha. Por esse motivo óbvio, as democracias funcionam melhor quando o povo é bem educado.

Aqui é preciso evitar mal entendido e destacar que se está falando de dois enfoques da educação. Tudo que possa conduzir, *educere*, o indivíduo à melhor compreensão da sua identidade e de suas relações com o meio em que vive, é educação. Mas, quando se fala em educação para a vida pública, é preciso considerar dois aspectos igualmente relevantes desse processo. O primeiro é a educação como processo de aquisição de informações e conhecimentos que permitam ao indivíduo saber quem é ele, qual a comunidade em que se insere e quais as técnicas e meios de desenvolvimento e aperfeiçoamento de suas habilidades para a sobrevivência civilizada. É o que chamo de educação acadêmica, em que o indivíduo aprende tecnicamente as diferentes formas de linguagem escrita e falada, em diferentes idiomas, aprende ciências, história, geografia, matemática e outras matérias necessárias ao seu desenvolvimento pessoal. Outra coisa correlata, mas diferenciada, é a educação para a convivência humana segundo regras de cidadania. É a educação para a liberdade com responsabilidade, cuja preocupação não se limita ao desenvolvimento pessoal, mas abrange o crescimento civilizatório de toda a sociedade.

Há um consenso, apregoado como convicção unânime, de que o segredo para o desenvolvimento do país está na educação. É verdade. Mas atenção para a educação de que se esteja falando. A educação acadêmica é necessária, mas não é suficiente. Existem muitas pessoas que conhecem várias ciências, dominam várias técnicas, falam várias línguas nas quais escrevem corretamente, e, não obstante isso, são perniciosas ao país. Corrompem os costumes em que se assenta o bem comum e propagam sistemas de benefícios para os mais espertos no egoísmo. Detêm uma parte da aquisição educacional, justamente a que as beneficia. Mas são carentes do outro enfoque educacional, que é a educação para a cidadania.

Defendo a ideia de que, quando se fala em educação do eleitor para a democracia, há necessidade de alguma educação acadêmica. Quanto mais, melhor. A alfabetização é exigência mínima, longe de ser o ideal. Quanto mais amplos forem os conhecimentos dos eleitores e dos eleitos, tanto melhor para a eficiência de suas escolhas democráticas. Mas é absolutamente necessário que o eleitor e o eleito sejam educados para a cidadania. A democracia é uma relação social. Para participar dela conscientemente e de forma construtiva o indivíduo precisa conhecer determinadas regras de convivência social e viver de acordo com essas regras.

O eleitor pode ser educado para a democracia de muitas maneiras. Pode se auto educar ou pode ser educado por iniciativa de outros. Pode haver um processo metodológico de educação ou simplesmente a captação de conhecimentos empíricos, nas experiências de tentativas, acertos e erros.

Mas, quando se procura pensar a educação para a democracia de forma organizada, cabe a reflexão de que se deve começar pelos princípios e normas sem os quais não se pode cogitar do eleitor como democrata. Antes de desenvolver outros conhecimentos, o eleitor que busque se educar para a democracia deverá se ancorar em convicções fundamentais para esse regime de governo e forma de organização social.

Ninguém se torna democrata se não estiver assentado em três valores fundamentais da democracia, que foram postos pela Revolução Francesa: liberdade, igualdade e fraternidade, que considero aqui como sinônimo de solidariedade.

2.1 **Liberdade**

Portanto, a primeira regra fundamental de educação para a democracia é o culto à liberdade como valor fundamental e inegociável da espécie humana, a que têm direito todos os seres dessa espécie, sem distinção. Um dos grandes méritos da democracia, senão o maior, é justamente o de privilegiar a liberdade como bem inerente à condição humana.

A liberdade de ser, e de expressar o ser que se é, está inscrita nas constituições democráticas e, na Constituição brasileira, constitui cláusula pétrea.

Apesar de sua relevância, nem sempre a liberdade é bem compreendida. O seu conceito parece simples, mas a vivência da liberdade, ou o cerceamento dela, constituem um dos fatores mais frequentes de conflitos sociais e políticos. Já houve quem afirmasse, especialmente na chamada doutrina liberal anterior ao século XX, que a democracia seria inimiga da liberdade. Afinal de contas, não existe na democracia a possibilidade da liberdade absoluta.

Costumo dizer que o ser humano, como todo ser, está em contínua transformação, segundo as suas potências individuais e as da sua espécie. A liberdade de se transformar segundo as próprias potências é a raiz de todas as liberdades. Mas realizar todas as próprias potências até as últimas consequências, como fazem os animais irracionais que vivem na selva, seria concretizar a selvageria como forma de convivência humana. Era como viviam os bárbaros. Os mais potentes, por serem mais fortes, realizavam todas as suas potências em detrimento dos mais fracos e menos potentes, que por consequência não tinham nenhuma liberdade. Por isso se diz que eram povos bárbaros. Registro aqui que, para desgosto de alguns historiadores e sociólogos, chamo de bárbaros àqueles povos de cuja história nos lembramos como sociedades governadas pela violência, principalmente, para ressaltar o fato de que o fisicamente forte prevalecia implacavelmente sobre o fraco. Mas o faço cautelosamente, consciente da advertência de Montaigne para o fato de que "cada qual chama de barbárie aquilo que não é do seu costume" (Ensaios I, xxxi, Dos Canibais).

Na democracia, a liberdade de ser e de se expressar como ser é essencial, porém tem limites. Não existe a liberdade absoluta, pois esta só poderia existir como privilégio de poucos, e, portanto, não seria democrática.

Os conceitos de liberdade e de democracia, e, especialmente, a relação entre liberdade e democracia, evoluem através dos tempos. Costumamos louvar a Grécia como berço da democracia, mas é preciso ter em mente que se tratava de uma democracia excludente, da qual não participavam as mulheres, nem os escravos, nem os artesãos, nem os estrangeiros. Quando Aristóteles nos apresenta as categorias sociais politicamente ativas, na introdução de sua obra *Política*, o faz de forma a explicar por que as demais categorias sociais não podiam participar das atividades políticas que eram privativas dos homens e proprietários.

Nas sociedades atuais, e pelo menos em teoria, a liberdade se estendeu como direito de todos, sem distinção ou exclusão de quem quer que seja. Embora, na prática, os preconceitos ainda atuem para limitar as liberdades de algumas minorias, ninguém consegue sustentar, com credibilidade, narrativas de liberdade que excluam quaisquer segmentos da sociedade.

Isso não quer dizer que o tema esteja socialmente pacificado. Longe disso. A polêmica que hoje consome emoções e racionalidade é o conflito entre liberdade absoluta e limites da liberdade. O paradoxo da escravidão, exposto por Stuart Mill na obra *Sobre a Liberdade*, demonstra exatamente que ninguém pode ser livre para escolher ser escravo. Quem pode escolher entre ser e não ser escravo não é escravo. "O princípio da liberdade não pode exigir que seja livre para não ser livre". A liberdade para alienar a própria liberdade seria a negação desta.

Não existe a liberdade absoluta, pois esta só poderia existir como privilégio de poucos, e, portanto, não seria democrática.

Dois fatores importantes concorrem para a ideia de que talvez as liberdades pudessem ou devessem ser absolutas. O primeiro é que liberdade é, por essência e por definição, a realização das potências de transformação de todo ser. Todo ser está em contínua transformação, pela passagem do ser ao seu vir a ser. A liberdade é a capacidade desimpedida de o ser se transformar no seu vir a ser. Como as transformações do ser são infinitas, sempre impulsionadas pela própria potência, as liberdades deveriam ser infinitas. Enquanto possibilidade de realização da própria potência, é verdade que a liberdade de vir a ser é absoluta.

A liberdade de ser, entretanto, não se confunde com a liberdade de agir.

O segundo fator que motiva o ser humano a pensar e desejar as liberdades como absolutas é a própria história, com sucessivos eventos graves de cerceamento da liberdade alheia e de escravidão. Essa experiência dolorosa desperta na espécie o sentimento oposto, de desejo de liberdade absoluta.

Entretanto, se cada ser na sua transformação está impulsionado para a liberdade absoluta de vir a ser o que tem potência para ser, resulta evidente que a liberdade absoluta de todos os seres é impossível. A liberdade absoluta significaria a liberdade de decidir que o outro não deve ser livre. O que seria a negação da liberdade absoluta. E, no que se refere à convivência civilizada, as liberdades precisam ser garantidas por leis, que também deverão disciplinar os seus limites. A democracia não permite que se use a liberdade para atacar ou destruir a dignidade humana de quem quer que seja. A liberdade de expressão da própria personalidade e das próprias ideias beira o absoluto. Mas a liberdade de agir, especialmente em relação à personalidade alheia, só existe enquanto não signifique o cerceamento de direitos de outrem, igualmente relevantes para a democracia.

O aprendizado democrático leva o eleitor a compreender que a liberdade, com os limites estabelecidos em lei, é um bem irrenunciável e inegociável. Portanto, age livremente o eleitor que vota segundo a sua própria consciência e seus interesses e, simetricamente, aceita que os outros eleitores façam o mesmo.

Com esses fundamentos se pode afirmar que a democracia é o regime das liberdades. Onde não existir a liberdade de ser e de se expressar, dentro dos limites da lei igual para todos e democraticamente redigida, não existe democracia. Disso decorre que o eleitor deve agir livremente nos seus processos de escolha política, e deve escolher candidatos que acreditem na liberdade e a pratiquem, como direito comum a todos os indivíduos da sociedade.

Os inimigos da liberdade não são apenas os tiranos, os déspotas e os prepotentes. Estes atuam na ordem política, impondo aos súditos restrições à liberdade que não estão previstas em nenhuma lei justa e democrática. Entretanto, quando se pensa a democracia como forma de organização da sociedade segundo princípios de equidade, é preciso ter a coragem de admitir que nas sociedades economicamente desiguais, as liberdades são desiguais. Toda vez que a desigualdade for injusta, haverá cerceamento injusto de determinadas liberdades. Todo cidadão, pelo princípio da liberdade, tem o direito de escolher o que vai vestir, onde vai morar e o que vai comer. Em uma sociedade desigual, em que grasse a miséria de muitos, esta liberdade não existe para aqueles que não têm o que vestir, não têm onde morar e não têm o que comer. Por isso é que se sustenta que a democracia deve reger não apenas a ordem política. É preciso construir uma ordem social amplamente democrática.

2.2 Igualdade

Ideia gêmea da liberdade como elemento fundamental da democracia é a igualdade. As ideias de liberdade e de igualdade, presentes e necessárias em toda democracia, não são passíveis de convivência quando ambas, ou uma delas, se estende ao absoluto. A liberdade absoluta elimina a igualdade porque pressupõe a liberdade de ser desigual. A igualdade absoluta elimina a liberdade porque pressupõe a proibição de ser desigual. Tal como a liberdade, a igualdade de que se fala nos regimes democráticos tem limites. Que, neste caso, decorrem da lei e da natureza do ser humano.

Todo o povo da comunidade, todos os membros da sociedade são iguais em direitos e obrigações, com as exceções restritamente previstas na lei. A aceitação da igualdade como valor político de todo cidadão é condição sem a qual não existe democracia.

A questão da igualdade e da desigualdade entre todos os seres humanos é muito antiga. Certamente quando Rousseau escreveu o "Discurso sobre a origem e os fundamentos da desigualdade entre os homens" não foi para iniciar essa discussão. Foi para expressar o seu ponto de vista sobre uma discussão que já era milenar. Em princípio, tal discussão se justifica porque, paradoxalmente, os seres humanos são profundamente iguais e profundamente desiguais. Portanto, existem argumentos válidos para justificar tanto o discurso da igualdade quanto o discurso da desigualdade. Um não é excludente do outro, embora se apliquem, quando usados de boa-fé, a circunstâncias diversas entre si.

Há perspectivas em que os seres humanos são profundamente desiguais. E há perspectivas em que são completamente iguais.

Há perspectivas em que os seres humanos são profundamente desiguais. E há perspectivas em que são completamente iguais. Na perspectiva política, de relação do cidadão com a sua *polis*, a igualdade é valor democrático inquestionável. Não se vão esgotar aqui as duas narrativas, da igualdade e das desigualdades, mas ninguém pode negar que cada ser humano é diferente do outro, a começar pelo seu DNA. A biologia comprova uma profunda e definitiva desigualdade, em que a estrutura de cada cromossomo pode ser diferente de qualquer outro cromossomo, e a combinação de cromossomos pode resultar em identidades completamente diversas umas das outras. O ser humano tem 46 cromossomos, divididos em 23 pares. Cada cromossomo pode conter milhares de genes, todos desiguais entre si. Genes desiguais, multiplicados por cromossomos desiguais, organizados em pares desiguais, permitem uma combinação praticamente infinita de desigualdades de um para outro indivíduo da espécie humana[1]. A identidade das pupilas, das digitais e de vários outros fatores físicos é própria de cada ser humano, não se igualando a nenhuma outra. Há pessoas mais inteligentes e pessoas menos inteligentes, pessoas mais saudáveis e menos saudáveis e diversidades em infinitas variáveis que caracterizam diferentes seres humanos, em diferentes circunstâncias e condições.

As desigualdades biológicas geram desigualdades que os preconceitos a respeito da democracia têm dificuldade em aceitar. Porque são biologicamente desiguais, os seres humanos podem ser, e efetivamente são, desiguais nas suas capacidades. Eu poderia treinar futebol durante mil anos e não seria um milésimo do jogador de futebol que foi o Pelé. Poderia estudar física pelos mil anos subsequentes, e não teria as capacidades que teve Einstein. Quer você seja um democrata, quer rejeite a democracia, nada pode alterar essa realidade.

Na perspectiva oposta, todo ser humano é igual na condição essencial de ser humano. Todos nascem, crescem e morrem, e carregam igualmente características que os definem como membros da mesma espécie.

Todos têm o mesmo direito à vida e a fruir os bens da vida e da natureza em estado equiparado de dignidade. Sobretudo, os seres humanos são iguais em seu direito à liberdade. Até onde for a amplitude da liberdade, dela participam igualmente todos os integrantes do conceito de povo. Onde houver, por força de lei democrática, limites necessários à liberdade, tais limites se devem aplicar com igualdade.

1 Na União Soviética, por volta de 1948, floresceu a ideia de que a hereditariedade e as teorias darwinianas sobre a sobrevivência das espécies seriam teorias burguesas. Por isso, ganharam prestígio as teorias de Trofim Lysenko que negavam a hereditariedade. Em alinhamento com as propostas de reforma do homem comunista, sustentava-se que todos os seres da mesma espécie nascem iguais. Seus experimentos, transformados em políticas públicas por Stalin e aplicados à agricultura causaram um período desastroso de fracasso da produção de trigo e outras espécies de alimentos, com a proliferação da fome e da miséria.

Para os que professam religiões que acreditam em um Deus único e pai de todos, a igualdade é um dogma, porque os seres humanos são todos filhos igualmente amados. Mas, também para os ateus e os agnósticos, a igualdade fundamental é um princípio que decorre da natureza da vida no Universo e em sociedade.

O Universo, o planeta Terra, o país de nascimento ou de domicílio de cada ser humano não pertencem a ninguém, individualmente considerado. Portanto, pertencem à humanidade não com o sentido de propriedade disponível, mas com o sentido de espaço de livre acesso e uso. Para ficarmos no conceito de nação, todos são igualmente donos da nação de que fazem parte. Parece, mas não é um paradoxo. É um círculo vicioso, ou virtuoso: a nação pertence a todos e todos pertencem à nação.

Dessa realidade, resulta uma consequência. Todos os nacionais têm igual direito de se manifestar sobre os destinos da nação. Não há nada nem ninguém que justifique que alguns sejam privados do direito de propor e criticar alternativas do destino comum. Por convenção política, e sempre mediante lei, se podem criar violações a essa igualdade fundamental, por exemplo, cerceando a candidatura dos analfabetos. Mas isso não altera o fato natural de que todos têm igual interesse e direitos no que se refere às suas relações com a nação.

Também nas relações interpessoais, há uma imposição da igualdade como fenômeno natural. A relação dos filhos com os seus pais, ou dos pais com os seus filhos, as demais relações de família, as relações sociais, as relações políticas são alternativas e possibilidades profundamente iguais, no sentido de que todos têm a necessidade, a condição e a oportunidade de experimentar os mesmos sentimentos, sejam de amor, sejam de ódio, sejam os estados intermediários ou complexos. Cada um terá a experiência que lhe for própria. Mas todos têm igual possibilidade de se emocionar em conformidade com esses sentimentos.

A ação humana terá os limites e os estímulos que resultarem da lei. Mas a lei é igual para todos os que estejam em igualdade de condições nela previstas.

Nenhum ser humano é propriedade de outro ser humano. Nisso, todos são absolutamente iguais. As relações de submissão, de ascendência, de cooperação, de interdependência, de independência ou quaisquer outras trocas de interesses comuns são aquelas que decorram de leis, democraticamente editadas, ou decorram de convenção entre partes livres e autônomas.

Poderíamos enumerar milhares de exemplos de situações e circunstâncias em que a igualdade dos seres humanos é uma evidência. Mas também se poderia enumerar quantidade equiparável de circunstâncias em que a desigualdade aceitável, e até mesmo inevitável, também é inegável.

Passados mais de duzentos e trinta anos desde a Revolução Francesa, o grito por igualdade continua ecoando como uma das principais reivindicações de grande parte da sociedade. Mas a sociedade se tornou mais complexa e, sem que a igualdade deixasse de ser um valor social amplamente desejado, outro valor paralelo e aparentemente contrário conferiu dignidade a um determinado tipo de desigualdade. Refiro-me à diversidade.

Prestigia-se o direito de ser desigual, que possibilita a cada ser humano ser o que é, expressando a sua própria natureza, sem que possa ser prejudicado por isso. A diversidade é o reconhecimento de legitimação das desigualdades que existem independentemente da vontade de quem quer que seja, ou como decorrência da vontade livre de quem pretenda se expressar de forma peculiar.

Igualdade e diversidade são valores de igual relevância, exatamente porque ambas as condições são essenciais à natureza humana. Não são exclusivas dessa espécie, mas não podem ser excluídas dela.

No impulso das suas emoções e na mistificação de suas ideologias, o ser humano costuma polemizar a respeito desses temas segundo conveniências muitas vezes inaceitáveis.

Os que pretendem negar o reconhecimento e o direito à igualdade onde ela efetivamente deve existir apontam algumas desigualdades necessárias, de outras ordens, como se fossem a prova de que nenhuma igualdade pudesse existir.

De outra parte, os que pretendem estender a igualdade a espaços em que esta não deveria existir, muitas vezes combatem a diversidade como se cada desigualdade fosse uma degeneração das formas de ser, ou uma patologia na forma de se comportar.

Na ordem econômica, a defesa da igualdade é frequentemente a deturpação ideológica que não reconhece, e até combate, a diversidade individual que leva ao empreendedorismo, à preocupação com a produtividade e à disciplina de acumulação de riqueza. Na mão inversa, a naturalização perniciosa da desigualdade econômica atua como se toda e qualquer desigualdade pudesse ser socialmente tolerável e suportada.

Igualdade e diversidade são valores de igual relevância, exatamente porque ambas as condições são essenciais à natureza humana.

Na ordem dos costumes, frequentemente a suposta defesa da igualdade nada mais é do que o combate à liberdade de expressão da personalidade daqueles que possam ter ou defender costumes diferentes daqueles professados pela maioria. Ainda na ordem dos costumes, a desigualdade é frequentemente cultivada pelos preconceitos, onde não deveria existir por total falta de qualquer fundamento natural.

Alguns costumes perniciosos mantêm a sociedade dividida em castas, nas quais os mais pobres, ou negros, ou simplesmente trabalhadores braçais, são tratados não só como seres desiguais, mas também como inferiores e indignos de convivência com os preconceituosos que se auto denominam "elites", mas que, na realidade, são as minorias economicamente dominantes.

Recentemente, visitando um belíssimo condomínio de alto luxo destinado a segundas residências de campo – e que pode ser louvado como sucesso de empreendedorismo –, fui surpreendido com uma "regra" que determinava que os motoristas profissionais conduzindo veículos de visitantes convidados só poderiam utilizar a portaria principal quando estivessem com o seu empregador a bordo. Caso estivessem saindo depois de deixar o seu empregador em alguma residência, ou estivessem ingressando sozinhos para buscá-lo, estariam obrigados a utilizar a entrada de serviço, consideravelmente distante da entrada principal. Essa regra absurda não serve a nenhum propósito respeitável, como seria, por exemplo, o de organizar o trânsito local de veículos. Seu único objetivo é discriminar os empregados, lembrando-os de que, por preconceitos históricos, devem saber "qual é o seu lugar na sociedade".

Menciono esse fato concreto para destacar que o conceito de igualdade em uma sociedade que se queira efetivamente democrática precisa ser revisitado e trabalhado até nas situações aparentemente mais simples e triviais. Imagine-se a dificuldade que terão os proprietários desse condomínio, ou os que lhe aprovaram as regras, para aceitar o fato de que, na democracia, o voto do motorista e o de seu empregador têm – e devem ter – o mesmo valor.

Para defesa da democracia, cabe aos eleitores escolher candidatos que, em respeito à realidade, reconheçam que as igualdades de direitos e de obrigações políticas e a igualdade de todos perante a lei existem, devem existir e ser defendidas, independentemente de diversidades individuais ou coletivas a respeito de outros temas inerentes à condição humana.

Na mesma medida, cabe-lhes escolher candidatos que reconheçam que a diversidade de formas de ser e agir também é um direito inalienável.

Esse ponderado equilíbrio na percepção da realidade, que afasta preconceitos e permite a aceitação da igualdade e da diversidade, cada qual em relação a determinadas condições da natureza humana, não se encontra por acaso. Faz parte da educação para a cidadania, tanto de eleitores como de candidatos.

Isso tem uma importância extraordinária em países como o Brasil, nos quais a desigualdade agressiva é uma concomitância de círculos viciosos extremamente danosos à democracia.

A desigualdade social gera profunda desigualdade no acesso à educação. As classes sociais economicamente impotentes experimentam muito maior evasão escolar. E têm acesso, quando o têm, quase exclusivamente às escolas públicas, que frequentemente enfrentam desvios e crises de políticas públicas em detrimento da qualidade do ensino. Assim, os membros dessas classes entram na competição do mercado de trabalho ou mesmo na ordem do empreendedorismo com notórias desvantagens. Um círculo vicioso que gera, também, uma profunda desigualdade econômica, e que foge totalmente dos parâmetros que a sociedade deveria tolerar.

E, porque perdem frequentemente a competição econômica, essas classes sociais não conseguem ter ou proporcionar aos seus filhos acesso à educação de qualidade.

A desigualdade econômica e a desigualdade educacional se somam, uma potencializando a outra. Além dos sofrimentos individuais e coletivos, o grande prejuízo é o da democracia.

Nessa barafunda social, confundem-se os conceitos de mérito e demérito. Chega-se a negar a existência do mérito individual, onde ele efetivamente existe e deve ser estimulado. Ou, no exagero inverso, toma-se como mérito individual o que na realidade é o benefício de vantagens competitivas injustas, decorrentes de privilégios de classe. Na mesma confusão, frequentemente rotula-se como demérito a desgraça de ser submetido a condições adversas que impedem ou dificultam extremamente as reações individuais.

Esse tema merece reflexão mais profunda, pelas distorções que frequentemente dificultam o conceito de meritocracia.

O ser humano é competitivo por instinto. Cada um de nós é um espermatozoide vencedor. As atividades humanas são, em muito grande parte, competitivas. Fazemos competições esportivas, musicais, culturais, econômicas, de produção, de consumo, e até culinárias. Os exemplos podem ir ao exagero. Portanto, a meritocracia, como estímulo a que cada um busque alcançar o melhor resultado de que for capaz, é natural e saudável. Corresponde à natureza humana, e lhe confere, como a realização de todos os instintos, a sensação de prazer.

A desigualdade econômica e a desigualdade educacional se somam, uma potencializando a outra. Além dos sofrimentos individuais e coletivos, o grande prejuízo é o da democracia.

Mas, para que a corrida seja justa, todos devem partir de um ponto de equidade. Ninguém consideraria mérito de um lutador profissional peso pesado sua vitória sobre um amador de 60 quilos.

Nas tradicionais corridas de cavalo dos mais famosos jockeys clubes do mundo, os cavaleiros muito leves corriam com pequenas quantidades de chumbo na cintura, para igualar o peso desses profissionais e compensar vantagens que nada teriam com o seu mérito na habilidade de conduzir o cavalo, ou nada teriam com os méritos do próprio cavalo.

Portanto, na democracia as formas de ascensão social pelo mérito devem levar em conta as diferenças, e considerar como mérito pessoal a atividade vencedora daqueles que compitam com concorrentes relativamente semelhantes em oportunidades.

Em síntese, o eleitor deve ser educado para prestigiar a igualdade como um valor da cidadania, na distribuição equitativa de direitos e obrigações. E, também, prestigiar a desigualdade, condição inerente à espécie humana, cujos indivíduos têm a potência de ser e agir de forma diversa uns dos outros. Na ordem econômica não existe, e é natural que não exista, igualdade de resultados. Mas a desigualdade tem limites, que não podem ser ultrapassados quando agridem a dignidade humana.

A correção de distorções inaceitáveis na ordem das desigualdades sociais leva a discussões que a educação para a cidadania não pode ignorar. E aqui se destaca a discussão sobre quotas. A política de assegurar a minorias determinadas quotas dos espaços de atividade social relevante é causa de profundas controvérsias.

No plano racional, ninguém duvida que, se o jardineiro quiser ter um canteiro de roseiras razoavelmente homogêneo no viço e na beleza, deverá prestar atenção redobrada, com cuidados especiais para as roseiras mais frágeis. E se alguém tiver um braço ou perna quebrados, ninguém questionará a necessidade de que aquele membro receba cuidados especiais temporários de engessamento e fisioterapia até que sua funcionalidade volte a se igualar ao outro braço ou perna.

Não se pode, por amor à verdade, pôr em dúvida que os seres humanos são desiguais em capacidades. Quer se goste disso, ou não, essa é a realidade. Essa desigualdade tem duas origens. Ou é hereditária, ou é gerada pela desigualdade do aprendizado – ou ausência dele, segundo o ambiente familiar e social, e mesmo o escolar. Essas duas origens podem coexistir, uma potencializando a outra.

Para os que enfrentam essa realidade com maturidade, existem três alternativas que se poderiam considerar democráticas.

A primeira é aceitar os fatos da vida como naturais, quer nos agradem ou não, e considerar os menos capacitados ou os altamente capacitados como iguais em dignidade.

A segunda é adotar e estimular relações sociais que desconsiderem as desigualdades que não sejam relevantes. Mesmo as desigualdades relevantes podem ser relevantes em determinadas circunstâncias e totalmente irrelevantes em outras.

A terceira é desenvolver políticas públicas que permitam aos menos capacitados receber apoio de capacitação nos limites do possível, para que se reduza a desigualdade. Isto significa, nos casos em que a falta de capacidade seja consequência da inserção social, interferir nas relações sociais com políticas compensatórias.

Mas buscar corrigir distorções sociais históricas traz o debate para o campo emocional. Devida ou indevidamente entram no debate os sentimentos e as atribuições de culpa, e a noção, nem sempre verdadeira, de que se alguém está recebendo um benefício, alguém na outra ponta o está perdendo. O que nem sempre é verdade.

A educação cívica exige objetividade para considerar o interesse comum no crescimento homogêneo do país. Exige desprendimento para admitir que as desigualdades extremas precisam ser combatidas com remédios extremos.

Quem não aceita o pressuposto da igualdade na cidadania não pode fazer parte do diálogo democrático. A começar pelo fato de que a democracia prevê que a cada ser humano corresponda um voto, e todos os votos tenham igual valor.

Exatamente porque o tema da igualdade é paradoxal, exigindo respeito a determinadas desigualdades que correspondem ao direito individual de ser e se expressar de forma única, e respeito às igualdades essenciais, esse deve ser um tema prioritário de educação política. Educar o eleitor significa, nessa perspectiva, apresentar a ele os conhecimentos que lhe permitam agir reconhecendo a igualdade de direitos políticos do outro, e eleger candidatos que tenham e pratiquem o mesmo reconhecimento.

2.3 Solidariedade

Quando os franceses incluíram a fraternidade entre os lemas de sua Revolução, certamente não havia entre eles uma unanimidade de conceitos sobre o que seja fraternidade. A ideia de que a nobreza e a plebe deveriam se tratar como irmãos pode ter sido cultivada como motivo para começar a Revolução, porém não demorou muito para que, apesar das invocações de fraternidade, começassem uns a cortar a cabeça dos outros na guilhotina.

Fraternidade é uma atitude de irmãos, na benevolência conceitual de quem queira acreditar que irmãos sempre se entendem, se aceitam, se protegem e se apoiam. Mas, em termos de comportamento social, fraternidade significa solidariedade.

E a solidariedade é essencial para a democracia. Esta era, historicamente, um regime político. Hoje, democracia é mais do que isso. É, também, uma forma de organização social e de convivência entre os que se reconhecem como titulares de direitos iguais, perseguindo destino comum, ainda que por caminhos individuais.

Portanto, a democracia é uma obra conjunta, de toda a sociedade. Que só pode ser feita por um sentimento e um propósito coletivos, que estão na raiz da solidariedade.

Subjetivamente, a solidariedade é um sentimento. Objetivamente, a solidariedade é um padrão de comportamento.

O sentimento de solidariedade pode se referir a relações individuais, na mesma ordem que antes se mencionou, da simpatia e da empatia. Faz parte da natureza humana e de seu instinto gregário relacionar-se com o outro. E, como condição para se relacionar, é preciso compreender que o outro tem esperanças, medos, dores e prazeres da mesma natureza e forma como experimentamos esses sentimentos. A partir dessa compreensão, é possível colocar-se no lugar do outro para entender o que ele sente, e apoiá-lo na superação de sentimentos adversos.

Também pode haver sentimento de solidariedade em situações e atos coletivos. O patriotismo é um ato solidário de amor à pátria. A amargura de ver a seleção brasileira de futebol ser derrotada é um sentimento solidário coletivo.

Objetivamente, entretanto, se pode aprender a solidariedade como um padrão de comportamento, seja a benefício de alguém, seja a benefício do bem comum. Nesse sentido, solidariedade é a consciência das responsabilidades compartilhadas que todos temos em relação à construção da estrutura social que reconhecemos ser necessária.

Como elemento formador da democracia, a solidariedade é a consciência de pelo menos três aspectos conexos, mas cada qual com características próprias.

Em primeiro lugar, solidariedade é a consciência de que estamos todos no mesmo barco. Portanto, as vicissitudes da viagem vão atingir a nós todos como sociedade, da mesma forma que a calmaria e o mar agitado atingem indistintamente a todos os tripulantes e passageiros. Se o barco afundar, afunda para os que estejam tomando sol no deck e para os que estejam trabalhando na casa de máquinas.

Em segundo lugar, solidariedade é a consciência de que a responsabilidade pela construção do destino comum é de todos. A ideia de que alguns devam fazer todos os esforços e sacrifícios e outros devam apenas colher os resultados é incompatível com a democracia.

Em terceiro lugar, solidariedade, objetivamente considerada como elemento da democracia, é a constatação de que, nas competições humanas de qualquer natureza, e tudo na natureza humana envolve alguma forma de competição, os perdedores não podem ser eliminados nem podem ser tratados como se a impossibilidade de alcançar objetivos sociais fosse sempre indigna.

O que os franceses chamaram de fraternidade, como conceito que se tornou universal, é, na realidade, o sentimento de solidariedade. Presume-se, com muitos desmentidos da realidade, que é o sentimento que deveria existir entre irmãos, daí resultando a expressão fraternidade.

Na democracia, a par desses três valores, da liberdade, da igualdade e da solidariedade, existem outros de relevante importância.

2.4 **Interdependência**

A democracia não é um fenômeno natural. É uma construção humana. Para o desenvolvimento dos valores, das crenças, das esperanças e dos desejos que, mesclados a outros sentimentos, concorrem para a evolução da democracia, deveria atuar fortemente a consciência da interdependência em que vivem os indivíduos de toda sociedade. Os indivíduos, de modo geral, ou pelo menos uma parcela considerável da população, não se dão conta da necessária e inevitável relação de interdependência que caracteriza a vida em sociedade. Esse fenômeno existe há milênios, mas a interdependência se acentua à medida que a vida, pela densidade populacional, pelo desenvolvimento do conhecimento e pelo avanço da tecnologia, vai se tornando progressivamente mais complexa.

A vida em sociedade, quer nas atividades de lazer, quer nas atividades de trabalho, ou de mera contemplação, nos coloca em relações inevitáveis de interdependência. Caso tivéssemos que construir sozinhos as casas em que moramos, e tivéssemos que tecer a roupa que vestimos, e plantar os alimentos que comemos não apenas teríamos grandes dificuldades, como também não nos sobraria tempo para outras atividades. Quando nos levantamos pela manhã, e vamos ao banheiro para a higiene pessoal, dependemos inteiramente dos serviços de abastecimento de água e de eletricidade. Também dependemos dos fabricantes da pasta de dentes, da escova de dentes, do sabonete, do pente e dos respectivos transportadores e comerciantes desses produtos. No café da manhã nos faltariam todos os produtos que consumimos, caso não existissem outras centenas de pessoas que trabalharam na produção, industrialização, comercialização e distribuição desses produtos.

Ao longo do dia e da vida, os exemplos poderiam ir ao infinito. Porque nos habituamos a dispor daquilo de que temos necessidade e o nosso dinheiro pode comprar, perdemos a consciência de que, se não existissem as atividades de todos

A vida em sociedade, quer nas atividades de lazer, quer nas atividades de trabalho, ou de mera contemplação, nos coloca em relações inevitáveis de interdependência.

os milhares de pessoas de que dependemos, o nosso dinheiro não serviria para nada. E se não existissem outras pessoas que dependessem do nosso trabalho, ou do uso dos nossos bens, dispostas a pagar por eles, nós nem teríamos dinheiro.

Muitas pessoas, especialmente as mais ricas e que se habituaram com tudo que o dinheiro pode comprar, imaginam que, porque têm dinheiro, não dependem de ninguém. Mas o dinheiro não cria nada. Caso não existissem pessoas que produzem, não haveria bens que o dinheiro pudesse adquirir.

A tudo isso se acresça o fato de que, se não existisse o Estado – que produz e mantém a organização social, as leis e os meios de executá-las, a infraestrutura de serviços, a segurança pública, e todos os serviços básicos, como saúde e educação –, a vida em sociedade seria um caos. Como a dependência é ampla e recíproca, de tal forma que todos dependem de muitos, o que se constata é a existência da interdependência.

A interdependência pode ter muitas qualificações, mas, para os propósitos deste texto, proponho a classificação em duas grandes categorias: a interdependência material, em que uns dependem de outros com relação à criação, manutenção e uso de bens materiais; e a interdependência intelectual e afetiva, em que todos dependem de muitos para as trocas de ideias e de afetos.

Essas ideias, com as quais não nos preocupamos nas nossas rotinas diárias, precisam ser lembradas e enfatizadas para combater dois tipos de pensamentos prejudiciais aos fundamentos da democracia. O primeiro pensamento é o daqueles que já acumularam, ou herdaram, muito dinheiro, pagam os seus impostos e pensam que nada devem à sociedade. O segundo pensamento é o daqueles que acreditam que o imposto é uma expropriação indevida das horas de trabalho ou das parcelas de rendimentos que foram necessárias para pagá-lo.

Imagine-se um banqueiro muito rico. Que tenha feito uma dura carreira, começando de baixo, oriundo de uma família pobre e com o primeiro emprego de office boy em uma instituição financeira. Que tenha trabalhado muito, estudado muito, poupado muito, se dedicado inteiramente à sua condição de bancário, até chegar honestamente a uma posição de banqueiro. Dependendo de seu temperamento, poderá dizer ao espelho: "Eu me fiz por mim mesmo. Portanto, não devo nada a ninguém". Mas essa será apenas uma parte da verdade. Não se pode negar nem diminuir a importância e os méritos do esforço pessoal como condição para atingir a posição conquistada.

Mas uma visão de retrospecto em outra perspectiva poderia identificar os méritos de pais empenhados em contribuir para o futuro do filho, de uma professora primária e vários outros professores dedicados a transmitir conhecimento ao futuro banqueiro, de companheiros de trabalho que tenham contribuído para muitos sucessos profissionais no aproveitamento de oportunidades que tenham sido abertas por chefes com liderança. Enfim, para se chegar honesta e merecidamente ao topo de qualquer atividade, o esforço pessoal é essencial, mas não basta.

Imagine-se, para a força do argumento, que o banqueiro em questão ganha muito bem, e paga os seus impostos porque teme as autuações fiscais e as multas; mas não se conforma em ter que entregar ao governo uma parte mais ou menos alta daquilo que acredita ter ganhado sozinho.

A verdade é que, se não existissem os milhares de indivíduos que também trabalham para ganhar o dinheiro que depositam no seu banco, ou que depositam ali os rendimentos de suas heranças, e se não existissem os milhões de consumidores que criam a demanda e a necessidade de, junto com os empreendedores da produção, irem buscar financiamento bancário, o banqueiro não faria negócios e não teria rendimento algum. Apesar de todo o esforço pessoal que tenha feito para chegar onde chegou.

E é o Estado que, com o dinheiro dos impostos, cria as condições para que financiadores e financiados possam desenvolver suas atividades com a intermediação remunerada do banqueiro.

Agora imagine um grande jogador de futebol, com um talento excepcional, dedicado maximamente aos treinos e nos jogos, e que ganhe muitos milhões por mês. Não foi a sociedade nem o governo que lhe deram esse talento e suas habilidades. Pode ele não entender por que razão deve pagar altos impostos para que o governo gaste esse dinheiro com outros segmentos da sociedade, a quem ele acredita que nada deve. Pode também não se conformar com isso. Na continuidade do exercício de imaginação, suponha que, por obra do acaso, esse jogador e sua bola de futebol tenham ido parar em uma ilha deserta, que pode até ter uma praia ótima para a prática do futebol. Nessa ilha, sozinho, mesmo com todos os seus talentos e habilidades, o craque não ganharia um tostão jogando futebol. Não estaria presente nenhum dos fatores de que ele depende profissionalmente.

Um atleta habilidoso só consegue ganhar dinheiro graças àqueles de quem ele depende socialmente.

Comecemos pelas constatações mais simples e irrefutáveis. Se morasse sozinho em uma pequena ilha deserta, mesmo sendo um extraordinário jogador, ele não ganharia nada – ainda que passasse o dia inteiro exercitando suas habilidades com a bola.

Portanto, em que pesem seus extraordinários méritos de jogador, esse atleta só ganha dinheiro jogando porque vive em sociedade. Só essa constatação, de saída, já permite a afirmação categórica de que o sucesso econômico da atividade se deve parte ao jogador e parte ao fato de que ele vive em sociedade. Assim, não se pode dizer que seu sucesso seja mérito exclusivamente seu.

Para que esse atleta ganhe dinheiro jogando, a sociedade, representada pelo Estado, criou uma cidade onde se encontra um estádio no qual é possível jogar. Nessa cidade, a sociedade e o Estado criaram ruas, e as mantêm, permitindo que pessoas se locomovam até ao estádio para assistir às partidas. A sociedade, representada e organizada pelo Estado, também criou meios de comunicação que permitem que pessoas que não possam, ou, não queiram, ir ao estádio assistam aos jogos transmitidos à distância, pagando por esse ser serviço. A sociedade e o Estado também organizaram muitas outras estruturas e atividades que permitem que milhões de outras pessoas tenham o dinheiro suficiente para pagar o preço do ingresso ou o preço da transmissão eletrônica para assistir aos jogos, e assim gerar uma parte da arrecadação que vai constituir uma parte da renda do atleta. Além disso, a sociedade e o Estado mantêm uma infinidade de empresas que fabricam e vendem materiais esportivos ou outros produtos, as quais podem pagar ao nosso atleta quantias consideráveis de dinheiro, a fim de que ele, com a sua imagem pública e de sucesso, as ajude a vender os seus próprios produtos. Também é verdade que a sociedade e o Estado criaram leis que obrigam as pessoas a pagar os ingressos que comprarem e a honrar os contratos que firmarem com o atleta, e que mantêm toda uma estrutura judiciária para garantir que isso efetivamente aconteça. Não se pode esquecer que a sociedade e o Estado providenciam um aparato policial e de segurança até contra eventual incêndio para evitar tumulto ou conflito no acesso e permanência no estádio.

A enumeração de todas as atividades e estruturas da sociedade e do Estado que são necessárias e imprescindíveis para que o extraordinário atleta ganhe com o seu trabalho uma quantia extraordinária de dinheiro é facilmente visível à observação de cada um. Mas, frequentemente é esquecida, como se o sucesso econômico fosse uma façanha exclusivamente pessoal. Tais atividades e estruturas permitem a conclusão segura de que a renda obtida pelo atleta com o seu trabalho não é resultado exclusivo dos seus inegáveis talento e esforço. Ela só é possível pela soma das qualidades dele às condições criadas pela sociedade e pelo Estado, que compõem um conjunto de fatores e fundamentos imprescindíveis dessa renda. Em uma palavra, os resultados para quem joga, para quem assiste e para quem desenvolve atividades econômicas incidentes ou paralelas é o resultado da relação de interdependência. Quanto dos rendimentos do atleta se deve atribuir aos fatores criados exclusivamente por ele próprio e quanto se deve atribuir aos fatores criados pela sociedade e pelo Estado é uma proporção a ser determinada pela discussão que pode interessar aos tributaristas, e não cabe neste texto. Aqui cabe a afirmação de que a interdependência é um fato social insofismável.

É oportuno que se destaque que a interdependência não ocorre exclusivamente nas relações materiais. Há interdependência, e de grande relevância, nas nossas relações intelectuais e afetivas. O conhecimento que adquirimos e desenvolvemos tem uma trajetória de acúmulo histórico multimilenar. E só o adquirimos em relações de interdependência com os nossos contemporâneos. Da mesma forma, os nossos afetos, positivos e negativos, dependem das nossas relações com aqueles que nos causam estímulos e com aqueles a quem os dirigimos.

A interdependência é um fenômeno social inevitável. Como tal, não foi inventado pela democracia, não decorre dela e não é privativo das sociedades democráticas. Existe em toda sociedade, independentemente de seu regime de governo. Mas a consciência que se tem desse fenômeno social fortalece a crença na democracia como o melhor regime de governo. Como somos todos interdependentes, nada mais natural do que todos participarmos das escolhas e das decisões que constroem e mantém a organização da sociedade e o seu governo. A consciência da interdependência nos impede de olharmos exclusivamente para os nossos interesses imediatos. Nos dá a percepção de que todos temos interesse na melhor organização social possível, com governos que priorizem a construção do bem comum.

2.5 Consenso e consentimento

A educação para a democracia, assentada no tripé da liberdade, igualdade e fraternidade ou solidariedade, não se limita a esses fundamentos. Existem outros valores da democracia que podem e devem ser objeto de aprendizado. Desses, cabe destacar a capacidade de fazer concessões. Poderíamos reunir todas as formas de condescendência no valor tolerância. Tenho alguma reserva quanto à palavra tolerância, porque pode dar a impressão de aquilo que se aceita de má vontade, ou por espírito de sacrifício. Em latim, tolerância significava a capacidade continuada de sofrer, de acolher, de ser suporte. Apesar do meu preconceito contra essa expressão, tolerância não é a paciência resultante da indiferença com relação àquilo que se recrimina. A rigor, corresponde à capacidade de compreensão dos fatos segundo perspectivas diversas de observação. Ao jogo democrático, entretanto, que implica na alternância de poder e na condição de conviver com iguais e desiguais, deve-se aderir pela convicção de que com ele se evitam as tiranias e todas as formas de poder ou costumes impostos.

Seja o valor da capacidade de fazer concessões, seja o valor da tolerância, ou outros valores, a verdade é que o verdadeiro sentimento democrático comporta tempos de consenso e tempos de divergência. Na divergência é preciso, muitas vezes, consentir naquilo de que se discorda.

Há uma diferença essencial entre chegar a um consenso e consentir. Na vida política democrática, é natural buscar-se o consenso. Pessoas diversas, ou diferentes segmentos da sociedade, conversam, debatem, discutem a respeito de determinado tema para chegar a um senso comum. Mas nem sempre o consenso é possível. E quando ele não for possível, alguém ou um grupo, naturalmente a minoria, pode ter que consentir. Isto é, pode ter que aceitar opinião ou decisão que não seja sua e é contrária ao seu ponto de vista.

A democracia pressupõe a capacidade de aceitar o fato de que, algumas vezes, será preciso conviver pacificamente com resultados contrários à própria vontade ou crenças. Aqueles que pretendem acabar com a democracia sempre que se sentem derrotados não entenderam o que é democracia e precisam ser educados para ela. A começar pelas eleições. O reconhecimento da derrota e da legitimidade do vencedor por aqueles que têm menos votos é indispensável à democracia.

A democracia pressupõe a capacidade de aceitar o fato de que, algumas vezes, será preciso conviver pacificamente com resultados contrários à própria vontade ou crenças.

Considero fator altamente prejudicial ao bem comum o direito democrático de ser oposição ao governo, quando levado ao abuso, o que é muito frequente. Refiro-me ao fato de que muitas pessoas consideram a relação entre governantes e seus opositores como antagonismo contínuo e absoluto. Há quem imagine, e não são poucos, que ser oposição ao governo signifique ser sempre contra tudo que o governante fizer. A maturidade democrática pressupõe que se faça oposição àquelas políticas públicas que se acredita que não serão capazes de contribuir para o bem comum. Entretanto e apesar disso, se o bem comum for atingido, opor-se a esse resultado constitui abuso do direito de oposição democrática.

2.6 Reciprocidade

A vida em comunidade, em uma situação normal em que uns indivíduos não objetivem eliminar os demais, pressupõe a coexistência. E a existência em conjunto só se pode dar segundo três regras: a da submissão, em que alguns indivíduos, para subsistir, se submetem aos demais – os mais fortes prevalecendo sobre os mais fracos; a da imprevisibilidade, em que não haverá estabilidade no jogo de forças, sendo ora maior a força de alguns indivíduos ou grupos, ora maior a força de outros; e a da reciprocidade, em que as forças se equivalem na criação de um estado de equilíbrio. Segundo Kant, "todas as substâncias, enquanto coexistem, se encontram em completa reciprocidade, quer dizer, em interação mútua" (Crítica da Razão Prática, A, 211).

A reciprocidade é uma boa regra para a compreensão da democracia. Reciprocidade não se confunde com a interdependência, embora sejam conceitos conexos.

Na Física, segundo a terceira lei de Newton, a toda ação corresponde uma reação igual e contrária. Nessa ciência não existem variantes decorrentes de vontade, costumes ou moralidade. As relações são como são. A reação da mesma natureza que a ação não é uma opção. É um fato necessário da realidade dos fenômenos físicos.

No regramento dos comportamentos humanos, todas as religiões, ou aquelas de que mais prontamente consigo me lembrar, pregam o comportamento humano segundo o princípio da reciprocidade. No cristianismo, as palavras de Jesus reproduzidas por Mateus no Sermão da Montanha (7:12) assim concluem: "Portanto, tudo o que quereis que os homens vos façam, fazei-o também a eles". Como, presumivelmente, todos queremos que nos façam o bem, e aquilo que nos dá segurança, conforto e prazer, a presunção é a de que, se oferecermos esses benefícios aos outros, vamos recebê-los de volta. Na mesma direção se alinha o islamismo, ao dizer que "nenhum de nós é crente até que deseje para seu irmão aquilo que deseja para si mesmo" (Suna). Disso não discorda o judaísmo, ao afirmar que "o que é odioso para ti, não o faças ao próximo. Esta é a lei toda, o resto é comentário" (Talmude, Shabbat, 31ª). O hinduísmo apregoa os mesmos princípios, ao definir o dever: "Esta é a suma do dever: não faças aos demais aquilo que, se a ti for feito, te causará dor" (Mahabharata, 5:15:17). Portanto, todas as religiões citadas estão em acordo com o que se acredita tenha sido dito por Confúcio 500 anos antes de Cristo: "Não façais aos outros aquilo que não quereis que vos façam" (Analectos de Confúcio, 12.2).

Pode parecer estranho que, em um texto fundamentalmente de política, estejam sendo transcritos princípios religiosos. Entretanto, e como decorre da simples leitura deles, se trata de princípios que nada têm de transcendentes ou sobrenaturais. São máximas de vida e costumes, das quais as religiões mais prestigiadas são abundantes na medida em que registram, de diferentes épocas e diferentes povos, regras de convivência que contribuem para a sobrevivência da espécie humana, com estímulos à harmonia.

Na ordem dos comportamentos individuais, deve-se considerar que um dos primeiros impulsos do ser humano é tratar o outro como é tratado. A exacerbação na prática do mal, ou na prática do bem, pode levar indivíduos a reagirem mal aos bons tratos, ou reagirem bem aos maus tratos. Esta última possibilidade exige a formação cultural de um espírito superior.

Na ordem política, das relações transindividuais, esses mesmos impulsos superiores levam indivíduos à consciência de que as boas ou más relações que regem a vida social não são meramente fortuitas ou ocasionais. São relações que se regem, em considerável extensão, por padrões de conduta que se podem desenvolver culturalmente como relações de causas e efeitos. Aqui se deve refletir sobre o conceito de liberdade, pelo qual cada um é livre para reagir como quiser a uma ação que lhe seja dirigida. O ser humano não é necessariamente movido pelas leis da física. E, também cabe refletir sobre o conceito de poder sobre os próprios atos. Cada um age segundo o poder que tem sobre si mesmo, sem necessariamente se submeter e agir segundo o estímulo do outro.

No Estado de Direito, em uma sociedade regida pelas leis que sejam iguais para todos, o mesmo empenho em defender os próprios direitos se deve empregar no reconhecimento de que, em igual situação, o outro possa ter direitos iguais.

Aqui, reciprocidade é consequência da igualdade. Uns reconhecendo os direitos e respeitando os legítimos interesses dos outros, e vice-versa. Esse é um princípio que, independentemente da história da democracia, acredito que se aplique, ou que se deva aplicar, ao fenômeno social e de governo da democracia como a vejo nos tempos atuais.

Os indivíduos que estão fora do governo e das situações em que possam exercer poder político têm, cada qual e seu grupo, interesses legítimos de demandas aos governantes e de ambições de poder. A afirmação de que os próprios interesses são legítimos pressupõe que outros aceitem essa legitimidade. Mas, para que uns aceitem a legitimidade de interesses dos outros, a reciprocidade é imprescindível. Considero imaturos os sentimentos daqueles que pretendem que se reconheça a legitimidade dos seus interesses, mas partem do princípio de que sejam ilegítimos todos os interesses que não sejam seus.

Como regra prática de experiência e sentimento democrático, dentro do princípio da reciprocidade, quem está no governo deveria refletir sobre o que estaria disposto a aceitar do governo se estivesse fora dele. E quem está fora do governo deveria refletir sobre o que faria, nas mesmas circunstâncias, se estivesse no governo.

Na política, ao contrário do que pregava Maquiavel, parece válida e democrática a regra da ética das relações sociais privadas, segundo a qual não se deve fazer aos outros o que não se gostaria que fosse feito contra si. Isso não é um princípio religioso, nem é uma incitação à ingenuidade. É a constatação de que na democracia existe a alternância do poder. Quem incentiva o açoite quando está no poder pode experimentar o açoite quando estiver fora dele.

2.7
Respeito às leis

Democracia e Estado de Direito não são sinônimos. Mas as democracias só fazem jus a essa denominação, nos dias atuais, nos países que mantêm o Estado de Direito, que é aquele regido por leis. O movimento mais sensível e certamente essencial para a democracia é a educação para o cumprimento das leis. Parece acaciano dizer que é preciso aprender a cumprir as leis, visto que as leis só são feitas para serem cumpridas. Estamos, obviamente, falando de leis que tenham sido editadas democraticamente, na forma e no conteúdo. Posto isso, e considerando-se que na democracia todos são iguais perante a lei, é fundamental que esta seja cumprida por todos.

Entretanto, em um aspecto peculiar e lamentável da cultura brasileira, existem aqui leis que se integram à realidade e são cumpridas, e outras leis que não são assimiladas pela sociedade e não são cumpridas. Popularmente, costumamos dizer, como se fosse a coisa mais normal do mundo, que existem leis que "pegam" e leis que "não pegam". Antigamente, como se verá adiante, e ao tempo em que o Brasil era devedor e economicamente dependente da Inglaterra, algumas leis eram feitas para não serem cumpridas, apenas "para inglês ver".

É preciso ter em mente que as leis são reflexos dos costumes, que aqui se equiparam à moral predominante na sociedade em um determinado momento histórico. Os costumes que sejam considerados importantes para a sociedade são transformados em leis, para que se perpetuem e se imponham a todos, quer aos que adotem tais costumes voluntariamente, quer aos que preferissem não os praticar. Da mesma forma, as leis se destinam a inibir os costumes que, não obstante praticados em maior ou menor extensão, são considerados prejudiciais à sociedade. Apesar disso algumas leis feitas para inibir ou coibir costumes arraigados acabam sendo inoperantes. Por exemplo, desde o art. 251 do Código Penal do Império, de 1830, o adultério era crime, sujeito a prisão e trabalhos forçados, embora fosse amplamente praticado em todas as camadas sociais. No Brasil o adultério só deixou de ser considerado legalmente como crime em 2005.

Nas sociedades oligárquicas se costuma dizer que a lei é feita para os inimigos. "Para os amigos, tudo. Para os inimigos, a lei." Nas sociedades democráticas, as leis igualam os cidadãos, impondo-se a todos indistintamente. Descumprir leis é uma das formas de renegar a igualdade e, muitas vezes, violar a liberdade. Age-se como se as leis fossem feitas para disciplinar aos outros, sem que obriguem aqueles que se colocam nessa perspectiva, como se não fossem os destinatários dela.

Não por acaso, nos países com alto índice de desenvolvimento e elevada qualidade da vida democrática, as leis são cumpridas com mais rigor e menos resistência. A começar pelas mais simples. Como as leis de trânsito. Em países como a Alemanha, a Suíça ou o Japão, quase nenhum pedestre atravessaria a rua fora da respectiva faixa, ou com o sinal vermelho, ainda que nenhum veículo se aproximasse. E, se o fizer, não tardará a vir um policial o admoestar. Não estou afirmando que nesses países, ou em qualquer outro país do mundo, não haja violação das leis. A idealização fantasiosa de que existam sociedades incorruptíveis no cumprimento das próprias leis não se confirma pelos fatos diariamente registrados nos noticiários internacionais, nem se comprova pela história. Mas há países em que a cultura predominante é a de cumprimento das leis, e nos quais, talvez por isso mesmo, as transgressões, quando descobertas, acarretam punição e repúdio social proporcionais à gravidade do evento.

Nos países com baixo índice de desenvolvimento e democracia prejudicada por excesso de privilégios indevidos, frequentemente as leis só são cumpridas quando convém. Esse costume, o mais das vezes, está associado à desigualdade de classes sociais. As origens são complexas, mas remontam a tempos infelizmente ainda não totalmente ultrapassados, em que as classes dominantes exigem o cumprimento rigoroso das leis disciplinadoras das classes dominadas. No citado Código Penal do Império, as penas eram consideravelmente mais pesadas para o escravo do que para o cidadão livre, ainda que praticassem exatamente o mesmo crime. Os costumes, que evidentemente têm raízes históricas, atuam no sentido de que se possa interpretar com flexibilidade neutralizadora as leis que apontem comportamentos descabidos das classes dominantes que, não passe sem registro, são predominantemente as mesmas que fazem as leis. Cito algumas vezes o exemplo de critérios como, no Brasil, combatemos a criminalidade. Durante décadas vimos campanhas incentivando as populações de periferia a denunciarem os crimes e criminosos de suas respectivas comunidades. Na parte traseira de milhares de ônibus utilizados no transporte coletivo das grandes cidades, e em outros locais de visibilidade popular, há muito tempo nos acostumamos a ver propaganda dos sistemas de "Disque Denúncia". A população, especialmente na periferia, é estimulada a ligar para um determinado número de telefone de um serviço público, onde se pode registrar a ocorrência de um crime ou a identidade de um criminoso, com garantia do anonimato. Nunca vi, na sociedade, nos meios jurídicos, ou nos meios de

Não por acaso, nos países com alto índice de desenvolvimento e elevada qualidade da vida democrática, as leis são cumpridas com mais rigor e menos resistência.

comunicação, grandes discussões sobre a moralidade, a imoralidade, os benefícios e os riscos desse sistema. Também não estou fazendo, aqui, nenhum juízo de valor sobre ele.

Entretanto, quando se introduziu no sistema legal a regra de que as penas a serem impostas a um criminoso podem ser reduzidas se este delatar os seus comparsas, se estabeleceu ampla discussão nacional a respeito de se considerar ética ou imoral, crível ou desprezível a denúncia. Isto porque a legislação sobre a delação com redução da pena, mais conhecida como delação premiada, se desenvolveu no contexto do combate especialmente aos grandes crimes financeiros, conhecidos como crimes do colarinho branco, e aos atos de improbidade administrativa de políticos e funcionários públicos. Tais atos, pela sua natureza, são praticados por integrantes das classes dominantes, ou no interesse delas.

Os exemplos de leis interpretadas segundo a conveniência e a condição social dos infratores são inúmeros. Um morador de rua que roube um pacote de bolachas em um supermercado pode ser preso em flagrante, enquanto um vereador ou deputado que seja surpreendido roubando parte dos salários dos assessores fantasmas que contratou sem concurso público terá longos anos de investigação antes que seja denunciado penalmente, e mais muitos anos antes que a prescrição criminal o despreocupe totalmente da possibilidade de ser preso. Um político, seja vereador ou presidente da República, acha normal, e faz questão de se dizer honesto, quando recebe benefícios financeiros de empresas ou empresários que contratam serviços públicos nas áreas de sua competência administrativa. E as interpretações do sistema legal consumirão anos de suspensão de qualquer condenação, antes que se chegue à conclusão se o ato é um crime eleitoral ou um crime contra a administração pública. E, se por acaso esse político vier a ser punido, não faltarão vozes denunciando o que consideram "intolerável punitivismo do sistema". Mas as nossas cadeias e penitenciárias estão lotadas de presos, culpados ou inocentes, cujas prisões ocorreram em seus próprios lares, em invasões policiais diurnas ou noturnas, sem mandado judicial, sem que se levantem as mesmas vozes em objeção ao punitivismo que ultrapassa leis garantidoras da inviolabilidade do domicílio. As cadeias brasileiras, superlotadas de presos pobres e de classe social discriminada, são amplamente toleradas como antros de desumanidades e universidades do crime, quando não aplaudidas pelas classes dominantes, sob eufemismos que consideram que, a benefício dos autointitulados "cidadãos de bem", é preciso poupar o dinheiro público que seria gasto em conferir subsistência digna ao preso. Não raro, mas com requintada hipocrisia, entre os que se autointitulam os "homens de bem", estão impunes aqueles que se apropriaram das verbas públicas que deveriam se destinar à construção de presídios decentes.

Mesmo na elaboração de algumas leis, há um claro viés de desigualdade, em prejuízo das classes sociais que não compartilham o poder político na mesma proporção que as chamadas elites sociais. A política legislativa de combate ao uso de drogas é um claro exemplo disso. As classes dominantes são grandes usuárias das drogas ilícitas. No comércio de qualquer produto, nos ensinam os economistas e os mestres do capitalismo, é essencial reconhecer a imutabilidade da lei da oferta e da procura. Onde houver procura, natural e inevitavelmente haverá oferta. Também pode haver, nas indústrias e propagandas criativas, a oferta que anteceda e gere a procura. Não havia procura do mercado consumidor pelos telefones celulares antes que a indústria inventasse e oferecesse esse produto. Mas, em termos de ciência econômica, há uma equivalência e reciprocidade entre oferta e procura. No que se refere às drogas, contrariando a lei da oferta e da procura, os representantes das classes dominantes elaboram leis com penas muito mais pesadas para os comerciantes clandestinos dessas drogas que as oferecem ao respectivo mercado do que para os seus clientes consumidores que as procuram e que são, em grande parte, integrantes dessas mesmas classes dominantes.

Não raro, mas com requintada hipocrisia, entre os que se autointitulam os "homens de bem", estão impunes aqueles que se apropriaram das verbas públicas que deveriam se destinar à construção de presídios decentes.

Em um universo de situações de legalização das desigualdades, esses poucos exemplos são mencionados para enfatizar o quão importante e o quão difícil é manter o princípio fundamental da igualdade na elaboração e na execução das leis. Nós, brasileiros, temos o hábito equivocado de julgar as leis. Se estivermos de acordo com elas, as cumprimos. E frequentemente consideramos absurdas, descabidas ou desnecessárias as leis que não queremos cumprir. Não existe igualdade, ou as desigualdades se tornam intoleráveis, quando as leis, quer na sua elaboração, quer no seu cumprimento, não prestigiam esse fundamento da democracia.

No cumprimento das leis, o mundo vem experimentando nos últimos 50 anos um fenômeno interessante, de sadia preocupação com o tema. Curiosamente, essa preocupação surgiu no mundo empresarial. Não por motivos morais. Mas por motivos de competição econômica, entre empresas e entre países.

O capitalismo é essencialmente competitivo. As empresas competem entre si pela matéria prima, pelo acesso a tecnologias, pelo mercado de trabalho, pelo mercado consumidor e em todas as formas de livre concorrência. Como em toda competição, também na competição empresarial os competidores devem observar determinadas regras correspondentes à natureza do jogo, que são estabelecidas de comum acordo entre os competidores e com os respectivos governos.

Da mesma forma que ninguém compete em uma partida de futebol, partida de tênis, ou de qualquer outro esporte sem respeitar os respectivos ritos e regras, na ordem empresarial a competição também tem regras. O contrário seria o caminho do caos, com os mais fortes eliminando os mais fracos, em completa desorganização dos mercados. Isso seria danoso ou até fatal para o sistema capitalista.

Não vou entrar aqui na interessante discussão proposta por André Comte Sponville sobre a moralidade ou imoralidade do capitalismo (*É o Capitalismo Moral?*). Mas, para a sequência do raciocínio, deve-se registrar que o importante envolvimento da Inglaterra no combate à escravidão não se deu por motivos morais. Ou, para soar mais suave, não se deu "predominantemente" por motivos morais. A causa mobilizadora mais forte foi a competição econômica, principalmente com os Estados Unidos. A Inglaterra, que abolira a escravidão em 1833, passou a ter dificuldades na competição de sua indústria têxtil com a mesma indústria dos Estados Unidos. Esta produzia a menores custos graças ao trabalho escravo no cultivo do algodão, ao sul do país. Também com relação ao Brasil, houve forte pressão inglesa para a abolição da escravatura. Em 7 de novembro de 1831, o Brasil aprovou uma lei, depois apelidada de "lei para inglês ver", proibindo a importação de escravos, os quais seriam considerados livres e reexportados ao país de origem tão logo chegassem a algum porto brasileiro. Registre-se que essa lei praticamente não foi cumprida, e sequer consta das mais frequentes relações das chamadas "leis abolicionistas" da história do Brasil. De passagem, vale mencionar que a bela praia pernambucana de Porto de Galinhas anteriormente se chamava Porto Rico. Mas, com o advento dessa lei de 1831, aquele porto se tornou um dos principais atracadouros para navios negreiros clandestinos. Estes, para dar uma aparência de legalidade ao seu comércio, simulavam ter como carga principal, vinda da África, as galinhas de Angola. Mas, no porão, abaixo das caixas de galinhas dispostas no convés, eram trazidos os seres humanos escravizados. E com a omissão conivente das autoridades, os escravocratas eram atraídos para aquele porto sempre que atracavam navios aparentemente lotados de galinhas, o que acabou alterando o nome da localidade.

Também acho oportuno destacar, nessas considerações sobre a relação entre moralidade e capitalismo e sobre a evolução do capitalismo em direção à ética, ainda que por motivos econômicos, um fato relevante e pouco notado dos principais países da Europa. Até à segunda metade do século passado, países como a França, a Alemanha, a Dinamarca, a Noruega e a Suécia, entre outros, tinham mecanismos tributários para admitir a propina paga no exterior como despesa dedutível para fim de cálculo dos impostos incidentes sobre a renda. No Japão, essas despesas não eram dedutíveis com a conotação de propina, mas eram contabilizadas como "despesas de entretenimento". (http://oecdobserver.org/news/archivestory.php/aid/245/Writing off tax deductibility).

Ciente desses fatores que tornam regras uniformes essenciais para a concorrência empresarial, o mundo capitalista tratou, a partir da segunda metade do século passado, de sofisticar as regras de competição, estabelecendo não apenas a igualdade das empresas perante a lei, mas também a obrigatoriedade de que as empresas cumpram as leis. Nesse cenário de desenvolvimento cultural, surgiu nos Estados Unidos, em

1960, a regulação da *Securities and Exchange Comission* (SEC) para regular o mercado de ações e investimentos financeiros. Alguns anos depois, em 1977, e no mesmo país, foi criado o *Foreign Corrupt Practices Act* (FCPA) como forma de combater a corrupção no meio empresarial. Esse movimento repercutiu na Inglaterra, que em 2011 editou o *Bribery Act*, severa lei anticorrupção para as empresas, que regula não só relações com o poder público, mas também as relações privadas.

O fato é que, no impulso desse movimento, as empresas de grande parte de muitos países passaram a se preocupar com o cumprimento das leis, criando-se, por conseguinte, as políticas de *compliance*, que no Brasil são também conhecidas como políticas de integridade corporativa.

Como consequência desse movimento, sob a fiscalização e julgamento de organismos internacionais confiáveis, e, principalmente, sob a vigilância dos consumidores, as empresas passaram a ter que adotar políticas de integridade corporativa, sob pena de perderem mercados e se sujeitarem a pesadas sanções dos respectivos governos ou de tribunais internacionais. Hoje essa transformação social se sofisticou, e se fala intensamente em ESG no mundo empresarial. "E" de *enviroment*, ou seja, meio ambiente. "S" de *social*, ou seja, de responsabilidade social. E, "G" de *governance*, que é a transparência e previsibilidade no governo das empresas.

A sociedade ainda não se deu conta de como isso vai, em progressão geométrica, impactar acelerada e positivamente o seu desenvolvimento e o aprimoramento dos costumes.

As pessoas, ou um grande número de pessoas, trabalham em empresas, se relacionam com empresas como consumidoras, como fornecedoras ou outras interações. Será uma questão de tempo até que as pessoas tragam dos ambientes empresariais para as suas vidas privadas os hábitos de cumprir leis que estarão continuamente vivendo ou observando nas empresas. E que incorporem em si mesmas os temores que têm as empresas em descumprir a lei, pelas consequências que possam sofrer.

Os desdobramentos das práticas de *compliance* ou integridade corporativa podem chegar ainda muito mais longe, e suponho que causarão transformações na vida política dos países, especialmente do Brasil.

A influência do mundo econômico na política é, para o bem e para o mal, enorme. A ordem econômica elege um grande número de representantes parlamentares e de membros do Poder Executivo. A ordem econômica corrupta e descumpridora das leis elege políticos corruptos e descumpridores das leis. À medida que as grandes empresas, por força das políticas de integridade corporativa, tiverem que se aprimorar eticamente, acabarão por impulsionar os representantes que elegem para os governos em direção a comportamentos éticos.

Independentemente dos políticos que elege, o poder econômico mantém contínua e profunda interação com o poder político. As regras de integridade que as empresas se veem progressivamente compelidas a cumprir acabarão se replicando nas esferas políticas que atuam sob influência empresarial. Como todo processo de transformação cultural, em que se substituem velhos e arraigados costumes, isso não acontecerá da noite para o dia, nem se transformará em um fenômeno absoluto, verificável em todas as empresas.

Acredito que estejamos falando de uma transformação que será acelerada pelas modernas tecnologias de transparência e comunicação e acabará, para muitos, fornecendo as provas de que o crime nem sempre compensa.

2.8
Transparência e prestação de contas

A educação democrática ou o aprendizado para a democracia se beneficia fortemente de dois outros conceitos. Refiro-me à transparência ou dever de informação pública, e ao dever de prestar contas.

A participação democrática da sociedade no seu próprio governo só se completa e pode ser eficaz se a sociedade puder saber, sem limites, o que faz – e como faz – o governo. A isso se chama de transparência das atividades governamentais, que é fundada no dever de informar, que todo administrador público tem.

Nessa enumeração parcial dos temas inerentes à educação para a democracia, resta mencionar que a democracia representativa traz, na sua própria conceituação, o dever de prestar contas. A sociedade elege seus representantes e lhes outorga procuração ou mandato para exercer o governo em seu nome. É da essência de toda relação entre mandante e mandatário que este preste contas ao mandante dos atos que praticar.

> *A participação democrática da sociedade no seu próprio governo só se completa e pode ser eficaz se a sociedade puder saber, sem limites, o que faz – e como faz – o governo.*

Portanto, nos regimes democráticos todo governante está obrigado a prestar contas de seus atos governamentais. O que se assegura educando o eleitor para a necessidade de exigir contas daqueles que elege.

Esses conceitos estão conectados a uma característica própria da democracia, que é o respeito à opinião pública. Os governos tendentes ao absolutismo e à tirania, porquanto mantidos pela força, não se preocupam com a opinião pública. E não é de se esperar que, nesses governos, o público manifeste abertamente suas opiniões. Nem que governantes que se impõem pela força se preocupem com a opinião pública. Exceto em situações extremas. Para Maquiavel, recorde-se, o Príncipe poderia escolher entre ser amado ou temido pelo povo.

Mas, desde o declínio do Absolutismo e da eclosão do Iluminismo, em coincidência com a expansão de ideias que levariam ao renascimento do conceito de democracia, foi se firmando a importância da opinião pública. Esse termo foi usado pela primeira vez, com um significado próximo do que tem hoje, por Rousseau, quando este, em 1776, publicou suas *Confissões*. Dizia Rousseau:

> "Entre as peculiaridades que distinguem o século em que vivemos de todos os outros, está o espírito metódico e consistente que norteou a opinião pública há 20 anos. Até agora, essas opiniões vagavam sem consequência e sem regras de acordo com as paixões dos homens; e essas paixões se chocavam sem parar, fazendo com que o público flutuasse de um para o outro sem uma direção constante".

A relevância da opinião pública nas democracias é notória, porque a síntese dessa opinião se expressa através do voto. Isso quer dizer que quanto mais clara, fundamentada e consistente for a opinião pública, maiores serão as possibilidades de votos conscientes. Assim, a transparência dos atos de governo e o amplo cumprimento do dever de prestar contas concorrem para a formação da opinião pública, com duplo benefício para o processo democrático. Ao eleitor interessa saber quais são as eficiências e as ineficiências dos governos. E aos bons governantes interessa que os eleitores, pela transparência dos atos governamentais e pelas contas prestadas, saibam o que está sendo feito com sucesso; e que, com isso, se possa formar a opinião pública que seja favorável aos bons governantes.

METODOLOGIA DO VOTO CONSCIENTE 3

A escolha de um bom candidato não pode ser um ato de improviso. Deve ser um ato de reflexão. Como são muitos os fatores a serem considerados, é possível organizar esses fatores com alguma metodologia. Cada eleitor terá o seu próprio critério de escolha, que provavelmente decorrerá dos seus valores. Na sequência dos requisitos que buscará no candidato, o eleitor dará prioridade àquilo que mais valorize, ou seja, que esteja mais próximo dos seus valores econômicos, éticos e morais. Para os que acham que a política é um espaço amoral, no qual não se deve esperar ética, evidentemente os requisitos de escolha refletirão essa crença.

A tentativa audaciosa de se sistematizar uma metodologia de escolha a partir da observação de diferentes critérios individuais pode concorrer para a uniformização desses critérios entre aqueles que busquem um caminho relativamente padronizado para chegar ao voto consciente, que efetivamente reflita os valores compartilhados por determinados grupos de eleitores.

O primeiro passo para a escolha metodológica que leve ao voto consciente está justamente na consciência de que toda escolha é um processo de integração ou de conflito entre a emoção e a razão. Não se pode supor um processo de escolha humana sem emoção. Uma escolha política que abolisse a emoção seria uma escolha desumana. Mas não se deve chegar à escolha política sem a efetiva participação da razão.

Como as paixões cegam e anestesiam qualquer atividade da razão, esse primeiro passo na ordem política começa com o domínio e eliminação das paixões. Haverá algo muito possivelmente prejudicial ao voto consciente toda vez que o eleitor sentir raiva de quem critica o seu candidato, ou sentir ódio do candidato concorrente. Quando as escolhas políticas se sobrepõem a todas as outras escolhas – de afeto, de valores, de amizades, de respeito e admiração, e a todas as relações – causando a cizânia de amigos, de parentes e de pessoas de prestígio intelectual ou profissional em diferentes áreas, acende-se um sinal de forte advertência. Esses fenômenos sociais muito intensos na sociedade contemporânea desafiam análise corajosa para se saber se o que está atuando como causa é o espírito democrático ou a irritação extrema – e antidemocrática –, aliada ao fato de o pensamento individual não se conseguir impor como único supostamente válido.

O eleitor que busque o voto consciente pode ser apaixonado por um time de futebol, pode ser viciado em açúcar, pode ser fanaticamente religioso. Mas não pode ser apaixonado por nenhum candidato, por nenhum político e por nenhum partido, ainda que deva ter com eles uma relação emocional. A preservação da capacidade de análise e de crítica exige coração, mas coração "aberto". O eleitor pode ser – e deve ser – o guardião fiel, leal, emocionado e combativo dos seus valores. E pode/deve alimentar a capacidade racional de comparar os valores do candidato com os seus próprios valores. O eleitor precisa se garantir a liberdade de pensar segundo a mais honesta verdade a que possa ter acesso. Para tanto, a primeira coisa a fazer é livrar-se de dogmas e estar disposto a questionar toda ideia, toda crença, toda pregação. O voto segundo a paixão política nunca é inteiramente consciente, porque as condutas apaixonadas restringem o foco de observação, e atropelam as razões que possam estar na consciência.

3.1 Honestidade

Não é a política que faz o candidato virar ladrão. É o voto irresponsável que faz o ladrão virar político. (autor desconhecido)

No processo racional e desapaixonado de escolhas políticas, a opção entre crenças a respeito do que seja a política é a primeira a ser feita. Pode-se acreditar que política seja necessariamente uma atividade de lassidão ética. Pode-se imaginar que a política seja um jogo de interesses e de poder, e como os interesses e o poder não têm limites, a política também não poderia tê-los. Aceita-se a amoralidade e até a imoralidade como se fossem inerentes à política. É uma opção.

Advogo a tese contrária. Não há dúvidas quanto ao fato de que a política é um jogo de interesses e de poder. Sempre foi assim e vai ser assim eternamente, porque é da natureza humana ter interesses e buscar o poder. Mas todo jogo precisa ter regras, sob pena de se transformar em um conflito a caminho da desordem. Os interesses humanos na organização de governo e de suas comunidades podem até ter sido alterados historicamente. Nas sociedades muito mais antigas, e até hoje, em algumas sociedades isoladas do que se convencionou chamar de "sociedade ocidental", os interesses estavam dirigidos às tradições de cada grupo, que se haviam revelado suficientes e seguras para a sua sobrevivência. Ou estavam dirigidos ao sagrado, em respeito a forças de divindades que poderiam controlar tudo aquilo que o ser humano não controla. Mas, em todos os tempos, os interesses ditados pela natureza humana se organizaram segundo regras de convivência, com hierarquias, reconhecimentos e distribuição de tarefas.

Acredito que o ser humano é essencialmente o mesmo, qualquer que seja a atividade que esteja desenvolvendo. Portanto, como nas atividades pessoais, familiares e sociais há uma constante e crescente demanda pela ética, não se pode justificar que, ao se dedicar à vida política, o indivíduo passe a uma realidade paralela, onde a ética seria dispensável. A nossa vida pessoal também é um jogo de interesses e de poder. É uma constante competição dos nossos interesses com os interesses daqueles com os quais convivemos familiar ou socialmente. Na vida familiar e social os jogos de poder são contínuos. Poucas pessoas teriam a coragem de defender a tese de que, nos jogos de interesses e poder dos círculos familiares e sociais, não existe espaço para a ética. As nossas vidas pessoais, familiares, sociais e políticas são, na realidade, uma única vida. E essa única vida que temos se manifesta em diferentes ordens, ora na solidão, ora no ambiente familiar ou social, ora na vida política. Quando se diz que é preciso buscar a integridade, é justamente a necessidade de que todas essas diferentes ordens da nossa vida estejam integradas em uma única ordem. Nessa única ordem, ou existe ética, ou não existe ética.

Gosto de repetir este refrão: não se pode querer uma coisa e o seu contrário ao mesmo tempo. Portanto, é preciso decidir se aceitamos como fato supostamente natural e definitivo a falta de ética na política – e nos conformamos com políticos sem caráter e sem ética – ou se queremos o contrário disso. Se quisermos um universo político onde prevaleçam princípios de ética e cidadania, teremos que escolher políticos que acreditem em princípios de ética e cidadania, e os pratiquem efetivamente. Não é logicamente possível querer uma coisa, votar segundo essa vontade, e depois querer o resultado eleitoral oposto.

Não se pode justificar que, ao se dedicar à vida política, o indivíduo passe a uma realidade paralela, onde a ética seria dispensável.

As crenças políticas podem ser muitas. As competências e as habilidades podem ser infinitas. Imaginando-se um círculo em que se contenham crenças políticas e competências administrativas, podem existir 360 perspectivas diferentes, dependendo do grau em que o observador se coloque na circunferência para observar o centro do círculo. Os 360° do círculo comportam, no mínimo, 360 perspectivas.

Mas a opção entre a valorização e a desvalorização da ética é binária. Imaginando-se também a figura de um círculo, ou se está dentro do círculo dos que acreditam que a política pode, e deve, ser ética como qualquer outra atividade humana, ou se está fora dele.

O primeiro requisito de escolha política, em uma metodologia ética, é justamente a conduta ética do candidato. Note que o requisito é da conduta, não do discurso. Assim, o candidato até pode fazer um belo discurso ético, mas, se agir contra a ética, seu discurso será pura demagogia. Ou o candidato pode até nem ser capaz de expor as suas ideias sobre ética de uma forma muito articulada, e, apesar disso, ter uma história de vida absolutamente ética. O que efetivamente conta é o histórico do candidato como registro das suas práticas de vida.

Na minha lista de requisitos para a atividade política, a ética vem em primeiro lugar. Pelos mesmos motivos que não se deve escolher um advogado desonesto, ou um síndico ladrão, ou qualquer outro procurador que não seja eticamente confiável, não se deve escolher um representante político que não preencha o requisito de ser ético. Visto que fatalmente alguns comportamentos desse representante político seriam em benefício próprio, e voluntariamente danosos ao bem comum.

A própria expressão candidato tem, na sua origem, a conotação da qualidade essencial suposta. Candidato é o que se apresenta como cândido. Puro. Limpo. A essência da atividade política nada tem de suja. Portanto, não é preciso escolher um candidato desonesto ou que tenha as mãos sujas por comportamentos antiéticos anteriores. O comportamento antiético corrompe a atividade política. Quando se diz que a política é a arte do possível, é perfeitamente possível ter a ética como prioridade de escolha. Evidentemente, podem surgir dilemas. Imagine-se uma eleição presidencial de segundo turno, em que se apresentem dois candidatos, um desonesto, ou amoral, e outro absolutamente incompetente e com vocações e valores notoriamente antidemocráticos. A única esperança que considero favorável ao bem comum buscado pela democracia é a de não se chegar a esse dilema, negando-se o voto a ambos no primeiro turno.

A lei pode, ou não, excluir a candidatura dos que tenham antecedentes criminais, com ou sem condenação definitiva. A chamada ficha limpa pode ser um requisito legal para a candidatura. Mas, para a consciência do eleitor, não há necessidade de lei. O eleitor consciente sabe as consequências de eleger alguém que vá roubar o dinheiro dos impostos, ou ter outras condutas antiéticas. Muito antes da lei atuar como barreira do desonesto, o veto deve estar na consciência de quem vota.

Ser honesto, dizem alguns, não é qualidade. É obrigação. Ou seja, é requisito sem o qual o candidato não pode sequer ser cogitado pelo eleitor consciente e ético. Regra que evidentemente não vale para o eleitor antiético. O candidato representa o eleitor. Se o eleitor não se importa com a falta de ética em nenhuma das atividades de sua vida, não se poderia alegar surpresa se esse requisito fosse banido da sua lista de desejos na hora das escolhas políticas. Porém se o eleitor quer eleger políticos que o representem e tenham determinadas virtudes, é preciso que ele próprio tenha essas virtudes. O representante reflete o representado.

É importante destacar que o requisito ético abrange múltiplas formas de comportamento. Não estamos falando apenas da honestidade financeira daquele que se abstém de se apropriar do que não lhe pertence. A ética na política impõe a consideração de muitas outras modalidades de comportamento, das quais me parece importante destacar pelo menos mais duas, além da honestidade financeira: a lealdade e o apego à verdade.

A lealdade, tão frequentemente violada na política, é uma virtude que confere estabilidade e previsibilidade política. Etimologicamente a palavra leal tem origem na expressão legal, do latim *legale*. Mas a conotação semântica evoluiu e não se usa a lealdade como sinônimo de legalidade. Lealdade não é a aderência à lei. É a adesão aos contratos morais privados, na maior parte das vezes não escritos e quase sempre tácitos. É a capacidade de honrar os relacionamentos, cumprir a palavra dada e prestigiar os objetivos estabelecidos de comum acordo.

Isso não significa que, pelo valor da lealdade, não se possa mudar de ideia, mudar de partido ou alterar qualquer opção com a qual se tenha comprometido anteriormente. Diz a sabedoria popular que errar é humano. Mas nada nos obriga a persistir no erro. A lealdade significa que, para se romperem compromissos morais, existem limites e existem rituais. As práticas de agir colocando as próprias ambições acima dos compromissos e de agir à revelia daqueles com os quais se havia comprometido são exemplos de deslealdade que se devem considerar no momento de decidir o tipo de político que não se quer. Nessa ordem de ideias, o político traidor é o pior deles. É um corruptor das relações humanas.

A política é uma atividade individual, e também de conjunto. Os conjuntos políticos são formados para atuações de interesses comuns, que dependem fundamentalmente da credibilidade de cada um e da confiança de uns nos outros. O desleal, o traidor só participa de conjuntos efêmeros, em que os interesses pessoais e egoístas estão circunstancial e transitoriamente aliados e equilibrados.

Na ordem ética, e dentro da perspectiva da vida política, o apego à verdade é outro requisito que o eleitor não deve deixar de considerar. A ideia de que todo político minta, expressando ideias nas quais não acredita ou fazendo promessas que não pretenda cumprir, é claramente perniciosa. Aceitar isso como uma realidade imutável, em favorecimento da demagogia, é ceder a costumes que não são necessários e que em nada contribuem para o aperfeiçoamento da democracia.

A mentira a respeito das próprias crenças ou intenções sempre existiu na vida política. Mas nem por isso deve ser aceita pelo eleitor que esteja preocupado em votar conscientemente. Essa questão se agravou nas últimas décadas, com o concurso das tecnologias de comunicação. Por meio dos diferentes recursos da Internet, as mentiras de desinformação passaram a circular mais rapidamente, por um número consideravelmente maior de pessoas, e vêm sendo intensamente utilizadas como forma organizada de convencimento político baseado em informações falsas.

Sempre existiram na política as afirmações e as acusações falsas. As histórias de Roma e da própria Grécia estão repletas de episódios de intrigas e mentiras utilizadas para fins políticos. Mas, na sociedade atual, com a celeridade que as informações verdadeiras ou falsas se espalham, há uma ampliação enorme das vulnerabilidades e consequências decorrentes da mentira utilizada como ferramenta da atividade política.

Principalmente nas campanhas eleitorais, está disseminada em vários países do mundo a prática de espalhar notícias falsas que impactam as emoções do eleitor, e o fazem tomar decisões ou fazer escolhas equivocadas.

Portanto, ao avaliar a viabilidade de um candidato na perspectiva da sua conduta ética, é indispensável considerar qual é o compromisso dele com a verdade.

Mas o compromisso com a verdade na relação entre o candidato e o eleitor é recíproco. O eleitor deve exigir que o candidato prestigie e valorize a verdade, mas ele próprio se deve impor a mesma disciplina. O eleitor consciente tem o dever de buscar a verdade e não se entregar, entre iludido e apaixonado, às mentiras que sejam do seu interesse, ou estejam na sua zona de conforto e acomodação.

Neste capítulo é oportuno falar sobre a diferença entre moralidade e moralismo. Muitas vezes aqueles que se querem apegar a determinadas escolhas imorais empenham-se na propagação da tese de que a sociedade não se pode deixar limitar pelo moralismo. Uma coisa não se confunde com a outra. A moralidade é a necessidade de que as diferentes ordens sociais se organizem segundo valores, que são os desejos intensos, coletivos e perenes, capazes de assegurar a preservação da vida com dignidade, individual e coletivamente. Moralismo são as pregações de falsos valores, e, por extensão, moralistas são as ações daqueles que praticam a imoralidade, mas pregam a moralidade para os outros.

Quando se fala em moralidade na gestão do bem comum, a questão que sempre emerge é a de saber se os julgamentos morais deveriam ou não se aplicar às considerações de conveniência da gestão da coisa pública. Em tese, a Constituição Federal já solucionou esse problema no momento em que elegeu a moralidade como um dos princípios fundamentais da República.

> *O eleitor consciente tem o dever de buscar a verdade e não se entregar, entre iludido e apaixonado, às mentiras que sejam do seu interesse, ou estejam na sua zona de conforto e acomodação.*

Mas, na prática da vida real, essa questão continua a desafiar o eleitor. Imagine-se um estado da federação que disponha de consideráveis recursos financeiros, e que tenha atividade econômica intensa, porém tenha estradas ruins e insuficientes. Imagine-se que um governador desse estado tenha a ambição de se enriquecer às custas do dinheiro público; e, para isso, faça um magnífico plano de obras rodoviárias, cuja construção contrate com a iniciativa privada, mediante licitações fraudulentas que lhe garantam o recebimento de 10% de todos os preços pagos. A visibilidade e a utilidade das obras garantirão a reeleição do governador, que no final de dois mandatos estará multibilionário. Por outro lado, o estado terá passado a contar com excelente malha rodoviária para a circulação de riqueza, garantindo-lhe um aumento na arrecadação de impostos que largamente terá compensado o custo adicional de 10% nas obras realizadas. Aparentemente, a atuação imoral do governador não teria causado nenhum prejuízo ao bem comum.

Entretanto, e como ocorre frequentemente, também nesse caso, as aparências enganam. A moralidade e a imoralidade na gestão pública não são alternativas que se possam escolher racionalmente. Isto é, não se pode aceitar a imoralidade que não traga prejuízo econômico aparente para a Fazenda Pública e recusar aquela em que também os prejuízos econômicos sejam evidentes.

A imoralidade significa a transposição de uma barreira limitadora do comportamento humano. Depois de transposta, o seu controle se torna absolutamente impossível. Ninguém terá a mínima condição de assegurar que a imoralidade estará limitada aos casos em que o prejuízo seja apenas moral, sem danos econômicos imediatos. Todo processo de corrosão começa com um pequeno ponto de ferrugem. O arrombamento de todas as grandes e aparentemente sólidas represas começou com pequenos e imperceptíveis vazamentos.

A experiência da gestão pública no Brasil, e em muitos outros países do mundo, demonstra que, quando se enveredа pelos caminhos da imoralidade e da corrupção, o que começa com o aumento de algum percentual no custo das obras públicas rapidamente evoluiu para situações em que, por força da corrupção, as obras públicas nem são concluídas. E obras essenciais deixam até de ser planejadas.

Os índices internacionais, organizados e aferidos por organizações idôneas, demonstram que os países com maior índice de corrupção na gestão do bem comum são, também, os países com menor índice de desenvolvimento econômico e menor índice de desenvolvimento humano.

Quando se analisa a relação dos países com menor índice de corrupção, o Brasil se encontra na 94ª posição. Ou seja, um país que já esteve entre as seis maiores economias do mundo, e em 2022, se encontra entre as 13 maiores economias, está atrás de 93 outros países no que se refere ao controle da corrupção. Não temos motivos para nos orgulhar disso. A Dinamarca, a Nova Zelândia, a Finlândia, Singapura e a Suécia ocupam da primeira à quinta posição como países menos corruptos. Já o Sudão do Sul, a Somália, a Síria, o Iêmen e a Venezuela ocupam da primeira à quinta posição como países mais corruptos do mundo (Fonte: Transparência Internacional – Brasil 2020).

Paralelamente, na escala mundial de desenvolvimento econômico medido pela renda per capita, o Brasil se encontra na 85ª posição. A Dinamarca ocupa a 9ª posição, a Nova Zelândia está na 23ª posição e, sucessivamente, a Finlândia na 14ª, Singapura na 8ª e a Suécia na 12ª posição entre os países com melhor renda anual per capita. Na extremidade oposta, a Venezuela na 133ª posição, o Iêmen na 162ª posição, a Síria na 143ª posição, a Somália na 222ª e o Sudão do Sul na 186ª posição demonstram alguma correlação entre a corrupção e a pobreza das nações.

Na comparação do Índice de Desenvolvimento Humano (IDH), que se propõe a medir a qualidade de vida da população, o Brasil se encontra na 79ª posição. A Dinamarca ocupa a 10ª posição, a Nova Zelândia a 14ª posição, sucessivamente, a Finlândia e Singapura compartilham a 11ª posição e a Suécia, a 7º posição. Quando se observa o IDH dos países com maior percepção de corrupção, a constatação previsível é a de que se encontram entre os piores índices de desenvolvimento humano do mundo: a Venezuela na 113ª posição, o Iêmen na 179ª, a Síria na 151ª, a Somália na 188ª e o Sudão do Sul na 185º.

A corrupção é inerente à condição humana. Essa afirmação é tão chocante quanto realista. Quanto mais próximos da realidade estiverem o nosso conhecimento e a nossa coragem de enfrentar a verdade, mais poderosa será a nossa atuação no mundo. Portanto, também nessa ordem das coisas, é importante ver a vida como ela é.

O fato é que a corrupção decorre da combinação de três condições essenciais da natureza humana.

Em primeiro lugar, o ser humano é movido pelo instinto de competição. Dentre as forças instintivas que concorrem para a sobrevivência da espécie humana, a permanente disposição para competir faz parte dos processos naturais de seleção dos mais aptos. Cada ser humano resulta de um espermatozoide que venceu uma corrida até a um óvulo. Para não me alongar no argumento, convido o leitor a prestar atenção à presença do instinto de competição nas 24 horas de cada um dos seus dias, seja nas atividades de que participa, seja naquelas que observa.

Em segundo lugar, e como Freud já demonstrou, o ser humano é movido pelo princípio do prazer. Também como força do instinto de sobrevivência, o ser humano é conduzido pela sua própria natureza a evitar a dor e o sofrimento, e a procurar o prazer. Registre-se que prazer é, em síntese, o sentimento que resulta da satisfação dos instintos.

O terceiro fator da condição humana cuja consideração é fundamental para se entender e combater a corrupção é a lei do mínimo esforço. O ser humano é movido pela eletricidade do seu cérebro, conduzida por todo o organismo, e resultante das reações químicas provocadas pelos alimentos que ingere, aí incluída a água, e pelo ar que respira. Produzir essa energia é difícil, e o corpo humano atua em permanente regime de escassez, em turnos de atividade e descanso. O mínimo esforço e a eficiência no uso dessa energia são defesas do instinto de sobrevivência.

A corrupção, considerada na sua essência e na amplitude que interfere nas atividades humanas, é a inclinação para procurar atalhos e encurtar caminhos nas atividades, de forma a encontrar o máximo de prazer com o mínimo de esforço. Postas as coisas em excessiva simplificação, imagine-se uma maratona em que alguns competidores pretendam chegar em melhor classificação ao final da corrida cortando o percurso por alguns atalhos que possam passar desapercebidos aos organizadores e aos demais competidores.

Independente dos princípios morais que correspondem às regras e regulamentos da competição humana, atua contra a corrupção o princípio da realidade, também definido por Freud. Por esse princípio, o ser humano se dá conta de que para todo objetivo há um percurso a ser percorrido, o que sempre adia e torna incerta a gratificação.

Quando se fala em corrupção, avulta a ideia da corrosão do tecido social pelo uso indevido do dinheiro. Mas, embora a ordem financeira seja aquela em que a corrupção mais aparece, o fenômeno de corromper ou de romper de forma sistêmica determinadas regras de convivência humana é muito mais amplo do que o mundo do dinheiro.

Para restabelecer as regras da competição humana, ou, dito de forma mais ampla, evitar a corrosão das normas de convivência civilizada – notadamente no que se refere às situações que envolvem recursos públicos – são necessários dois mecanismos: a educação e a punição.

O fenômeno de corromper ou de romper de forma sistêmica determinadas regras de convivência humana é muito mais amplo do que o mundo do dinheiro.

A educação consiste justamente em conduzir o ser humano ao conhecimento dos fatores e elementos que demonstram que a realização pessoal e social do princípio do prazer pode ser feita pelo aprendizado de técnicas, ciências e formas de comunicação e convivência.

Na mão oposta, a punição visa a demonstrar que a busca do prazer por atalhos que violam as regras de convivência social pode levar ao destino oposto, da dor e do sofrimento morais.

Ao conjunto das regras definidas pelos costumes como regentes da convivência social na busca da sobrevivência individual e da espécie, mantido o princípio do prazer em harmonia com o princípio de realidade, se dá o nome de moral. Quando a moral se torna obrigatória, nasce a lei.

Moralidade é a cultura, desenvolvimento e preservação da ordem moral, ou seja, do conjunto dessas regras civilizadas de comportamento individual e convivência coletiva. Moralismo é a patologia da moralidade. É a moralidade adoecida, em que as aparências valem mais do que as essências, e a moralidade passa a ser simplesmente a medida pela qual se desqualifica o próximo, sem nenhum pudor quanto ao próprio comportamento.

Como segundo mecanismo de combate à corrupção, a punição corresponde ao desestímulo aos competidores que supõem que possam pegar atalhos. Nas brincadeiras de infância, os que violavam as regras dos jogos iam "para o canto" onde ficavam momentaneamente isolados. Nos jogos adultos, os árbitros tiram pontos ou desqualificam o competidor desleal, muitas vezes excluindo-o da competição. Na vida real, a moralidade transformada em lei se restabelece, nos limites do que é possível fazê-lo, pela punição dos transgressores. O Conde de Tracy, em 1798 (*Os fundamentos da moral dos povos*) já advertia que o que beneficia a moralidade não é a intensidade da pena. É a certeza que o transgressor precisa ter de que a pena será efetiva e inteiramente aplicada.

Na sociedade atual, as iniciativas para identificar e punir transgressores da lei são muitas vezes confundidas com o punitivismo. Este é a distorção ou patologia da necessidade de punir. Punição, punitivismo e impunidade são conceitos correlatos, que é preciso distinguir. Punição está para preservação moral assim como punitivismo está para moralismo. Impunidade é o reflexo da covardia social na ineficiência da autodefesa.

Quando Michel Foucault expõe o mau uso da punição como forma indevida de conquista e manutenção do poder político e como forma de exercício de ascendência indevida de umas classes sociais sobre outras, não está, a meu ver, combatendo toda e qualquer forma de punição. Está denunciando o punitivismo. Principalmente aquele utilizado como ferramenta de conquista e manutenção de poder político ilegítimo. Na via oposta, muitos pensadores ingênuos, que acreditam em uma organização social na qual se possa abolir qualquer punição, chamam de punitivismo até mesmo a atividade repressiva mais moderada e amparada pela lei.

O fato de a corrupção ser inerente à natureza humana não significa que aquela não deva ser combatida. Os resfriados, as enxaquecas, os diferentes tipos de câncer, e todas as outras fragilidades e vulnerabilidades do físico são inerentes à condição humana, mas são ferrenhamente combatidos pela profilaxia e pelas terapias. As vulnerabilidades e fragilidades morais também precisam ser diagnosticadas e tratadas. Nessa profilaxia pode atuar o eleitor quando decide dar ou negar o seu voto ao candidato corrupto, ou ao que despreza a ética dos comportamentos humanos.

Quando se fala em combate à corrupção, é preciso prestar atenção em uma bandeira amarela. Deve se manter um sinal de alerta e de cautela, para que não se permita transformar o necessário, equilibrado e persistente uso da lei para combater a corrupção em uma plataforma de demagogia. Como a corrupção, especialmente a corrupção do outro, se presta facilmente a exacerbar as emoções do eleitorado, muitos demagogos que pretendem manipular as emoções do eleitor se dizem candidatos a combater à corrupção. A experiência dos pequenos crimes de rua, dos chamados punguistas ou batedores de carteira, demonstra que muitas vezes o ladrão, ao se evadir correndo da cena do crime, grita insistente e repetidamente "pega ladrão", como forma de fazer com que os outros acreditem que ele é a vítima perseguidora e não o bandido perseguido. Na cena política brasileira já vimos isto muitas vezes: marajás que propõem a caçada aos marajás.

A corrupção não é apenas a violação de regras de natureza financeira. Quando pensamos em corrupção, temos as ideias atraídas para os procedimentos ilícitos que envolvem dinheiro. O que, sem dúvida, é corrupção. E das mais graves. Mas corrupção é toda forma de corrosão ilícita dos sistemas de organização da sociedade. A troca de favores ilícitos entre detentores de poder político, mesmo que não envolva diretamente valores financeiros, é corrupção.

Etimologicamente a expressão corrupção se origina do latim, em que a palavra *corruptionem* significava a *ruptionem*, ou ruptura concomitante e intensa. Corromper, como conceito mais abrangente, é o ato de romper regras para obter benefícios indevidos. Portanto, tudo que se faz em prejuízo de regras corrói os sistemas a que tais regras se destinam. Nesse campo, coloca-se uma questão altamente relevante: não é possível combater a corrupção mediante a violação da lei. Para alcançar o possível criminoso, o sistema jurídico de defesa da sociedade não pode buscar atalhos que correspondam à ruptura do devido processo legal. Para efetivamente vencer a maratona, sem destruir o sentido dela, é preciso percorrer todo o seu curso.

Para alcançar o possível criminoso, o sistema jurídico de defesa da sociedade não pode buscar atalhos que correspondam à ruptura do devido processo legal.

Combate à corrupção fora da lei é um paradoxo. Porque, a pretexto de se combater determinado ato ou foco de corrupção, corrompe-se o próprio sistema legal.

Nas eleições, quando se preocupar com a honestidade do representante que pretende eleger para qualquer cargo de governo, o eleitor deve atentar para a coerência e a persistência do candidato nos atos de viver honestamente, não lesar o próximo e dar a cada um o que lhe pertence ou é devido.

3.2 Capacidade

O segundo requisito na avaliação metodológica do candidato que possa merecer ser votado é a sua capacidade. Trata-se da sua habilitação para exercer, de forma competente, as funções para as quais está se candidatando. Ninguém pode ser contratado para fazer o que não sabe fazer.

Na vida, em muitas profissões e atividades, se aprende fazendo. Quem pretende aprender fazendo começa pelo mais simples. Quando se inicia uma atividade que nunca se exerceu antes, só existem dois caminhos possíveis. Ou o iniciante fez um curso teórico, que presumivelmente o preparou para aquele exercício, ou não o fez e vai realmente aprender fazendo, a partir do zero. Mas, quer em relação àquele que só sabe a teoria, quer em relação àquele que vai aprender pela experiência de fazer, só se atribuem aos novatos as tarefas mais simples. Assim, um estagiário não concorreria à presidência da empresa. Um aprendiz de carpintaria não receberia a incumbência de fazer todo o madeiramento do telhado.

Nenhum grande time de futebol ou de basquete contrataria um aprendiz para compor o time principal.

A vida nos ensina que, sem qualquer conotação de elitismo ou de preconceito, uma candidata a cozinheira deve provar que sabe cozinhar. Deveria ser a coisa mais simples do mundo transpor esse conceito para a política. E é simples. Basta afastar as emoções inoportunas ou indevidas. Quem contrata o motorista sem se certificar de que ele sabe dirigir, fazendo-o por simpatia pessoal, por solicitação de outrem ou por mera displicência, pagará um preço que poderia ser evitado.

Os diferentes cargos políticos para os quais os candidatos se podem eleger exigem habilidades de desempenho que são conhecidas. Um membro do Poder Executivo precisa saber executar. Precisa demonstrar que é capaz de conceber, planejar, implantar e fazer funcionar. Um membro do Parlamento precisa demonstrar que é capaz de parlamentar. Ter ideias e as capacidades necessárias para discutir ideias, fazer alianças, remover obstáculos e fazer leis cada vez mais justas.

Quando se elege alguém que sabidamente não tem as capacidades e as qualificações que a função exige, a frustração é inevitável. Na história da democracia, já houve tentativas de restringir as candidaturas segundo determinadas classes ou castas sociais e segundo algumas falsas presunções. Por exemplo, já se defendeu a ideia de só quem fosse homem e proprietário poderia votar ou ser votado. O pretexto ideológico para essa restrição era o preconceito de que só o gênero masculino poderia ser inteiramente racional. Ademais, quem fosse proprietário teria algo a perder e, por isso, estaria interessado em políticas públicas cautelosas. E a isso se acrescentava o argumento de que quem não tivesse propriedade não estaria vinculado a nenhum território político. Portanto, não estaria interessado no bem comum de nenhuma comunidade. Esses critérios apriorísticos são antidemocráticos. Hoje se sabe que há homens proprietários que são péssimos políticos.

Há um patamar mínimo de educação formal cuja exigência se tolera sem violar o princípio da igualdade entre potenciais candidatos, mas é muito difícil e arriscado ir além disso no Estado de Direito, em que todos são iguais em direitos políticos. Nesse patamar mínimo, muitos países, entre eles o Brasil, exigem que tanto o eleitor quanto o candidato sejam alfabetizados.

O critério da alfabetização decorre da presunção de que aquele que tenha acesso à informação escrita, da imprensa ou de outras fontes, estará mais bem habilitado a desenvolver a sua consciência política.

Evidentemente esse critério é o máximo que o legislador pode impor no Estado Democrático para excluir da atividade política determinadas parcelas da população, como se não fossem parte do povo.

Mas o fato de a lei não excluir pelo critério da educação ninguém que tenha alcançado a alfabetização não significa que o eleitor não possa ou não deva ter o seu próprio juízo de adequação. Eleger um parlamentar que não tem capacidade para a completa compreensão dos textos que serão votados significa estar disposto a viver em um país em que as leis não fazem nem mesmo o sentido léxico ou etimológico.

A avaliação das capacitações do candidato se deve fazer segundo a complexidade das funções que ele pretenda exercer. Para ser presidente da República ou ser prefeito de uma pequena cidade, as competências e habilidades são completamente diferentes. Nos casos extremos, esses juízos de adequação são extremamente simples e fáceis de fazer. Mas há situações em que a avaliação das capacitações é muito mais complexa. Nesse ponto é que se deve cogitar de um terceiro requisito metodológico de escolha de candidato. Refiro-me à experiência.

3.3
Experiência

Quando se pretende avaliar as capacidades de um candidato, analisar a sua experiência de vida é uma alternativa. A experiência de vida do candidato conta ao eleitor mais do que as suas competências e habilidades. Também é o registro histórico do seu caráter.

É exatamente isso que se faz na vida privada. Qualquer pessoa que pretenda se candidatar a qualquer função apresenta um currículo indicando quais são as suas experiências que, como comprovação de atividades anteriores, lhe assegure a melhor probabilidade de estar preparada para a função desejada.

Isso não quer dizer que se deva construir um paradoxo pelo qual quem não tem nenhuma experiência não possa ser contratado ou eleito para nada. E porque não é contratado ou eleito para nada, nunca vai ter experiência. Isso seria completamente absurdo.

O que ocorre no cotidiano da vida privada é que quem não tenha experiência é contratado para períodos de experiência, ou para funções mais simples, iniciais. O progresso na atividade vai depender dos resultados.

Na política, não existem períodos de experiência. O candidato eleito estará eleito para todo o mandato. Portanto, quando o candidato não consegue provar experiência nas habilidades e competências para o cargo, o eleitor deve diminuir os próprios riscos e só votar nesse candidato se a função pretendida for simples, ou puder ser exercida mesmo sem experiência prévia.

A experiência, como história de vida do candidato, dá ao eleitor uma outra informação importante para o processo de escolha. Trata-se da possibilidade de, pela biografia do candidato, saber o que se pode e o que não se pode esperar dele.

Dentro de cada ser humano existem todas as potencialidades da espécie humana. Portanto, o fato de até a uma determinada fase de sua vida uma pessoa não ter demonstrado uma determinada virtude, não significa que nunca venha a desenvolvê-la e demonstrá-la. Da mesma forma, por haver anteriormente atuado negativamente no seu passado, com total falta de virtude, não significa que o ser humano vá atuar negativamente o resto de sua vida.

Teoricamente, todo dia é o primeiro dia do resto da vida. Portanto, todo dia pode ser um recomeço. Mas, dentro da lei das probabilidades, é infinitamente mais fácil e mais provável que as pessoas mantenham as suas vidas como histórias de continuidade. Até prova em contrário, os mesmos motivos, conhecidos ou desconhecidos, que fizeram com que a pessoa se comportasse de uma determinada maneira no passado, farão com que ela se comporte aproximadamente da mesma maneira no futuro.

Assim, quando o eleitor olha para as experiências de vida do candidato, pode adquirir informações sobre o seu caráter e ter uma expectativa razoável de como agirá no futuro. Não se trata de impor estigmas. Supor isso significaria supor que todo mundo tenha um passado condenável. Nem se trata de impor penalidades vitalícias, pelas quais alguém que já teve algum pecado deva pagar por ele eternamente.

O que se defende aqui é a necessidade de ter a história de vida do candidato como um critério para aferir a sua aptidão para receber o voto democrático consciente. Seja pelo que essa história informa de competências e habilidades já demonstradas, seja pelo que informa sobre o caráter do candidato.

3.4
Alinhamento ideológico

Supondo-se que o candidato tenha ultrapassado os testes de verificação dos requisitos de honestidade, capacidade e experiência, acredito que o passo seguinte seja o eleitor verificar quais as afinidades políticas que efetivamente tem com aquele que lhe pede o voto. No processo de escolha, o eleitor certamente deverá votar em um daqueles candidatos com os quais tenha alinhamento ideológico.

A expressão ideologia foi cunhada pelo Conde de Tracy no final do século XVIII. Este pretendeu criar uma ciência das ideias fundamentais, que serviria para orientar o estudo de todas as demais ciências. A essa ciência fundamental das ideias chamou de ideologia (*Eléments D'Ideologie*). Napoleão Bonaparte foi simpatizante e apoiador desse projeto, no seu início. Mas, quando se desentendeu com o Conde de Tracy, passou a criticar o que o Conde pretendia que fosse uma ciência, e passou a qualificar os seguidores do Conde como "ideólogos", com alguma ironia, chamando-os de "teóricos inteiramente desvinculados da realidade" e, portanto, de qualquer ciência. A partir desse questionamento do sentido original, a expressão ideologia tem sido usada com muitos significados. Na perspectiva do marxismo, ideologia são ideias e narrativas, muitas vezes viciadas por conceitos conscientemente falsos, pelas quais as classes dominantes procuram justificar as suas crenças e conveniências políticas em prejuízo das classes dominadas.

A ideologia, em linha com o que Francis Bacon (*Novum Organum*) chamou de ídolos da mente, seria um conjunto de filtros pelos quais o ser humano seleciona o que quer e o que não quer ver. Por exemplo, digo eu, para conviver com a prática da escravidão, a sociedade e algumas correntes religiosas do século XVI desenvolveram a premissa ideológica de que índios e negros seriam seres brutos, diferenciados dos demais humanos, porque não teriam alma. É razoável supor que essa narrativa ideológica tenha tido larga repercussão e aceitação entre governantes e mercadores, muitos dos quais eram católicos, porque o Papa Paulo III sentiu a necessidade de editar, em 1537, a bula "*Sublimus Dei*", na qual afirma que essa crença era pregação do "inimigo da raça humana", ou seja, do diabo.

Na perspectiva antimarxista, ideologia é uma construção teórica em que se apresentam apenas os fatos de aparência positiva de uma imaginária sociedade futura sem a propriedade privada, na qual a natureza humana seria inteiramente diferente, de forma a atrair adeptos para o caminho da utopia de uma sociedade comunista.

Com essa conotação pejorativa, ninguém reconhece a própria crença política como ideologia. Costuma-se chamar de ideologia a crença política do outro.

Aqui, uso a expressão ideologia sem nenhuma conotação pejorativa, para significar as ideias que efetivamente fundamentam e sustentam crenças políticas que poderiam ser chamadas de doutrinas políticas.

Nesse sentido, o liberalismo é uma ideologia. A construção desse sistema de ideias de defesa das liberdades individuais tão próximas do absoluto quanto possível é uma ideologia. Que será muito diferente quando se tratar do liberalismo econômico ou, em outra via, do liberalismo dos costumes.

O liberalismo, como doutrina econômica, surgiu no século XVII, como resultado da evolução de dois fenômenos sociais. Um de natureza econômica, e outro de natureza política. Na economia, até o século XIII, as principais relações de produção se davam entre o trabalhador braçal agrícola, o dono da terra, e os reis ou príncipes regentes de principados com alguma autonomia política. A partir dos séculos XI e XII, com o crescimento das cidades e das atividades urbanas que disso decorrem, começaram a surgir os artesãos, como fabricantes de utilidades da vida cotidiana, e também surgiram os mercados em que esses produtos eram vendidos. Os mercados, expressão hoje inerente a todas as variações da ideologia liberal, deixaram de ser exclusivamente os locais de compra, venda e troca de produtos agrícolas, pecuários e alguns minerais, como o sal. Passaram a circular os produtos artesanais, e com eles as moedas que eram utilizadas como meios de pagamento. Da demanda pelos produtos agrícolas, pecuários e artesanais, e principalmente da demanda pelos insumos necessários a essa produção, surgiram as grandes navegações, com intensificação de um incipiente comercio internacional, cujas origens mais remotas se poderiam ligar ao comércio e à navegação praticados pelos fenícios. Em 1406, em Gênova, surgiu o Banco di San Giorgio, que é considerado o primeiro banco do mundo. Banco, então, deixava de ser a mesa em que eram realizadas as trocas de moeda para designar a empresa dedicada ao comércio de dinheiro ou a atividades financeiras.

Com a evolução das atividades econômicas nas cidades, conhecidas como burgos, as quais causaram os primeiros desenvolvimentos de atividades industriais, surgiu progressivamente a classe social da burguesia, que passou a ter aspirações próprias e alcançar diferentes níveis de poder econômico e, principalmente, político. Paralelamente a isso, e por causa disso, surgiram as doutrinas que passaram a questionar o poder do rei, e da nobreza, e a exaltar a liberdade individual como valor moral fundamental. Nesse sentido, as origens do Iluminismo e do Liberalismo são não apenas contemporâneas, mas entrelaçadas em fundamentos filosóficos comuns.

Entre muitos filósofos e economistas cujas ideias constituem a base do liberalismo econômico, gosto de destacar dois, não apenas pela importância que efetivamente tiveram entre os seus contemporâneos e em todas as gerações subsequentes, mas por peculiaridades das vidas de cada um deles, que desafiam uma visão crítica do liberalismo econômico. Refiro-me a John Locke e a Adam Smith.

> *As origens do Iluminismo e do Liberalismo são não apenas contemporâneas, mas entrelaçadas em fundamentos filosóficos comuns.*

John Locke é considerado o grande defensor da liberdade nesse período seiscentista, que efetivamente marca o renascimento da ideia de democracia. Suas ideias sobre liberdade política permanecem extremamente atuais: "Sendo todos os homens livres por natureza, iguais e independentes, ninguém poderá ser subtraído a esse estado e submetido ao poder político de outro, sem o seu consentimento" (*The second treatise of government*, 1690, Chapter VIII, nº 95). Com essa convicção, John Locke se tornou não apenas um grande defensor das liberdades individuais, mas igualmente da propriedade privada e da livre iniciativa econômica.

Entretanto, é preciso que nos transportemos para o século XVII e para o contexto social e cultural da época. Quando John Locke se refere a "todos os homens", não está efetivamente significando "todos" os homens. Refere-se aos grupos sociais de homens que se poderiam considerar, segundo conceitos da época, representativos dos diferentes níveis da burguesia, e da aristocracia, que com aquela disputava poder. São os homens a quem Edmund Burke se referia como "cavalheiros". Sem fazer uma crítica que desconsidere o que são as culturas de diferentes épocas, é preciso registrar que John

Locke era acionista de uma companhia de comércio de escravos, a Royal African Company.

Em outro episódio, ao ser contratado e pago para participar da elaboração do que deveria vir a ser a primeira Constituição da Carolina do Norte, então uma das mais importantes entre as 13 colônias da América do Norte, Locke propôs uma cláusula segundo a qual "uma vez lacaio, sempre lacaio". Registre-se que a população, ao votar esse projeto de constituição, não o aceitou.

Adam Smith defendeu, em *A riqueza das nações*, a ideia de que se cada ser humano for livre para procurar o seu próprio interesse econômico e gerar riqueza para si, e se muitos e muitos indivíduos tiverem essa mesma atitude, à medida em que forem bem sucedidos estarão gerando riqueza para a nação. Portanto, o interesse econômico individual e a liberdade para realizá-lo são a principal causa para a riqueza das nações.

Muitas vezes, ao se criticarem nos dias de hoje a falta de sensibilidade social e de solidariedade humana de muitas correntes econômicas e políticas ditas liberais, são feitas referências a Adam Smith como pai do liberalismo econômico. Em argumentações superficiais, atribuem-se a Adam Smith, a meu ver indevidamente, muitos vícios do liberalismo econômico que só surgiram por criação daqueles que se dizem seus seguidores. Entretanto, parece justo fazer as devidas ressalvas sobre as preocupações dele com os sentimentos humanos e com a necessidade de compartilhamento da riqueza das nações. Adam Smith se preocupou com a distribuição das riquezas. É dele a afirmação de que "nenhuma nação pode florescer e ser feliz enquanto grande parte de seus membros for formada por pobres e miseráveis".

O livro *A riqueza das nações* foi publicado em 1776. Entretanto, muitos anos antes, em 1759, Adam Smith publicara um outro livro muito menos conhecido, denominado *Teoria dos sentimentos morais*.

O próprio título completo da *Teoria dos sentimentos morais* revela a preocupação filosófica de seu autor com o caráter e a dignidade do ser humano, preocupação muito mais abrangente do que o foco em economia. Esse livro se anunciava como "Ensaio para uma análise dos princípios pelos quais os homens naturalmente julgam a conduta e o caráter, primeiro de seus próximos, depois de si mesmos". Nas seis partes em que esse livro está dividido, Adam Smith discorre sobre os principais sentimentos morais, entre os quais elenca a simpatia, o sentimento de dever em relação ao outro, o senso de mérito e o de justiça. Analisa as virtudes humanas e afirma a necessidade que tem o ser humano de se conduzir de forma a merecer a aprovação da sociedade. Também é dele a frase: "A riqueza de uma nação se mede pela riqueza do povo e não pela riqueza dos príncipes".

A evolução e a prática do liberalismo nos últimos 300 anos, nos diferentes países em que prevaleceu como uma das mais influentes ideologias, permite que se afirme que a concentração da riqueza nas mãos de poucos tem se revelado uma tendência aparentemente irreversível e cada vez mais acentuada. Uma coisa é a produção de riqueza. E, para esta, não tenho dúvidas de que o liberalismo concorre eficiente e positivamente. Outra coisa é a distribuição da riqueza entre aqueles que a produzem. Em um viés ideológico culturalmente arraigado, e com a conivência até mesmo daqueles que vendem a sua força de trabalho, os detentores do capital se autointitulam, em muitos países, "classes produtoras", como se fossem, sozinhos, capazes de produzir alguma coisa. E, por força desse filtro ideológico, os donos do capital acreditam que seja moral se apropriarem da maior parte que puderem dos benefícios da produção.

Em síntese, o que parece necessário dizer sobre o liberalismo econômico é que essa ideologia é uma das espécies do gênero capitalismo. Por sua vez, capitalismo, como indicação do regime político, corresponde a um sistema de governo em que os capitais são privados e os seus detentores têm a liberdade de investi-lo nas atividades que desejarem. Tenho a convicção pessoal de que não existe economia sem capital. Economia e capital não são sinônimos, mas são conceitos extremamente próximos. Embora os conceitos possam cada qual ter se desenvolvido de forma e em época diferentes, economia e capital são fenômenos sociais que nasceram juntos. O sentido etimológico grego da expressão economia corresponde à habilidade de administrar a casa. A expressão resulta de *eco*, que significava casa, e *nomos*, que significava a norma, como regra de administração. Portanto, na origem grega, economia era a administração da casa, especialmente dos bens materiais que a guarneciam e permitiam a vida em família.

Na administração do lar, da casa (economia), a produção que não se consumia de imediato e que se poderia acumular para uso ou consumo futuro era o capital, embora não fosse assim chamada desde sempre. Capital é a produção acumulada, que se pode transformar em moeda ou outro valor de referência, ou usar no mesmo processo de produção, ou em qualquer outro processo de produção. Não existe economia sem capital. Onde existir capital acumulado existirá economia, e onde existir economia haverá capital acumulado.

Portanto, etimologicamente, toda economia, sem exceção, é capitalista. Mas nas formulações de doutrinas econômicas se costuma reservar a denominação de capitalista para os regimes políticos em que o capital é propriedade de pessoas e empresas privadas, e não do Estado. O capitalismo de Estado, como existe por exemplo na China atual, não é considerado pelas convenções culturais como regime capitalista. Nos regimes liberais capitalistas, os seus defensores trabalham politicamente para que se retire o Estado de toda e qualquer atividade econômica, reduzindo-o ao que anunciam como objetivo: o Estado mínimo.

Acredito que a liberdade de empreender atividades econômicas, que está na raiz do liberalismo, seja efetivamente uma das principais causas de criação da riqueza. Entretanto, não acredito que o capital, isoladamente, gere qualquer riqueza. Se guardarmos dez sacos de moedas de ouro em um cofre e voltarmos a abri-lo cinco anos depois encontraremos lá os mesmos dez sacos de moedas de ouro. Para a geração de riqueza, além do capital, é essencial o trabalho humano, seja o físico, seja o intelectual. Mas o esforço físico ou intelectual, sozinhos, também não geram riqueza alguma. Sísifo, empurrando sua pedra morro acima para vê-la rolar morro abaixo, tinha um grande trabalho, mas não produzia riqueza alguma.

O que efetivamente gera riqueza é a conjugação de três elementos: o capital, o trabalho e a gestão criativa que os coloca no melhor alinhamento possível entre si para a produção. O que gera a produção não é o confronto entre o capital e o trabalho. Ao contrário, a produção decorre da conjugação inteligente entre o capital e o trabalho, organizados de forma a alcançar resultados previamente concebidos.

As estatísticas comprovam que o liberalismo econômico é muito eficiente para criar riqueza, mas é muito pouco eficiente no desenvolvimento de sistemas políticos que possibilitem ou causem a distribuição da riqueza proporcionalmente entre todos os que efetivamente a produzem. Da equação da distribuição, não se podem excluir os que indiretamente contribuem para possibilitar a produção. Os Estados Unidos podem ser mencionados como país em que predomina a ideologia do liberalismo econômico. E a riqueza daquele país é enorme. Em 2020, seu PIB foi de 20,94 trilhões de dólares, e a renda per capita foi de US63,543.58. Entretanto, Los Angeles, com aproximadamente 3,2 milhões habitantes, tem cerca de 36 mil moradores de rua, em números anteriores à pandemia. Ou seja, 1,13% da sua população mora na rua. O que significa que Los Angeles tem, proporcionalmente, o dobro dos moradores de rua de São Paulo. Nesta cidade, de 12 milhões de habitantes, há algo próximo de 60 mil moradores de rua. Ou seja, 0,5% da população mora na rua. Las Vegas, cidade do luxo e da ostentação, com aproximadamente 650 mil habitantes, tem cerca de 6.500 moradores de rua. Fenômeno que se repete na maior parte das grandes cidades norte-americanas.

Aparentemente, para quem considere apenas a frieza das estatísticas, poderia parecer que um sistema político em que 99% da população não mora na rua seria um ótimo sucesso econômico. Mas, quando se olha a realidade com olhos de sensibilidade acima das estatísticas, é preciso considerar que morar na rua é uma situação extrema de pobreza e miséria humana, com violência inadmissível à dignidade das pessoas. Antes de chegar a esse extremo, existem muitos níveis de privações e sofrimento a que se submetem contingentes muito maiores da população. Portanto, um país hipotético que tenha 1% da sua população em estado de miséria absoluta terá, provavelmente, um alto contingente da sua população em situação de miséria relativa, totalmente incompatível com a riqueza estatística do país.

No caso do Brasil, paralelamente ao registro de que há nas grandes cidades aproximadamente 0,5% da população morando na rua, deve se ter em mente que há 14 milhões de desempregados, que correspondem a uma taxa de desemprego de cerca de 14% da população economicamente ativa. Quando se acrescenta ao problema o contingente de subempregados, a conclusão é a de que em 2021 existiam no Brasil aproximadamente 61 milhões de pessoas (ou 30% da população) vivendo na chamada linha baixa da pobreza, com gastos inferiores a R$16,00 por dia para cobrir todas as despesas de sobrevivência. Nesse segmento da população brasileira, 19 milhões (ou em torno de 9%) sobrevivem em extrema pobreza, com renda média diária de R$5,40 (Centro de Pesquisas em Macroeconomia da USP).

As sucessivas revisões do liberalismo geraram diferentes conceitos de neoliberalismo. Na década de 1930, neoliberalismo significava a revitalização das liberdades econômicas da iniciativa privada. Nos anos 1960, a expressão neoliberalismo foi muitas vezes usada para significar o liberalismo com alguma preocupação com os desajustes sociais. A partir dos anos 1980, neoliberalismo foi a corrente que passou a ter como foco não apenas as liberdades econômicas da iniciativa privada, mas, igualmente, o controle dos gastos públicos, as privatizações e outros mecanismos de contenção da expansão do Estado e de redução de impostos.

Pontuo esses fatos para enfatizar a minha crença pessoal de que o liberalismo é uma doutrina política incompleta. Relativamente eficiente no aumento da produção e da riqueza a que ela corresponde, mas, até agora, incapaz de ouvir os conselhos de Adam Smith, e de formular políticas que efetivamente signifiquem distribuir equitativamente os benefícios da produção entre todos aqueles que, direta ou indiretamente, contribuem para ela. Quando digo relativamente eficiente no aumento da produção, reconhecendo as minhas limitações por não ser economista, refiro-me à crença de que muitos liberais ainda não se deram conta de que há na economia um fator de autossustentação. Dito de maneira simples, o sucesso do capitalismo liberal depende, em muito, da amplitude e potência do mercado consumidor. Caso 60 milhões de pessoas fossem incorporados ao mercado consumidor do Brasil, com um aumento hipotético de R$4.000,00 em suas rendas mensais, o mercado consumidor teria um aumento de volume monetário em circulação da ordem de R$240 bilhões por mês, dos quais R$84 bilhões seriam arrecadados em impostos.

Quem se tenha acostumado a pensar radicalmente em extremos haverá de imaginar que a crítica ao liberalismo signifique a defesa do socialismo ou do comunismo. Nada mais equivocado.

O socialismo, como doutrina econômica e política, abrange inúmeras modalidades de organização social e do Estado, de forma que não se pode afirmar que o socialismo seja um único e específico sistema de governo. Entretanto, parece razoável afirmar que as diferentes concepções que se possa ter do socialismo apresentam pelo menos dois pontos em comum: a prevalência dos interesses sociais sobre os interesses individuais, e a prevalência do Estado sobre a iniciativa privada na detenção da propriedade dos meios de produção.

Quem se tenha acostumado a pensar radicalmente em extremos haverá de imaginar que a crítica ao liberalismo signifique a defesa do socialismo ou do comunismo. Nada mais equivocado.

Na busca de um conceito de socialismo, é preciso ter a cautela de ressalvar que nem todas as ideias que prestigiam e enfatizam a importância do aspecto social inerente a qualquer sociedade humana são ideias socialistas. O jurista Miguel Reale, autor do projeto que se converteu no atual Código Civil brasileiro, usou a expressão socialidade para significar, sem o menor resquício da ideologia política socialista, a relevância dos interesses, direitos e responsabilidades que ultrapassam o indivíduo como sujeito de direito e de obrigações. Por socialismo se devem entender os regimes políticos em que o Estado se coloca como o principal intérprete e representante dos interesses coletivos e como o principal agente econômico, regimes nos quais as liberdades e interesses individuais se relegam a um segundo plano, ou são em grande parte suprimidas.

As origens do socialismo podem ser buscadas na Revolução Industrial, movimento ocorrido entre aproximadamente os anos 1760 e 1820, principalmente na Inglaterra, a partir da invenção das máquinas a vapor e outros equipamentos de produção industrial. Essa revolução significou a transformação da economia, que passou de um estágio principalmente agrícola, artesanal e comercial para um estágio principalmente industrial. A expansão da indústria têxtil demandava mais algodão e mais lã. Com isso, desenvolveu-se a política de cercamento de terras, pela qual os grandes proprietários rurais passaram a se dedicar à criação de ovelhas, e os antigos lavradores da terra migraram para as cidades. Havia, portanto, um excesso de mão de obra para a indústria têxtil.

O êxodo rural, aliado à atratividade e às perspectivas de crescimento da produção industrial, acentuaram a expansão de uma classe operária que era submetida a condições hoje vistas claramente como desumanas. As jornadas de trabalho eram de 80 horas semanais, as crianças e mulheres também trabalhavam – mas, estas, com salários menores do que aqueles pagos aos homens. Muitos dos ambientes de trabalho eram totalmente insalubres. Não havia férias. Os operários tinham pouquíssimas possibilidades de ascensão profissional porque a escolaridade era baixa, e definitivamente interrompida tão logo surgia uma oportunidade de trabalho. E o trabalho físico esgotava todas as energias dos assalariados, sem lhes deixar tempo ou dinheiro para qualquer atividade cultural ou de crescimento pessoal. Nesse ambiente, era natural que as ideias sobre as relações entre o capital e o trabalho entrassem em ebulição, e tomassem a feição de ostensiva luta de classes.

Embora não usasse ainda a expressão socialismo, o Conde de Saint-Simon (*L'industrie ou discussions politiques, morales et philosophiques...*, 1817) foi um dos primeiros a defender a ideia de que muitas das reivindicações da classe operária deveriam ser atendidas. Defendia a ideia de que se a classe operária tivesse mais oportunidades de educação e melhores condições de vida, isso se repercutiria favoravelmente, com o aumento dos ganhos dos proprietários de fábricas, comerciantes e banqueiros.

Hoje, aprisionados aos conceitos formados na esteira da Revolução Industrial, temos o costume de dividir as classes sociais entre capitalistas e trabalhadores, reservando esta última designação para o trabalho braçal, como se os capitalistas e os prestadores dos chamados serviços de escritório não trabalhassem. Por outro lado, muita gente ainda se refere aos empresários como "classe produtora", como se os operários não fizessem parte da classe produtora. O Conde de Saint-Simon e seus seguidores definiam como classe industrial todos aqueles que contribuíssem para a produção industrial, fossem proprietários, empregados, banqueiros ou prestadores de quaisquer serviços relativos à produção industrial.

Ao que se sabe, um dos primeiros pensadores a usar a expressão socialismo para designar uma forma de organização e governo da sociedade foi Proudhom, que durante a maior parte da sua vida política foi anarquista. Segundo as ideias de Proudhom e do anarquismo, a sociedade se deveria autogovernar, dividindo entre seus membros os ônus e os bônus, com intervenção mínima ou nenhuma do Estado.

A partir de Marx e Engels, entretanto, o papel do Estado passou a ser defendido como muito relevante para o socialismo. O Estado deveria ser governado pela classe operária, e não pelos detentores do capital. Em rigor, nem Marx nem Engels eram socialistas. O que eles realmente acreditavam que se deveria buscar era o comunismo. Mas consideravam o socialismo como uma forma transitória de governo, necessária para que qualquer país passasse do capitalismo ao comunismo. Apesar disso, não seria descabido afirmar que socialismo é conceito equivalente a marxismo. Não conheço variação de socialismo que não seja desdobramento ou interpretação do marxismo.

Na busca de características comuns que atualmente estejam presentes em diferentes correntes do pensamento socialista, se devem destacar pelo menos quatro pontos fundamentais. O primeiro é a prevalência do interesse coletivo sobre os interesses individuais, cabendo ao Estado definir o que seja interesse coletivo. O segundo é a atuação do Estado como principal agente econômico e como proprietário das principais empresas. O terceiro é a intervenção do Estado com o objetivo de acabar com as divisões de classes sociais. O quarto ponto comum às diferentes correntes socialistas é o controle das atividades privadas, incluindo os meios de comunicação, por um forte sistema regulatório e fiscalizatório do Estado.

A prevalência do interesse coletivo sobre os interesses individuais se faz frequentemente com o sacrifício das liberdades individuais. Quando o socialismo delega ao Estado o poder de dizer o que é e o que não é interesse coletivo, corre-se o risco de permitir que aqueles que estão no exercício das funções de Estado tomem como interesse coletivo o que é apenas o interesse deles próprios. E toda vez que os indivíduos que formam o coletivo manifestarem um interesse que os funcionários públicos entenderem que não deveria ser um interesse coletivo, a manifestação de interesse individual será cerceada. Por isso, vários regimes socialistas mantem campos de "reeducação", onde supostamente aqueles que pensam de forma diferente dos dirigentes estatais são aprisionados para desistir dos interesses individuais que eventualmente defendam.

A atuação do Estado como principal agente econômico nos sistemas socialistas significa que as empresas estatais não devem buscar o lucro. Devem cumprir as funções sociais do Estado. Nos países do chamado sistema de livre mercado, ou de livre iniciativa, como é o Brasil, as empresas buscam o lucro, o que possibilita a estas pagar impostos. E, com a arrecadação dos impostos, o Estado pode cumprir – embora nem sempre cumpra – os seus objetivos sociais de políticas públicas. No Estado socialista, ao integrarem o Estado, as empresas muitas vezes são diretamente destinadas a cumprir funções sociais, o que faz com que deixem de buscar o lucro. Nesse caso, as empresas estatais muitas vezes se tornam deficitárias e descapitalizadas para perseguir os seus objetivos. E o Estado não tem como cobrar impostos de empresas deficitárias.

Os regimes socialistas não foram, até hoje, capazes de cumprir a promessa de acabar com as classes sociais. Apenas determinaram a substituição dos titulares da classe social dominante. No capitalismo privado, a classe dominante é formada pelos donos dos capitais, e seus séquitos. No socialismo a classe dominante passa a ser formada pelos administradores públicos e pelos grupos sociais de que participam ou controlam. Os administradores públicos e apoiadores políticos, quase sempre ligados ao partido político único, acabam por constituir uma nova classe social, a "nomenclatura."

Nos regimes socialistas, a política de inibir a iniciativa privada na ordem econômica faz com que esta fique quase totalmente dependente do planejamento e execução estatais. Com isso, a tendência ao crescimento do Estado e da burocracia estatal são inevitáveis.

Embora vários países tenham formas de organização política e governos fortemente influenciados por ideias socialistas, tenho dificuldade em apontar um país que possa ser citado como exemplo de aplicação prática pura desse regime. Os exemplos que normalmente ocorrem, como a China, o Vietnã, a Coreia do Norte, Cuba, Laos e outros, são países em que o regime se situa entre o socialismo e o comunismo, todos com partido único e perseguição social e política a quem critique ou se oponha ao governo. Em nenhum deles o Estado foi abolido, como previsto pelo marxismo.

Não se pode confundir o socialismo com a social democracia, equívoco em que muita gente incorre, eventualmente com induzimento ao erro por políticos que são contrários aos custos da social democracia. Social democracia é a ideologia pela qual se pretende que a democracia seja praticada não apenas na ordem das escolhas de governantes, mas igualmente na distribuição das oportunidades e dos benefícios sociais decorrentes dessa forma de governo. Em muitos aspectos, a social democracia se aproxima de alguns conceitos do liberalismo social, embora também não possa ser confundida com este. Em simplificação razoável, acredito que se possa dizer que a social democracia é uma perspectiva em que a democracia, com os seus valores de liberdade, igualdade, solidariedade e todos os demais já enumerados, se exerce em todas as atividades sociais, e beneficia a todos os segmentos da sociedade.

As afinidades ou diferenças ideológicas entre o eleitor e o candidato não se limitam aos campos da economia e dos regimes de governo. O eleitor também deve procurar selecionar os candidatos em que lhe convém votar, ou não lhe convém votar, utilizando critérios de identidade de valores. Se quer votar conscientemente, deve votar em candidatos que tenham, tanto quanto possível, os mesmos valores morais que os seus.

Todos nós, nos momentos de decisão e ação mais relevantes da vida, agimos segundo os nossos valores. Agimos segundo os nossos desejos mais intensos e permanentes, que alimentam e estimulam as nossas crenças. As nossas crenças e os nossos desejos mais profundos modelam e dão conteúdo ao mundo em que vivemos, ou pelo menos procuramos viver. Se quisermos viver em um mundo que acolha e reflita os nossos valores, precisamos eleger políticos que sintam e pensem da mesma forma. Se formos fiéis aos nossos valores, e por isso elegermos políticos que os compartilhem conosco, existe uma razoável possibilidade de que os nossos valores acabem prevalecendo, e o país em que vivemos e em que viverão as próximas gerações de brasileiros seja um lugar dos nossos melhores sonhos. Isso não é certeza, porque o futuro depende de diversos fatores, muitos dos quais fogem ao nosso controle. De uma coisa, entretanto, podemos ter certeza. Se não buscarmos, diariamente, a concretização dos nossos valores, se não acreditarmos neles, se não lutarmos por eles como as coisas mais importantes das nossas vidas, muito dificilmente eles acontecerão. Os feitos de valor se conquistam, com crença e esforço perseverante.

Considere-se, por exemplo, "o desejo de viver" como um valor moral. Há quem, como aparentemente a maioria da espécie humana, valorize a vida, onde quer que se manifeste, e há quem entenda que a vida não tem valor em si mesma. Para estes, enquanto a vida de alguns vale muito, a vida de outros não vale nada; tem o valor que atribuem a cada ser vivo individualmente considerado. A própria vida e a vida daqueles que amam vale muito, mas as vidas dos que estejam fora desse círculo valem pouco, ou nada. Os que entendem que a vida não tem valor em si mesma pensam com indiferença na morte dos que estão fora do seu círculo de afetos. E pensam na morte daqueles que consideram bandidos, que poderão ser bandidos ou não, como uma necessidade que lhes dá alívio e prazer.

> *Se queremos viver em um mundo que acolha e reflita os nossos valores, precisamos eleger políticos que sintam e pensem da mesma forma.*

Na verdade, quem assim sente e pensa não valoriza a vida. Valoriza algumas pessoas, que considera dignas de viver. Mas pouco se importa com as vidas de outras pessoas pelas quais não tem empatia.

Entretanto, valorizar a vida significa cultivá-la e esforçar-se pela preservação dela onde quer que se manifeste.

Supor ou desejar que se possa sair pelo mundo com arminhas imaginárias, dando tiros imaginários em todos aqueles que pensem de forma diferente da nossa maneira de pensar, é um simbolismo claro do pouco valor que alguns atribuem à vida. Para o voto consciente, o eleitor precisa se dar conta do amor ou do desamor que sente pela vida em si mesma, e procurar eleger políticos que pensem da mesma forma.

Outros valores frequentes, como por exemplo o patriotismo, podem ser percebidos de forma muito diferente por diferentes pessoas. Para merecer o voto, o candidato precisa estar alinhado com a percepção do eleitor.

Quando nós, das gerações mais velhas, éramos crianças, formados em longas conversas de família e excelentes escolas públicas, patriotismo era uma noção muito clara. Não havia nenhuma dúvida sobre o natural e intenso amor à pátria, que era de todos, e qualquer sentimento diverso disso pareceria traição.

O amadurecimento, o envilecimento das ideologias e a superficialidade do pensamento acelerado pelos meios eletrônicos nos tiraram totalmente da zona de conforto. Tudo isso nos obriga a refletir sobre o que é efetivamente o patriotismo. O que é a pátria como valor.

O ser humano é uma alternância contínua entre o eu e o nós. Cada ser humano é um indivíduo único, com características e sentimentos que não se repetem em nenhum outro ser humano. O sentimento do eu é inconfundível. Mas cada ser humano, e todos os seres humanos, também somos uma identidade coletiva, somos nós. Ninguém pensa, ou diz, "eles, os seres humanos". Pensamos a nossa identidade coletiva como um fato da realidade, indiscutível.

Ainda assim, a afirmação do "eu" só é possível se houver a noção do outro, que não sou eu. E, quando nos sentimos diferentes dos outros, temos uma percepção, que também é verdadeira, de um coletivo ao qual não nos integramos. Os outros dos quais divergimos são "aqueles seres humanos".

Uma personalidade equilibrada se desenvolve entendendo, justificando e defendendo as noções e os espaços do "eu", do "nós" e do "eles". O equilíbrio mental permite o amor ao eu, na autoestima ou amor-próprio, o amor pelo "nós", em toda forma de empatia, e o amor pelo outro, na caridade ou compaixão. Nenhum nível de amor exclui os demais.

No plano do coletivo político, a vida consciente e equilibrada também se desenvolve em pelo menos quatro níveis principais. Existe a identidade da nossa comunidade mais próxima, da nossa localidade, aldeia, vila ou cidade. Existe a identidade do nosso estado, nos regimes federativos. E, reunindo os dois anteriores, existe a pátria em que nascemos, ou aquela a que aderimos. A pátria nacional. Por último, existe a comunidade internacional, que reúne politicamente todas as pátrias. Em cada um desses níveis de coletivo político, que não são os únicos, temos interesses, necessidades, história e, principalmente, sentimentos de pertencimento e de afeto. Um não exclui o outro.

Em certa perspectiva, pátria também é um paradoxo. Nega e confirma as coletividades individuais que a formam, nega e confirma o universo de nações a que pertence.

Dentro dessa realidade, em que não se pode perder a consciência das unidades individuais e do todo que também forma unidades, o patriotismo é o saudável sentimento de pertencimento e amor à pátria. É o orgulho e a responsabilidade de ser parte, protegido e protetor de um território, de uma história, de uma cultura, de uma esperança, sentimentos comuns a um povo que se enxerga como nação. O patriotismo é a aceitação voluntária e prazerosa da identidade coletiva, formada pela diversidade, politicamente ligada a um território que reconhecemos como nosso. É o reconhecimento de uma diversidade que vemos como unidade, como se o diferente fosse homogêneo porque faz parte da mesma pátria. É o orgulho do passado, a energia do presente e a expectativa de futuro em que nos projetamos como heróis na defesa dos mesmos valores. É um sentimento de direito e de dever, que nos emociona na justa medida e nos mobiliza para nos mantermos os mesmos como nação, ainda quando nos transformamos para sobreviver e progredir. Patriotismo é, também, a disposição de conviver com outras pátrias, mas lutar pela preservação da própria identidade como país e como nação. A pátria somos todos nós, de todos as idades, de todos os gêneros, de todas as cores, pobres e ricos, feios e bonitos, inteligentes ou estúpidos, nacionais do mesmo território, senhores das mesmas riquezas. Responsáveis pelas mesmas pobrezas. Patriotismo é reconhecer e decantar isso, com fidelidade e afeto.

Pátria é um coletivo indissociável. Na pátria estão o "eu", o "nós" e o "eles". Os que concordam conosco e os que discordam de nós. Os que admiramos e os que consideramos "eles, aqueles estúpidos". Patriotismo significa aceitar a pátria como ela é. Batalhar pela melhoria de todos, sem exclusões.

Entretanto nem todos pensam assim. Para alguns, a pátria se esgota nos seus símbolos. A pátria são a bandeira e o hino. E os deveres para com a pátria esgotam-se em render homenagens à bandeira e cantar o hino. Evidentemente, os símbolos da pátria são importantes, justamente porque a representam. São sínteses da ideia de pátria. Resumem a dignidade, a altivez e o entusiasmo de ser pátria e de pertencer a ela. É preciso cultivá-los e enaltecê-los.

Contudo, não faz sentido cultivar os símbolos e esquecer a pátria propriamente dita. Não faz sentido cultivar os símbolos e dividir a pátria entre "nós", os que pensam de determinada maneira, e "eles", os que pensam de forma diversa. Para ser coerente na reverência aos símbolos da pátria, que são unos e não podem ser rasgados em pedaços, é preciso tratar com a mesma, ou maior reverência do que aquela dedicada aos símbolos, a todos os filhos da pátria, de todas as etnias, crenças, cores, preferências políticas ou de costumes. É preciso compartilhar as riquezas e assumir as responsabilidades como patrimônio e desafio de todos.

A exaltação do sentimento patriótico como um valor implica necessariamente em cultivar o intenso desejo de nos tornarmos uma nação superiormente culta, justa, e consciente da sua própria identidade. Em que todos, sem exceções ou discriminações, tenhamos o mesmo sentimento de pertencer, de aceitar os mesmos desafios, de desfrutar das mesmas oportunidades e de sermos senhores e possuidores das mesmas glórias. Ou de amargarmos juntos as dores das mesmas derrotas.

Na vida cotidiana, estamos frequentemente anestesiados, concentrados nos nossos próprios interesses, sem foco nos sucessos e insucessos da pátria. Nos esportes, os sentimentos são outros, mais claros e mais profundos. Quando joga a seleção brasileira de futebol, a grande maioria do povo brasileiro, e até muitos que nem gostam do futebol, se sentem mobilizados pelo sentimento patriótico de torcer pela seleção nacional. As vitórias são festejadas como conquista comum, e as derrotas são choradas como perdas coletivas. Muitas vezes, sentimos vergonha pelas nossas derrotas como pátria. Quando a seleção brasileira, em julho de 2014, perdeu para a seleção da Alemanha por 7 a 1, a vergonha nacional, o sentimento da pátria derrotada com alguma humilhação foi generalizado. Até, repita-se, entre os brasileiros que não se interessam habitualmente pelo futebol.

Entretanto, fora do campo dos esportes, o Brasil sofre derrotas acachapantes, e não são muitos os brasileiros que manifestam o sentimento de vergonha pela nossa incapacidade de nos organizarmos como pátria vitoriosa. Nos índices PISA (Programa Internacional de Avaliação de Estudantes) de rendimento escolar, acumulamos resultados humilhantes.

Segundo a Heritage Foundation, o Brasil está na 144ª posição entre os países que estimulam o empreendedorismo e a liberdade econômica. Na perspectiva dos empresários, o Brasil teria excesso de direitos trabalhistas. Mas, segundo o Índice Global de Direitos da 108ª Conferência Internacional do Trabalho, o Brasil estaria entre os dez piores países do mundo em matéria de proteção do trabalho. O fato é que temos aproximadamente 14 milhões de desempregados.

País é um fato político. Ou, melhor dizendo, é um conjunto de fatos políticos. Nele uma quantidade expressiva de pessoas, com um acervo comum de história, tradições e costumes recebe simultaneamente o reconhecimento internacional de sua identidade e recebe dos países vizinhos o reconhecimento da posse e livre disponibilidade de seu território.

Nação é um fato social. Designa uma ou várias etnias, compondo um grande número de pessoas que se relacionam por laços de origem, de biologia, de costumes e cultura para ocupar um determinado território, compondo o país.

Pátria, entretanto, não é nem um fato político, nem um fato social. É um sentimento que decorre da consciência de pertencimento que se tem em relação à nação e ao país, mas não se esgota nesses conceitos. Pátria é uma criação afetiva e cultural. É um fato da consciência coletiva, é um sentimento de identificação da imensa maioria da nação que forma o país. A consciência da pátria é a certeza da existência de um único povo formando uma unidade indivisível, assentada sobre uma única história, vocacionada para um único destino.

Os símbolos da pátria se confundem com sinais que identificam o país. Especialmente a bandeira e o hino. Contudo, esses símbolos têm diferentes significados. Para o estrangeiro, tais símbolos são vistos como representações do país. São dados frios, com significados objetivos. Quando vemos a bandeira de um outro país, não sentimos nada. Apenas aflora a consciência de que estamos diante de uma representação daquele país. Mas, quando vemos a bandeira nacional e refletimos minimamente sobre ela, sentimos uma parcela expressiva das alegrias, do orgulho, das esperanças e das preocupações que nos inspira o nosso sentimento de pátria.

A pátria, por definição, é indivisível. Não existe uma fragmentação de muitas pátrias, no território do mesmo país. A nação como objeto do sentimento de pátria também é uma só. É a nação inteira, com tudo que nela se contém e dela decorre, que inspira o sentimento de pátria que a ela corresponde.

A pátria, a bandeira e o hino que a representam são bens comuns de que são igualmente titulares todos os membros da nação. Ninguém, quer individualmente quer em grupo, se pode apropriar da bandeira ou do hino, como bens exclusivamente seus, pela mesma razão de que ninguém se pode apropriar com exclusividade do sentimento de pátria.

Os intolerantes, aqueles que acham feio o que não seja a imagem de si mesmo ou sua propriedade, gostariam de ter uma pátria só para si e os seus iguais. Mas, esse desejo revela o total desconhecimento do que seja pátria, e a distorção do sentimento que se possa ter em relação a ela. Não amam a pátria. Amam um fragmento dela, que só existe na imaginação deles. Considerada a indivisibilidade essencial da pátria, é antipatriótico qualquer sentimento de sua divisão para criar uma pátria menor na qual só caibam os supostamente iguais em crenças e valores. Ser patriota é ter consciência do pertencimento a uma pátria una é indivisível, da qual a diversidade é riqueza e pela qual se nutre um sentimento profundo de afeto independentemente de suas igualdades ou desigualdades. E, sobretudo, se nutre um sentimento de impulso e responsabilidade em direção a um destino comum e grandioso.

Para o voto consciente, convém ao eleitor se informar sobre os sentimentos dos candidatos a respeito da pátria. Convém avaliar, para poder distinguir entre os candidatos que cultivam os valores que fazem da pátria um expressivo bem comum, e aqueles que se enganam e nos enganam com pregações de uma pátria de valores aparentes, em que os sons e as cores encobrem sentimentos de divisão e exclusão.

Dentro do alinhamento ideológico, o eleitor consciente, que busque o voto democrático, deve prestar especial atenção ao que o candidato pensa sobre diferenças e semelhanças raciais. Em especial, mas não exclusivamente, prestar atenção ao que pensa sobre índios e negros, e como age ou reage quando esses temas são postos.

O branco europeu, quando chegou à América por ocasião dos grandes descobrimentos dos séculos XV e XVI, tinha muitos méritos. Trazia a profundidade da cultura greco-romana, e muitos e muitos séculos de processos civilizatórios europeus, àquele tempo florescendo nos grandes acontecimentos culturais do Renascimento. Mas tinha também muitos deméritos, dos quais talvez o maior fosse a arrogância de se considerar acima e senhor de qualquer outro povo, de qualquer outro território. Ao descobrir novas terras, o europeu não considerava que estivesse tomando conhecimento de territórios que legitimamente pertenciam a outros povos tão respeitáveis quanto ele. Considerava selvagens os povos de tradições culturais diversas da sua. Porque se sentia conquistador vencendo a concorrência de outros europeus, e porque se impunha a povos que falavam outras línguas, conheciam outras coisas e tinham outros credos, atribuía-se o direito de pilhar todas as riquezas dos povos locais. Tomava-lhes, pela força das armas, o ouro, a prata, a madeira e até as mulheres. E destruía a liberdade de todos aqueles que conseguia escravizar.

O eleitor consciente, que busque o voto democrático, deve prestar especial atenção ao que o candidato pensa sobre diferenças e semelhanças raciais.

Assim foram eliminados incas, maias, astecas, tupis, tamoios, caiouás, sioux, comanches, apaches e muitos outros povos americanos, e as respectivas culturas ou civilizações. "Narciso acha feio tudo que não é espelho". Contudo, mais do que achar feias as civilizações locais, o europeu as considerava passíveis de eliminação. Ou, especialmente na América Latina, considerava os indígenas passíveis da escravatura. Para justificar ideologicamente a sua conduta, o europeu acreditava que os índios não eram seres humanos da mesma espécie que ele, o que tornava possível escravizá-los, apropriar-se dos seus bens e, se conveniente, castigá-los fisicamente e até matá-los. Em olhar retrospectivo isento, não seria difícil dizer se agiam mais barbaramente os que defendiam suas origens, seus costumes, suas famílias e suas vidas, ou os que os atacavam para tirar o máximo proveito econômico possível.

Registro esses fatos históricos não para fazer ou provocar julgamentos éticos de comportamentos daqueles que se autointitulavam civilizados. Entendo que os fatos históricos se relatam não para que sejam julgados fora dos contextos, dos costumes, das leis e da jurisprudência vigentes ao tempo em que aconteceram. O relato histórico é importante para nos ajudar a saber quem somos, de onde viemos, como chegamos até aqui, porque pensamos como pensamos e, sobretudo, porque sentimos como sentimos.

Em um texto em que se desafiam os fundamentos do voto consciente dado com o propósito de praticar, fortalecer e manter viva a democracia, é indispensável que se sugira ao eleitor que consulte a própria consciência e revisite as próprias crenças, para saber o que ele próprio pensa sobre as populações indígenas do Brasil. O eleitor deve-se perguntar se devem ser mantidos os padrões de conduta dos europeus de 500 anos atrás, hipótese em que os índios serão vistos como outra espécie, diversa da espécie humana e sem direito à dignidade desta, e as riquezas de seus territórios serão consideradas coisa sem dono, de que se possa apropriar o primeiro que chegar. Ou se, como descendentes de europeus que se fundiram com várias outras culturas de várias etnias, já teremos chegado a outros patamares civilizatórios, onde seja possível e necessário acreditar que os índios, suas crenças e culturas, suas riquezas e suas vidas merecem respeito. Mais do que respeito formal, os índios merecem reconhecimento como filhos e donos da mesma pátria, titulares dos mesmos direitos, entre os quais se destaca o direito de ter e manter a própria identidade.

Quando o eleitor souber como ele pensa e sente a propósito de tudo isso, estará em melhores condições de escolher candidatos em relação aos quais tenha afinidades ideológicas nos temas mais relevantes.

Igual relevância na ordem das igualdades e preconceitos raciais se deve dar, na discussão da democracia, às relações da sociedade com a sua parcela composta por negros. Biologicamente, os negros diferem dos brancos e amarelos pelo fato de a pele dos negros conter muito maior quantidade de melanina, substância que protege a pele contra danos que podem ser causados pela radiação solar. Os povos habitantes da África, que se acredita tenha sido o sítio geográfico de origem da civilização, estavam sujeitos a intensa radiação solar, e, por consequência, a intensa produção de melanina. É a mesma melanina que, dependendo das quantidades de concentração, faz as íris dos olhos serem verdes, azuis ou castanhas.

Ninguém diria que uma pessoa é inferior ou superior a outra por uma ter olhos de uma cor e outra ter olhos de outra cor. Corrijo-me, para reduzir a força da expressão "ninguém". Mas acredito que nem mesmo os nazistas fundavam seus preconceitos na cor dos olhos, embora Hitler tivesse olhos azuis. A imaginária superioridade ariana também deriva de preconceitos decorrentes do fato de que o norte da Europa, onde é escassa a luz do sol, favorece as constituições biológicas mais aptas a receber raios solares ultravioleta. De qualquer forma, biologicamente, a cor da pele ou a cor dos olhos nada têm a ver com a constituição dos órgãos internos, embora estes, especialmente os ligados à respiração, circulação, transpiração e outras atividades do metabolismo também se possam desenvolver com diferentes formas de adaptação ao meio ambiente.

O meio ambiente também atua sobre a cultura. Povos habitantes de regiões de clima hostil estarão mais propensos à vida material mais recolhida no interior de seus abrigos, e por consequência, mais introspectiva e com mais tempo para as atividades puramente intelectuais. Em contrapartida, povos habitantes de climas amenos, que facilitem a vida ao ar livre, estarão mais propensos a atividades de habilidades físicas. Tudo isso, acautelemo-nos contra o radicalismo dos conceitos, apenas como regra geral, sujeita às frequentes exceções que a riqueza das capacidades e iniciativas individuais constroem.

O fato, para o que interessa ao desenvolvimento deste texto, é que não existe nenhuma evidência de inferioridade biológica dos negros em relação a outras etnias. Mas o preconceito racial contra o negro é um fato social e histórico inegável.

O preconceito, por definição filosófica, é algo que está no preconceituoso. Só aquele que tem o conceito pode ter o preconceito. Portanto, as raízes, as causas do preconceito estão sempre no universo intelectual e sentimental de quem tem o preconceito. Por isso, é inútil buscar na vítima do preconceito as razões fundamentais que o determinam. As razões circunstanciais ou aparentes das manifestações de preconceito podem estar na sua vítima. Esta terá alguma característica pessoal que atua como detonador na cabeça do preconceituoso. Mas não são essas razões fortuitas que causam o preconceito. Apenas o revelam.

No caso do preconceito contra os negros, a razão fundamental parece estar na escravatura. Os escravizadores não suportariam se ver como selvagens que submeteram seus iguais a condições de vida indignas e humilhantes. Portanto, ideologicamente os escravizadores precisam se convencer, e convencer ao mundo, de que aqueles que estão sendo escravizados não são seus iguais.

A escravidão é multimilenar, e não começou a ser praticada por critérios de "raça". Na evolução histórica da humanidade, presume-se que os grupos primitivos que se guerreavam matavam os vencidos. Com o passar dos tempos históricos, como gesto de misericórdia, ou de interesse em benefícios próprios, os vencedores passaram a poupar os vencidos que concordassem em se tornar escravos. Assim como os devedores sobre os quais o credor de tempos mais primitivos tinha o direito de vida e de morte, mas que, com o tempo, pagavam a dívida com sua própria liberdade. O fato é que, na Mesopotâmia, no Egito, na Grécia e na Roma antigas, a escravidão não era um fenômeno racial. Era a alternativa que permitia a sobrevivência dos vencidos nas guerras, ou a forma de os devedores pagarem suas dívidas.

Isso não era diferente no continente africano. As comunidades ou tribos que se guerreavam faziam dos vencidos escravos dos vencedores. Ocorreu que, no século XV, os portugueses se deram conta de que podiam comprar escravos de governantes ou líderes comunitários africanos que os detivessem. Com o crescimento do comércio de escravos, a escravidão passou a recair não apenas sobre os vencidos de guerras. Havia verdadeiras caçadas de seres humanos para transformá-los em escravos. Já mencionei, em outra passagem deste texto, que havia sociedades anônimas na Inglaterra cujo objeto social era o comércio de escravos. O que, não é difícil imaginar, implicava no incentivo das atividades africanas aptas a fazer cada vez mais escravos.

Para que se tenha uma ideia do fenômeno, números estatísticos cautelosos indicam que aproximadamente 12 ou 13 milhões de pessoas foram levadas da África para as Américas, entre 1501 e 1870, para serem usadas e abusadas em trabalho escravo.

Para tornar curta uma longa história, o escravizador não poderia admitir e confessar a própria indignidade. Para manter a escravidão, justificava-se perante si mesmo, perante sua família, perante a sociedade e perante a religião com o argumento falso, mas amplamente aceito pela sociedade da época, de que os escravizados eram seres inferiores. Essa, em apertada síntese, é a origem do preconceito contra os negros. A abolição libertou os escravos dos grilhões ostensivos, mas não libertou os escravizadores dos seus preconceitos.

No Brasil esse preconceito se manteve mesmo após a libertação dos escravos, porque a grande ou imensa maioria dos libertos não tinha condições de educação, oportunidades para prosperar, competir pelo mercado de trabalho ou pelas atividades agrícolas, de comércio e de indústria, e passou a compor largos contingentes de miseráveis. Ressalvo que sou radicalmente contra as críticas que se fazem às louváveis lideranças brasileiras, aí incluída a Princesa Isabel, que promoveram, em vários atos e movimentos sucessivos, a libertação dos escravos. Dizem os críticos, em resumo, que os antiescravagistas não prepararam os escravos para os desafios competitivos da sociedade em que seriam inseridos. Penso eu que, se essa preparação se tivesse colocado como um pressuposto, ou como um fato social necessariamente anterior ao fim da escravatura, correríamos o risco de não haver proclamado o fim da escravidão até hoje.

Quaisquer que sejam as nuances históricas a que nos filiemos, o fato é que existe no Brasil uma forte discriminação contra os negros, que não exclui, mas não se confunde com a discriminação contra os pobres em geral.

Quando se pensa em voto consciente e democracia, é absolutamente impossível não enfrentar essa questão e definir de que lado cada um de nós está. Pode-se achar que a vida é assim mesmo, cheia de misérias, sem que tenhamos culpa pelo que a história fez de nós. É muito fácil, embora seja moralmente lamentável, encastelar-se em situações de privilégio. Ou, pode-se achar que a vida é uma conquista de todos os dias, em que devemos ter consciência, vontade, determinação e energia para sabermos quais são os nossos valores morais e o que queremos fazer da história.

Na abordagem dos diferentes vieses ideológicos que concorrem na concepção e prática do que seja a democracia, é extremamente relevante que se discutam os espaços, direitos e oportunidades inerentes à condição feminina. E, aqui, se pode desde logo saltar para a conclusão, segundo a qual e no meu ponto de vista, não existem espaços, direitos ou oportunidades que se possam racionalmente considerar privativos dos homens e dos quais se possa excluir alguém apenas porque porta a condição feminina.

O fato é que existe no Brasil uma forte discriminação contra os negros, que não exclui, mas não se confunde com a discriminação contra os pobres em geral.

Indo direto aos pontos, historicamente as mulheres foram afastadas de várias atividades e privadas de inúmeros direitos porque se tomavam como verdades e impedimentos as suposições de que fossem mais fracas fisicamente, fossem menos inteligentes, mais dependentes e mais vulneráveis a emoções negativas. Seria possível abordar e responder cada uma das restrições impostas aos direitos das mulheres ou cada uma das críticas às suas capacidades e habilidades. Uma retrospectiva do que foi, ao longo dos milênios, a realidade e o que foi puro preconceito e interesse possibilitaria a edição de muitos livros. Que, diga-se de passagem, já existem, e muito melhores do que eu os conseguiria escrever.

Portanto, prefiro olhar para a realidade que hoje se apresenta para afirmar que a epopeia humana já não pode ser vivida só pela metade da nossa espécie, e não pode ser escrita com supressão de parte significativa da realidade. Existem hoje constatações demonstradas estatisticamente de que a força física, motivo ou pretexto das sociedades ancestrais para discriminar a mulher, não pode ser um diferencial que leve a se desconsiderar a participação ativa das mulheres em determinadas atividades.

Há tarefas que exigem força física para as quais muitos homens não estão capacitados. Portanto, sob a perspectiva da força física, não cabe distinguir entre homens e mulheres. Nas atividades e situações em que a forma física seja exigida como atributo fundamental, não há que se perguntar quem é mulher e quem é homem. A pergunta adequada é para se saber quem tem e quem não tem força física suficiente, independentemente da sua condição de gênero. A esse propósito, e considerada a fase de desenvolvimento tecnológico em que se encontra a humanidade, são muito poucas as situações em que a força física é exigida e não pode ser substituída por máquinas ou equipamentos. E as mulheres já se comprovaram capacitadas a dirigir desde micro robôs até grandes e pesados equipamentos.

No que se refere às diferentes capacidades intelectuais, desde as ciências exatas até as humanísticas, e as competências artísticas, também não há nenhuma comprovação de superioridade masculina. O que frequentemente se invoca contra as mulheres são estatísticas altamente viciadas. Porque foram alijadas de várias atividades, durante muito tempo, invocam-se as estatísticas dessas atividades como prova do menor protagonismo feminino. Na realidade, o que essas estatísticas provam é simplesmente o alijamento a que as mulheres foram submetidas, pelos mais diversos motivos de usos e costumes estabelecidos pelos homens.

Felizmente, a sociedade humana despertou para o fato de que o seu destino há de ser escrito por todos os que tenham energia e talento para trilhar os caminhos decisivos e determinantes. E, nessa jornada, o papel das mulheres vai ser sempre crescente, até que o gênero feminino possa expressar, sem restrições, barreiras ou preconceitos, todas as potencialidades humanas, sem ter que provar que é capacitado para todas essas potencialidades.

As ideologias são conjuntos de ideias que formamos, permeados de verdades e inverdades, para acreditarmos e podermos sustentar que os nossos desejos e as nossas crenças são racionais e correspondem à realidade. São, como Francis Bacon as chamou, filtros da mente pelos quais passam alguns conhecimentos que nos interessam, e onde ficam retidos os conhecimentos que não nos interessam.

Em fenômeno paralelo, os preconceitos são conceitos formados anteriormente, que perderam validade em razão de progressos do conhecimento humano, progressos esses que alteraram as bases em que o conceito foi previamente formado. Quando se acreditava que a Terra era plana, os navegadores desenvolveram o conceito de que se navegassem até o fim do plano em que terminavam os mares, e continuassem navegando, cairiam em um precipício. Isso era um conceito de navegação. Quando os conhecimentos astrológicos e geográficos avançaram, e a humanidade se deu conta de que a Terra não é plana, o conceito de que "após à borda plana dos mares viria um precipício" virou um preconceito.

O progresso civilizatório é, simultaneamente, a aquisição contínua de conhecimentos e a superação contínua de preconceitos. A Humanidade, os países e o Brasil prosperam e progridem à medida que adquirem novos conhecimentos e superam os preconceitos vinculados ao conhecimento ou às ideologias ultrapassados. Portanto, a superação dos preconceitos que a sociedade brasileira tem em relação a índios, negros e mulheres é não apenas a eliminação da vergonha dos desconhecimentos que sustentam esses preconceitos como também condição para que a nação brasileira avance no seu desenvolvimento, atingindo e ampliando outros patamares de cultura e justiça.

Quando se fala em ideologia, os dilemas de escolhas mais comuns são os que dizem respeito a visões conservadoras e visões transformadoras do mundo. Em síntese incompleta, a direita luta pela conservação, e a esquerda batalha pela transformação. Porquanto nem toda transformação é boa para todo mundo, a disputa política está posta desde sempre. Discutem-se desde o esforço para não transformar até as transformações revolucionárias, passando por diferentes níveis de transformação gradual. E, como foco mais frequente, discutem-se as transformações das classes sociais e econômicas. É natural, embora não seja regra absoluta, que quem está confortável em vida boa queira a conservação e quem está incomodado por estruturas ou circunstâncias atuais queira a transformação.

Registre-se que, independentemente das vontades ou das forças políticas, o mundo está sempre em contínua transformação. Ninguém se banha duas vezes nas águas do mesmo rio.

Entretanto os desafios da transformação causam, hoje, extraordinário debate que se refere ao meio ambiente. E, aqui os papéis se invertem. Boa parte da direita defende o uso ilimitado dos recursos naturais, para transformá-los em bens de consumo e benefícios econômicos, enquanto a maior parte das pessoas de esquerda, e mesmo de centro, defende o uso moderado dos recursos naturais renováveis e a preservação daqueles que não se podem renovar.

Há aqui uma profunda questão ética, relacionada à obrigação que cada geração tem, ou não tem, de deixar um planeta igual ou melhor para as gerações futuras. Ou, em perspectiva mais radical, pode-se perguntar se alguma geração tem o direito de exaurir recursos que não serão renováveis. Não há dúvidas de que os recursos naturais são finitos e os desejos humanos e nossas capacidades de transformação são infinitos. Portanto, em uma equação matemática simples, recursos naturais finitos menos consumo infinito resulta em exaustão.

Os que tem visão política conservadora, e que neste caso se colocam contra os conservacionistas da natureza, tendem a acreditar que o que foi possível no passado, e sob certa perspectiva fez bem à humanidade, na medida em que gerou conforto e bens de consumo, deve continuar sendo possível e não pode ser considerado um mal. Os que têm posições conservacionistas buscam demonstrar as evidências de que, alteradas as condições e circunstâncias que governam o uso de recursos naturais, deve-se adequar esse uso.

A discussão se complica acentuadamente quando se trata de analisar as mudanças climáticas. Existem sinais evidentes, para quem observa, por exemplo, o derretimento do gelo das calotas polares, ou para quem observa a incidência mais frequente de catástrofes atmosféricas, de que algo muito grave está acontecendo. Os políticos conservadores de velhos costumes apostam, mesmo contra evidências científicas, que o clima do planeta Terra é e sempre foi cíclico, e que não há nada que o ser humano possa fazer a respeito.

Há, entretanto, uma razão que deveria ser óbvia, mas ainda é muito debatida. Atividade humana gera calor. Determinadas atividades humanas geram muito calor. Portanto, o calor produzido por máquinas humanas não se pode excluir das causas de aquecimento global. E, para os que queiram negar o aquecimento global, o aumento do nível da água do mar é uma constatação inegável.

O eleitor, seja nos pleitos municipais, nos estaduais ou nos federais, deve-se posicionar em relação à questão ambiental. As políticas públicas podem ser conservacionistas, em esforço contínuo de preservação do meio ambiente, ou podem ser liberais às transformações da natureza pelas mãos humanas. Essa é uma questão fundamental. Se os conservacionistas tiverem razão, o nível de degeneração planetária pode atingir, em relativamente pouco tempo, etapas irreversíveis. Portanto, o eleitor deve escolher candidatos que estejam alinhados com as suas convicções sobre as políticas públicas a respeito do meio ambiente.

Para encerrar o capítulo das mais importantes visões ideológicas, deve-se abordar, na perspectiva do eleitor, a importantíssima questão dos direitos humanos. A expressão "direitos humanos" é carregada de emoções apaixonadamente contrárias daqueles que negam a existência deles. Essa denominação é relativamente recente. Edmund Burke e os conservadores dos tempos do Iluminismo se referiam a direitos do homem para designar essa mesma categoria de direitos. Quem queira diminuir a importância daquilo que atualmente se convencionou chamar de direitos humanos poderá fazer blagues. Poderá, por exemplo, dizer que todo direito é humano, porque só o ser humano é capaz de ter e exercer direitos. Entretanto, não estamos diante de uma questão de nomenclatura.

O que se sustenta é que existem direitos inerentes a todos e a cada um dos seres humanos, pelo fato de serem humanos. A denominação "direitos humanos" é, assim, a abreviatura da expressão direitos inerentes à condição de seres humanos.

Quando se fala em direitos humanos, a primeira tarefa do analista é indagar: trata-se efetivamente de direitos ou se está diante de condições e circunstâncias da vida humana? Entendo que os atributos fundamentais da vida humana são condições a que todo ser humano tem direito. Nesse sentido, direito é aquilo que se pode exigir de outrem. No caso dos direitos humanos, podem ser eles exigidos de uns seres humanos por outros seres humanos, independentemente das respectivas etnias, credos, costumes, sexos ou classes sociais. E podem ser exigidos do Estado, que tomou a si e mantém a incumbência de organizar e reger a vida social.

Todo ser humano, exatamente pela sua condição de ser vivo, tem o direito de defender a própria vida. Portanto, existe um direito humano incontestável que é o direito à vida. Negar o direito à vida seria afirmar que podemos nos matar uns aos outros, sem qualquer consequência. Reconhecer o direito à vida é reconhecer que existe pelo menos um direito de que são titulares todos os seres humanos, pelo simples fato de haverem nascido com vida. Quando se diz que é um direito fundamental, não se trata de retórica ou força de expressão. É um direito que vem desde a fundação do ser e é fundamento de todos os outros direitos. Todos os demais direitos do ser humano começam, como expectativa de direito, com a concepção, e podem ser exercidos em seu nome a partir do nascimento. O direito à vida pode ser exigido pelo seu titular contra qualquer um que lhe pretenda suprimi-la.

Todavia, se tal direito é incontestável, nem por isso se pode dizer que seja incondicional. Nos casos de legítima defesa da vida do injustamente agredido, o direito à vida do agressor deixa de existir. Isso não significa que o agressor não tenha direito à vida. Significa que, na ponderação de valores sociais, milênios de civilização estabeleceram que entre o direito à vida do agressor e o direito à vida do injustamente agredido, esta deve prevalecer. Superado o risco de vida do agredido, desaparece o direito de matar o agressor, visto que isso já não seria legítima defesa, e sim vingança.

> *Todo ser humano, exatamente pela sua condição de ser vivo, tem o direito de defender a própria vida. Portanto, existe um direito humano incontestável que é o direito à vida.*

Alguns países adotam a pena de morte. Não conheço um fundamento filosófico pelo qual se possa justificar que o Estado tenha, fria e calculadamente, o direito de suprimir a vida de alguém que não esteja em atitude de ameaça iminente à vida de outro ser humano, como forma de punição para o transgressor e de exemplo para desestimular outros potenciais criminosos. É perfeitamente compreensível e necessário que o Estado limite a liberdade de quem a esteja usando para causar danos físicos a outrem. Mas, tirar a vida de alguém que já esteja devidamente contido, e fazê-lo como punição, mais se configura como vingança do que como Justiça. E o Estado assumiu do particular a prerrogativa e o dever de fazer a necessária Justiça, mas não assumiu e não pode assumir o sentimento de vingança.

A vida, entretanto, não é o único direito humano fundamental.

Todo ser humano tem direito à dignidade. Esse sentimento é tão fundamental como fácil de compreender. Exatamente por ser humano, todo indivíduo tem alguma percepção de si mesmo e do contexto que o cerca. Tem, assim, o sentimento de ser digno de pertencer à espécie humana. Essa dignidade básica não é outorgada por ninguém. Decorre da consciência de fazer parte da espécie humana. Porque não é outorgada por ninguém, também não pode ser tirada nem diminuída por ninguém. Nem mesmo pelo Estado. Isso justifica a afirmação de que, além do direito à vida, o direito à dignidade pessoal também é um direito humano. É inerente a todo ser humano. A dignidade é um sentimento. O direito de se sentir digno de deter e desfrutar os atributos inerentes à condição humana é personalíssimo. Existe como parte e conteúdo da pessoa. É irrenunciável. A pessoa pode não o exercer temporariamente, mas não pode abrir mão de voltar a exercê-lo quando assim o desejar, ou a isso for impulsionada pelas suas energias vitais.

A dignidade da pessoa humana pode assumir diferentes dimensões e intensidades. Pode ser cultivada pelo seu titular e florescer em demonstrações que enaltecem a espécie humana, ou pode ser amortecida nos sentimentos de seu titular. Mas sempre haverá uma dignidade residual, imanente à condição humana. A humilhação, o desprezo, a submissão, e todas as formas de diminuição da dignidade do outro são violências a esse direito. Todo mundo sabe, com razoável aproximação, o que é uma vida digna. Os políticos conservadores dirão que cabe a cada um cuidar de si e buscar uma vida digna. Isso é verdade. Faz parte da dignidade humana conduzir a própria vida. Mas é só uma parte da verdade. A vida em sociedade é interdependente, competitiva e repleta de condições que não necessariamente dependem do indivíduo ou são controladas por ele.

Muitas pessoas, em sociedades competitivas como são todas as sociedades, e especialmente as capitalistas, não conseguem emprego e não conseguem ganhar o suficiente para pagar habitação, alimentação, vestuário e outros insumos minimamente necessários para uma vida digna. Passam a viver em condições precárias, quando não claramente miseráveis. Dizer que todos ou a grande parte da população miserável é formada por pessoas que não fizeram o que poderiam ter feito a benefício da própria dignidade é uma inverdade que ignora inúmeros fatores sociais óbvios. Riqueza muitas vezes gera riqueza, e miséria muitas vezes gera miséria. Imagine-se uma cena, relativamente frequente nos noticiários de televisão, de dezenas de crianças seminuas, descalças, acompanhando seus pais enquanto estes, em aterros sanitários, em concorrência com urubus, e circulando entre caminhões de lixo que despejam as suas cargas, revolvem o entulho enquanto ainda é descarregado, a procura de algo que ainda sirva para comer, ou algo que possa ter algum valor e ser vendido para gerar algum dinheiro. Dizer que esses pais não fizeram o suficiente para manter a sua dignidade e de suas famílias é uma leviandade sociológica, porque não se conhecem as histórias individuais de vida que estão expostas ali. E é também uma crueldade incoerente, porque, certamente, para estar ali, naquelas condições, é preciso ter uma força de sobrevivência e uma disposição para enfrentar adversidades que, muito provavelmente, teriam conduzido a outros resultados se esses pais tivessem tido outras oportunidades. Além disso, se é absolutamente injusto atribuir a esses adultos em estado de miséria e humilhação a culpa exclusiva por se encontrarem na situação em que se encontram, é absurda e desalmada má-fé, em grau máximo de desumanidade, dizer que aquelas crianças estão ali porque fizeram por merecer. Ou supor que tais crianças pudessem fazer alguma coisa para proteger a própria dignidade dessa humilhação.

Considerações muito semelhantes poderiam ser feitas a respeito de contingentes cada vez maiores de moradores de rua. E de outras situações análogas, em que as humilhações de vidas miseráveis afrontam o direito fundamental à dignidade da espécie humana.

Da mesma forma, a liberdade é um direito de todo ser humano. Basta que seja humano para ter esse direito. Tal como a vida, a liberdade não é um direito incondicional. Se for usada de forma abusiva, pode ser controlada e, em determinadas extensões, pode ser suprimida pelo Estado.

Os direitos humanos pertencem a todos os seres humanos, sem distinção. Há, entretanto, pessoas conservadoras de costumes que ainda pensam que os direitos à vida, à dignidade e à liberdade seriam privativos daqueles que tais pessoas consideram "pessoas de bem". Criou-se até uma frase de efeito para sintetizar essa crença: direitos humanos para os humanos direitos.

Segundo essa ideologia, quem não for "pessoa de bem" não faz jus aos direitos humanos. Como tais direitos são inerentes à condição humana, o que os adeptos dessa ideologia dizem, sem consciência do que estão dizendo, é que quem não for "pessoa de bem" perde uma parte fundamental da sua condição humana. Ou seja, pode ser tratado desumanamente. A questão que aqui se coloca é saber se existem "pessoas de bem" que só façam o bem e constituam uma categoria destacada de seres humanos, e "pessoas do mal", que só façam o mal e constituam uma outra categoria de seres humanos. Ou, de seres desumanos.

Há nessa ideologia, frequentemente, uma contradição grave. Refiro-me aos partidários dessa ideologia que se dizem crentes em Deus. Quem acredita em Deus não pode negar que o ser humano seja obra dele. Há até quem acredite que foi sua obra principal, criada à sua imagem e semelhança. Se existem seres humanos de bem e seres humanos do mal, foram todos obra do mesmo Criador. Seria contraditório que os crentes em Deus acreditassem que Deus criou seres humanos que não deveriam ser tratados como seres humanos.

Contudo, afastemo-nos da argumentação religiosa, sempre mais suscetível a polêmicas. Na ordem laica, a divisão da humanidade em pessoas de bem e pessoas do mal é totalmente inaceitável, por pelo menos cinco motivos.

O primeiro motivo é o de que o bem e o mal não são entidades absolutas. Já dissemos em outra passagem deste livro, com a indicação de exemplos, que, em determinadas circunstâncias, atitudes que, abstratamente, poderiam ser definidas como bem são carregadas de maldade. E outras que, ordinariamente, seriam um ato do mal, podem ser um bem. Não se está afirmando aqui que não existam o bem e o mal. O que se argumenta é que, em determinadas circunstancias, os conceitos absolutos de bem e de mal não se sustentam. Exemplo clássico é a mentira. Em ordem abstrata, a mentira é um mal. Mas, em determinadas circunstâncias, a mentira caridosa que, por exemplo, poupe um moribundo de agonia maior, pode ser admitida como bem. Santo Agostinho negava a existência do mal. Na sua teoria, o mundo, como obra de Deus, só contém o bem. O que chamamos de mal seria apenas um bem menor, ou a ausência momentânea do bem.

O segundo motivo é que a mesma pessoa pode praticar ações boas e más. Nenhum ser humano é anjo e nenhum é o demônio. Portanto, todo ser humano seria do bem e do mal. Voltemos à afirmação de Terêncio, segundo a qual "nada do que é humano nos é estranho", porque tudo que é humano está dentro de cada um de nós. Portanto, o bem e o mal estão dentro de cada um de nós. Toda pessoa que acredite no processo de educação sabe que a educação para a cidadania é o aprendizado que nos leva a controlar o mal e expandir o bem que existem na nossa natureza.

A divisão da humanidade em pessoas de bem e pessoas do mal é totalmente inaceitável.

Quando Dostoiévski esteve preso, imagino que tenha recebido dos demais presos toda a espécie de bem, porque, embora tivesse convivido com diferentes tipos de criminosos, saiu da prisão afirmando que ali não existia o mal.

Para os que acham que a sociedade pode ser dividida em pessoas de bem e as outras, um exercício recomendável seria refletirem sobre os próprios filhos. Toda criança, em maior ou menor extensão, faz travessuras. Faz parte da vitalidade infantil testar os próprios limites e os limites dos outros. Apesar disso, algumas crianças são tímidas. Se fazem travessuras, não se percebe. Imagine-se que os pais de alguns filhos, ao surpreenderem um ou alguns de seus filhos fazendo algum tipo de maldade e outros de seus filhos fazendo boas ações, os separassem. Filhos "do bem" e filhos "do mal". Acreditariam que estariam, desde logo, assumindo e enfrentando a realidade, e passariam, dali em diante, a tratar uns filhos como pessoas de bem e outros como pessoas do mal.

A ideia de que existam pessoas que só pratiquem o bem e outras que só pratiquem o mal é tão absurda que desestimula maiores digressões. Vale, entretanto, lembrar que, se de determinadas pessoas só viesse o bem, e de outras só viesse o mal, a bondade e a maldade nunca nos surpreenderiam.

O terceiro motivo pelo qual não se pode aceitar a divisão da sociedade entre pessoas de bem e pessoas do mal é a necessidade moral de combater a hipocrisia. Pouca gente haverá de negar que a solidariedade, a caridade, a tolerância na justa medida são virtudes humanas. Uma pessoa de bem seria necessariamente alguém portador dessas e de outras virtudes e isenta de vícios. Isto posto, seria absolutamente contraditório que uma pessoa do bem, virtuosa, caridosa e solidária defendesse a ideia de que alguns dos seus semelhantes, seres da sua mesma espécie, fossem tratados desumanamente, abaixo dos mínimos direitos.

A hipocrisia dessas ideias está no fato de que ao se autoqualificarem como pessoas de bem, em contraposição àqueles a quem querem negar os direitos fundamentais de vida, dignidade e liberdade de ser, os defensores dessas ideias estão apenas ocultando um preconceito. Consideram pessoas de bem aqueles que vestem roupas das mesmas marcas que as suas, usam as mesmas marcas de veículos, fazem as mesmas viagens e frequentam os mesmos clubes. Estes não precisam provar mais nada além da aparência que ostentam. Camufladamente, alguns serão sonegadores de impostos, agressores de mulheres, usuários de drogas que compram de "pessoas do mal", comerciantes que lesam os consumidores de seus produtos e pessoas que praticam muitos outros pequenos e grandes delitos. Entretanto, consideram os mal vestidos, os pobres, os racialmente diferentes, como suspeitos de não serem pessoas de bem.

O quarto motivo para se repudiar a pregação absurda de que quem não seja "pessoa de bem" possa ser tratado com desumanidade é o princípio da proporcionalidade das reações: ainda que algumas pessoas acreditem que o mal se paga com o mal, mesmo na Lei do Talião havia o princípio da proporcionalidade. Olho por olho, dente por dente. Não se poderia arrancar um olho de quem tivesse dado um pequeno tapa.

Imagine-se que dois jovens de situação socioeconômica oposta tenham caído juntos no golpe da maconha. Policiais corruptos ligados a traficantes corruptos fazem com que estes entreguem uma grande quantidade de maconha aos jovens que foram até à boca de fumo para comprar apenas o suficiente para alguns baseados. Imediatamente ao sair dali, são surpreendidos pelos policiais que os prendem sem formalizar a prisão, e passam a chantagear os respectivos pais. Por determinada quantidade de dinheiro, esquece-se o incidente. Sem o pagamento, aplica-se a lei. A quantidade encontrada é de traficante, não de consumidor. Os pais de um dos jovens ou fazem o pagamento, ou contratam um bom advogado, porque têm condição financeira para bancar a escolha que moralmente possam fazer. Imagine-se que o outro jovem seja órfão, ou que tenha pais que nem podem pagar os policiais nem podem pagar advogado.

O segundo jovem vai acabar em um presidio, no qual conviverá com todo o tipo de criminosos; e, para sobreviver, terá que se adaptar aos códigos de conduta estabelecidos pela facção criminosa que dominar a área do presidio em que ficar confinado. Para poder dormir deitado, ou tomar banho ou ter outras "regalias" que as "pessoas de bem" acharão excessivas, terá que se submeter aos poderes do presídio.

Não há aí nenhuma proporcionalidade. Esse jovem, que estará fora do círculo das pessoas de bem às quais estarão reservados os direitos humanos, será tratado desumanamente, e ficará com marcas interiores e exteriores indeléveis, porque foi comprar alguns baseados. Por opção pessoal, nunca fumei um baseado. Mas tenho amigos pelos quais nutro grande admiração e respeito, e que são excelentes pessoas, que fumaram. E tenho outros, de igual qualidade, aos quais não pergunto se fumam ou não. O ponto aqui levantado, como exemplo, é de que os limites entre o que seja e o que não seja uma pessoa "de bem" são tênues, subjetivos e de consequências muito sensíveis. Não justificam, de nenhuma maneira, que algumas pessoas possam ter tratamentos desumanos. Entretanto, o pensamento predominante faz com que os nossos presídios sejam infernos dantescos, porque boa parte da sociedade, notadamente a que tem poder político, entende que não se pode gastar o dinheiro dos contribuintes construindo presídios para seres humanos, uma vez que esse tipo de estabelecimento não se destina a pessoas de bem.

A propósito da grande maioria dos presídios brasileiros, registro aqui que são, além de desumanos, demonstrações de inconsequência e irracionalidade da sociedade e dos governantes que esta escolhe. Todo presidiário, com raríssimas exceções, vai um dia sair do presidio. É do interesse da sociedade que o preso saia mais educado do que quando entrou, para não reincidir ou não praticar crimes ainda mais graves que os anteriores. Entretanto, com plena consciência e consentimento da sociedade, esses presídios são centros de embrutecimento humano e escolas de crime. Para sobreviver em ambientes desumanos, os presos precisam esquecer todas as virtudes humanas. É muito difícil que se lembrem delas quando deixarem o presídio. O Brasil tem uma população carcerária de aproximadamente 690 mil presos. Estima-se que 30% da população carcerária esteja sendo submetida às conhecidas condições carcerárias sub-humanas dos presídios brasileiros antes de esses presos serem julgados definitivamente, o que significa que muitos serão absolvidos depois de haverem passado longo tempo no mais degradante submundo.

Entre inocentes tardiamente absolvidos e culpados que já cumpriram pena, alguns milhares de presos deixam os presídios todos os meses. O interesse humanitário é o de que saiam sem terem sido degradados na sua condição humana. O interesse público é o de que saiam reeducados. Nenhum desses objetivos pode ser alcançado com violação dos direitos humanos.

O quinto motivo pelo qual se deve rechaçar a ideologia dos "direitos humanos para os humanos direitos" é a crença nas qualidades intrínsecas do ser humano. Independentemente de qualquer crença religiosa, e apesar de tudo que se disse ou se possa dizer sobre o bem e o mal, é razoável a crença de que grande parte dos seres humanos procura o bem, o bom e o belo. Se essa crença é aceita, dela decorre que o desenvolvimento dos seres humanos pode levar pessoas rústicas, que ainda não aprimoraram as suas percepções do bem, do bom e do belo, a se educarem nessa direção. A busca da felicidade, meta de todo ser humano, não se faz sem tropeços; alguns gravíssimos, outros graves e outros nem tanto. E há os desvios voluntários, e os simplesmente culposos.

O ser humano é capaz do bem e do mal. Pense na extrema perversidade de alguns comportamentos humanos dos quais tenha tido conhecimento a partir de fatos concretos, da vida real. Pense nas crueldades que foram, individual ou coletivamente praticadas ao longo da história. Percorra na memória as narrativas de extrema maldade de ações imperdoáveis de pais contra filhos, irmãos contra irmãos, filhos contra os pais. As guerras nos dão exemplos de que, por motivos reais ou imaginários, a matança e a mutilação de seres humanos por seres humanos pode ser coletiva e atingir enormes proporções. Isso para não falar da perfídia, das traições, e das inúmeras deturpações comportamentais que levam ao prazer pelo sofrimento alheio.

Depois, pense nos atos de bondade e de solidariedade que já tenha praticado ou visto. Lembre-se das pessoas que conheceu, ou de que teve notícia, capazes dos gestos mais simples e dos mais sacrificados em puro benefício do semelhante. Vidas inteiras devotadas a fazer o bem. Heróis do cotidiano que não poupam sacrifícios para diminuir a dor alheia, ou para impulsionar o próximo a uma vida melhor. Outros tantos heróis do cotidiano que conduzem os gestos simples na direção da gentileza, da generosidade, da solidariedade e do amor ao próximo.

A busca da felicidade, meta de todo ser humano, não se faz sem tropeços; alguns gravíssimos, outros graves e outros nem tanto.

Tudo isso, e muito mais de que não conseguimos ou não queremos nos lembrar, seja para aplaudir e louvar, seja para lamentar e chorar, é profundamente humano. Dizer que qualquer pessoa que pratique o bem só vá praticar o bem em todos os atos e pelo resto da sua vida é acreditar em uma possibilidade confortadora, porém remota. Dizer que alguém que praticou algum mal esteja definitivamente condenado pelos deuses do Olimpo a só praticar o mal pelo resto da sua vida é desconhecer a complexidade e a diversidade das causas e das ações humanas.

Em São Paulo, uma professora primária aposentada resolveu, há algum tempo, dar aulas voluntárias de reforço escolar para crianças moradoras de determinada favela reconhecida como uma comunidade dominada por traficantes de droga. O local, por isso mesmo, era muito hostil à entrada e permanência de não moradores. O líder da delinquência na favela e seus apoiadores eram notórios criminosos de alta periculosidade. Daqueles que matam inadimplentes e delatores com frieza e requintes de crueldade.

Depois de algum tempo, ela percebeu que estava constantemente sendo observada por pessoas da comunidade, sempre as mesmas, que a controlavam e perseguiam com olhares durante todo o trajeto desde o ponto onde estacionava seu carro, até o pequeno local organizado por algumas mães de alunos, onde dava suas aulas. Sentindo-se incomodada e insegura pela forma como era seguida, mencionou o fato a algumas mães de alunos. Alguns dias depois, durante sua aula, recebeu a visita de um emissário do criminoso líder dos traficantes na comunidade. O mensageiro veio lhe dizer que ficasse tranquila. Aquela era a sua escolta, para que fosse protegida de todo o risco e de todo o mal. Os donos do poder local tinham grande apreço pelo seu trabalho e estavam extremamente gratos pelo fato de a professora estar ajudando a melhorar o futuro dos seus filhos.

O mal e o bem, a crueldade e a gratidão, a cegueira dos piores impulsos e a esperança de alguma visão de futuro podem conviver na mesma pessoa. Há um velho provérbio atribuído a indígenas segundo o qual dentro de cada um de nós moram dois cães. Um, bom. Outro, mau. Estarão, sempre, em constantes batalhas. A cada vez prevalecerá o que for mais bem alimentado.

Nunca vi ninguém fazendo cursinho, frequentando faculdades, levantando cedo para aprender a ser mau. Exceto nos treinamentos compulsórios que os presos mais perigosos impõem aos presos mais vulneráveis. As pessoas, em sua quase absoluta maioria, procuram a felicidade própria e a daqueles a quem amam; o que é um bem.

Nunca vi pessoas planejando se tornar cada vez piores e buscando o próprio embrutecimento, como se fossem metas desejáveis. Pessoas boas rarissimamente buscam conscientemente se tornar mais habilitadas para o mal. O que vejo frequentemente, e acredito que muitos que têm olhos de ver, veem, são pessoas acuadas como bichos por inúmeras e complexas circunstâncias das suas vidas. E, reagindo como bichos. E porque reagem como bichos, continuam a ser tratadas como bichos.

A construção de uma sociedade humana e justa parte da realidade de que pessoas não são gado que se possa apartar, deixando em um curral as "pessoas de bem", e em outros as que não se autointitulam assim, ou as que são discriminadas. A crença no aprimoramento da nação como povo capaz de planejar e construir o próprio destino começa pela crença de que é preciso e possível combater o pecado sem destruir o pecador. Ou, quem nunca praticou nenhuma má ação, atire a primeira pedra.

Encerro este capítulo do alinhamento ideológico destacando o quão importante é o eleitor também se posicionar quanto aos direitos humanos. Em rigor, essa escolha transcende a vida política dos municípios, dos estados, do país. Diz respeito aos destinos da humanidade. Para buscarmos saber para onde vamos, e como vamos, é preciso saber se esta será uma marcha em que todos se reconhecem com direito ao mesmo destino, ou será uma debandada em que os mais fortes e mais espertos pisoteiam sobre todos que considerarem desprezíveis.

Nessa forma resumida e sumária de indicar algumas das ideologias mais conhecidas com as quais o eleitor se deve ocupar antes de escolher o seu candidato, deve-se atentar para um fator que configura um importante divisor de águas. Trata-se de definir qual deva ser o papel do Estado.

Nas diferentes ideologias o papel do Estado pode variar drasticamente. Há ideologias que defendem o Estado mínimo, com poderes e competências muito restritas, e ideologias que atribuem ao Estado o controle absoluto de toda a vida coletiva. Evidentemente, de um extremo ao outro as nuances são infinitas. O Estado não deve ser mínimo nem máximo. Deve ter a dimensão necessária para manter e desenvolver os fundamentos da vida digna e civilizada em sociedade, e arbitrar os seus conflitos.

O propósito aqui não é o de discorrer profundamente sobre todas as ideologias possíveis, hipótese em que teríamos que falar sobre o conservadorismo, sobre o anarquismo, e até sobre patologias como o nazismo e o fascismo. O objetivo é apenas alertar o eleitor, na busca de critérios metodológicos que o possam ajudar a encontrar candidato afinado com os seus interesses, a não se esquecer de verificar qual é o alinhamento ideológico do candidato. O eleitor poderá se frustrar drasticamente, caso escolha um candidato honesto, competente nas suas capacidades, experiente nas suas realizações, mas com alinhamento ideológico muito diferente do seu.

3.5
Planos de governo

Por último, em uma escala de requisitos para a escolha consciente de um candidato capaz de gerar benefícios para o bem comum, cabe analisar quais são os seus planos de governo. É preciso saber se o candidato quer se eleger para depois resolver o que fará, ou se ele tem planos definidos de governo.

A questão dos planos de governo é indispensável quando se trata de candidatos a cargos executivos. Quem se candidata a uma posição dessa natureza deve ter propostas objetivas e realistas de quais serão as suas prioridades.

A existência de planos de governo realistas, factíveis e em consonância com as prioridades da administração pública na respectiva esfera de governo, diz muito a respeito do candidato. Assim como, na mão inversa, a inexistência de qualquer plano ou a existência de planos fantasiosos e inexequíveis deveriam ser motivos para se desconsiderar a candidatura.

Quando se fala em planos de governo, não se está afirmando que o candidato deve, na campanha eleitoral, aprovar com o seu eleitorado um minucioso plano de trabalho que se compromete a desenvolver no exercício do seu mandato. Contudo, seria desejável que o candidato, ou os partidos que o apoiam, tivessem em seus endereços eletrônicos um plano de governo, para ajudar o eleitor a fazer suas escolhas. Nenhum piloto minimamente responsável decola sua aeronave sem um plano de voo. Mas, mesmo que um plano de governo razoavelmente detalhado não exista, é indispensável que os candidatos a cargos executivos tenham planos de diretrizes mínimas.

Penso que há um consenso segundo o qual um dos grandes problemas do Brasil é a deficiência do sistema educacional. O candidato, a qualquer cargo, que não tenha, dentro da esfera de competência do mandato que postula, um plano de ação voltado para a educação deve ser olhado com reservas; se não for o caso de esse candidato ser até descartado, pelo fato de estar desalinhado em relação ao principal problema brasileiro.

Da mesma forma, para o eleitor que concorda com o fato de que um dos grandes problemas do Brasil é a distribuição de renda, o plano de governo do candidato deve incluir esclarecimentos sobre suas ideias a respeito da distribuição de renda e propostas de ações concretas para enfrentar e, na medida do possível, resolver esse problema. E, como o que interessa é distribuir riqueza, e não espalhar pobreza, o candidato deve demonstrar aos seus potenciais eleitores, dentro da esfera de competência do cargo a que concorre, o que pretende fazer para incentivar a economia, evitar gastos públicos que não sejam prioritários e de efetivo interesse público e, principalmente, como pretende tratar, ou como acha que devem ser tratadas as contas públicas. Quer quanto à transparência, quer quanto ao equilíbrio de receitas e despesas, quer quanto à prioridades dos gastos.

Essa questão dos planos objetivos e sinceros de governo é mais difícil nas candidaturas ao Poder Legislativo, onde não há que se falar, com propriedade, em planos de governo. Mas aí devem existir planos de atuação com relação aos projetos indesejáveis e com relação a projetos que o eleitor possa considerar necessários.

A atenção aos planos de governo não é importante apenas como juízo de valor sobre a candidatura. Serve, também, ao propósito de coerência do eleitor.

Os mandatos são temporários. Os planos de governo, especialmente aqueles que tenham importância de longo prazo, frequentemente se devem estender por mais de um mandato. Nisso se distinguem as políticas de Estado das políticas de governos.

Portanto, se o eleitor está conscientemente interessado em determinadas prioridades de governo, deve escolher candidatos que estejam comprometidos com essas prioridades e tenham um plano.

3.6
O oportunista

Além de prestar atenção nas qualidades que valoriza para o bom político, o eleitor consciente deve estar atento aos sinais que denunciam a altíssima probabilidade de estar diante de um mau político. Neste enfoque, estou considerando mau político aquele que não está minimamente preocupado com o bem comum, que não tem o ideal de realizar nenhum projeto de interesse coletivo, mas acha que a atividade política pode ser a solução para algum problema seu.

Nessa categoria, que chamo de candidato oportunista, existem duas espécies: o necessitado e o foragido.

A atividade política exige idealismo. Para se dispor a dedicar boa parte do seu tempo a essa atividade, e com maior razão para dedicar a ela tempo integral, o candidato precisa ter algum idealismo. Quanto mais, melhor. O candidato precisa ter a crença de que os problemas de administração pública têm solução e precisa estar convencido de que ele próprio poderá contribuir para a efetividade dessa solução. Há objetivos muito difíceis de alcançar. Mas muito dificilmente vão ser alcançados por aqueles que acham que esses objetivos são inatingíveis, ou que só poderão ser alcançados com sacrifícios que não vale a pena fazer. Obviamente, não me refiro ao candidato ingênuo, que tem uma visão infantil dos problemas e uma visão narcisista de suas próprias capacidades. Em muitas eleições concorrem tipos excêntricos, com fórmulas estapafúrdias supostamente capazes de salvar o mundo. Não é disso que se trata.

O idealismo político é a crença na possibilidade de os indivíduos da espécie humana, em determinada comunidade, identificarem os seus objetivos e necessidades comuns, reconhecerem as suas recíprocas necessidades individuais, serem capazes de debater civilizadamente sobre tudo isso e na possibilidade de se organizarem de forma a alcançar as soluções desejadas. Quem não acredita que haja um caminho não se pode candidatar a liderar a marcha.

> *O candidato precisa ter a crença de que os problemas de administração pública têm solução e precisa estar convencido de que ele próprio poderá contribuir para a efetividade dessa solução.*

O candidato necessitado do cargo para o qual se candidata procura um emprego. Candidata-se a um cargo público não porque acredita que poderá fazer algo útil para a coletividade em que vive. Candidata-se porque vê na atividade política a possibilidade de ganhar, honestamente ou não, o dinheiro de que precisa para viver. Se puder ficar rico, melhor. Essas características não se aplicam exclusivamente aos desonestos, que já ingressam na política com a intenção de roubar. Esses são, inegavelmente, os mais perigosos. Mas há os candidatos oportunistas que, mesmo sem a intenção prévia de fazer algo ilícito, simplesmente querem tratar o cargo político como se fosse um emprego comum. Um lugar para bater ponto e esperar a hora de voltar para casa, mas um lugar com algum glamour, e que confere a sensação de participar dos círculos de poder. Não há motivo para o eleitor consciente votar nessa espécie de candidato.

Mas entre os piores candidatos está o foragido. Não se trata de alguém que esteja em algum território geográfico, fugindo da polícia. Trata-se do candidato que busca espaços sociais de impunidade, onde não possa ser alcançado pela lei penal.

No Brasil, conforme já mencionado anteriormente, existe o abuso do conceito de imunidade parlamentar. O que deveria ser um instituto jurídico para proteger o livre exercício da atividade parlamentar, passou a ser o salvo conduto que permite a muitos parlamentares transgredir a lei sem serem molestados.

Paralelamente, existe o foro privilegiado. Que é um instituto útil e necessário para assegurar ao candidato eleito o direito de se defender penalmente na comarca de seu local de trabalho e perante juízes que estejam longe das disputas políticas de sua cidade de origem, ou sejam juízes especializados, em legislação eleitoral, por exemplo.

Contudo, o que mais se vê é o abuso do foro privilegiado. Graças à má-fé de determinados candidatos, à impropriedade de leis feitas por políticos para proteger políticos, e à ingenuidade de alguns julgadores, os abusos de foro privilegiado chegam, com alguma frequência, a criar situações ridículas. A palavra é forte, mas parece adequada para designar círculos viciosos de pessoas adultas, circunspectas, que se prestam a anos e anos de uma encenação em que todo mundo brinca de perseguir uma condenação ou uma absolvição justa que não quer alcançar.

Para quem acha que o abuso está na crítica, e não no foro privilegiado, examine-se um exemplo, que é baseado na vida real, e bastante frequente.

Imagine-se o vereador de uma determinada cidade que tenha praticado um ilícito penal contra o erário municipal. Em linguagem técnica, deve-se dizer que se apropriou indevidamente de dinheiro público. Em linguagem popular e mais objetiva, trata-se de um ladrão que furtou dinheiro público. Inicia-se, por provocação do Ministério Público Estadual, um inquérito policial na comarca em que o ilícito foi praticado. Mas, logo em seguida, antes ainda de ser denunciado, o vereador se elege deputado federal. Invoca-se o foro privilegiado e o Ministério Público Estadual transfere o caso para o Ministério Público Federal, uma vez que eventual denúncia terá que ser feita perante o Supremo Tribunal Federal. E, depois de alguns anos de investigação, imagine-se que a denúncia criminal realmente tenha ocorrido. Mas, depois de algum tempo contado em anos de tramitação do processo no Supremo Tribunal, o deputado federal se elege governador de seu estado. Por consequência, e por força da legislação de privilégio de foro, o processo passa a ser da competência do Superior Tribunal de Justiça. Ocorre que, ao ser, alguns anos depois, levado o caso a julgamento, constata-se que o vereador, quando roubou a prefeitura, já era candidato a deputado federal. E, sem nenhuma necessidade de prova, e sem admitir que roubou, alega que todos os seus recursos financeiros da época foram usados para a campanha eleitoral. Portanto, decide-se que a hipótese é de crime eleitoral e deve ser analisada pela Justiça Eleitoral. Trava-se, então, demorada discussão para se saber se a Justiça Eleitoral responsável pela ação é a do estado, competente para julgar campanhas eleitorais feitas por vereadores, ou Tribunal Eleitoral, competente para julgar campanhas de deputados federais e de governadores. Mas essa discussão não se conclui, porque alguém se dá conta de que, ao se anular a denúncia da Justiça comum para reconhecer a competência da Justiça Eleitoral, o crime do vereador que furtou a Prefeitura já prescrevera.

Esse exemplo não é apenas imaginário. Com ligeiras variações, corresponde, infelizmente, a casos reais que ocorrem com lamentável frequência. Evidentemente, para que este país evolua na direção de uma nação séria e justa, há muito que se alterar na legislação e na jurisprudência.

Contudo, para os fins deste livro, importa destacar que o candidato foragido, o político que se candidata a um outro cargo político para se foragir das responsabilidades pelo crime que tenha praticado no cargo atual não é, certamente, um bom candidato.

Não se trata de prejulgar ninguém. Nem se trata de desconsiderar a regra constitucional ou o princípio humanitário da presunção de inocência. Trata-se de aplicar o princípio da prudência. Há situações em que o dano pode ser irreparável e a precaução é mandamento da responsabilidade.

Mesmo que a acusação seja falsa, contra pessoa inocente, a menos que a inocência seja óbvia, não há necessidade de pôr em risco o interesse público. Em Direito se usa um conceito pragmático denominado perigo de dano inverso. Às vezes, o juiz é obrigado a dar uma decisão urgente e para valer enquanto o mérito do processo não pode ser julgado, objetivando evitar que o autor da ação sofra um dano durante o curso do processo, e que será irreparável mesmo que, no final, a sentença lhe seja favorável. Mas, nesse caso, o juiz é obrigado a examinar o dano inverso, para saber se aquilo que está autorizando o autor a fazer, ou deixar de fazer, não causará um dano irreparável, no caso de a sentença final estabelecer que o autor não tinha razão.

Visto de uma outra forma, ninguém contrataria para ser a babá de seu filho alguém que esteja sendo acusada de violência contra crianças, ainda que a investigação esteja em curso e nenhum julgamento definitivo tenha sido proferido.

Se o vereador for inocente, e contribuir para a aceleração do processo que prove a sua inocência, poderá se candidatar nas eleições subsequentes, sem danos irreparáveis. Mas, se for culpado, é muito provável que se transforme de criminoso municipal em criminoso federal.

A PROTEÇÃO DO ELEITOR 4

Muitas vezes nos iludimos com uma visão romântica e parcialmente equivocada da democracia, como se esse tivesse sido um regime ideal e predominante durante muitos séculos na Grécia antiga, que caberia aos democratas atuais recuperar e restabelecer. A ideia fundamental de que os governados devem participar dos governos é grega, mas os conceitos e modelos da democracia atual foram reconstruídos a partir do século XVI e demandam contínua atenção e cuidados.

O reconhecimento de que a democracia seja, como acredito, um conceito em construção de um regime político a ser continuamente melhorado, traz implícita a aceitação do fato de que a democracia tem muitos defeitos.

Para que não se tome a análise desses defeitos como crítica destrutiva, ou como dúvida quanto à superioridade da democracia sobre qualquer outro regime político, começo por afirmar que esse é o regime que mais se identifica com o conceito de liberdade. E, sem liberdade, não vale a pena. Essa não é uma afirmação romântica. É a constatação de que a vida é constante transformação. E as transformações são a livre realização das potências humanas. Onde o ser humano não tiver a possibilidade de realizar as suas potências, ter-se-á um ser humano atrofiado.

O maior defeito da democracia está na sua principal virtude. Não é um jogo de palavras. É a realidade de que, pela democracia, prevalece a vontade da maioria do povo, ressalvados os direitos da minoria que resultem de consenso democrático, e os limites da lei. Mas a maioria do povo nem sempre é sábia, nem sempre decide com justiça. Para citar um exemplo clássico, a maioria do povo votou pela libertação de Barrabás. Isso também não desmerece a democracia. Apenas adverte para o fato de que, em defesa da democracia, é preciso que existam mecanismos que impeçam o eleitor de votar sem suficientes informações sobre aquilo em que está votando. E, igualmente, evitar que os julgamentos de questões relevantes, de resultados contínuos ou permanentes, sejam feitos sob o efeito de paixões. É por esse motivo, da necessidade de reflexão sobre as decisões democráticas mais importantes, que se prestigiam as votações em dois turnos. Quer para a eleição de candidatos, quer para a aprovação de determinados projetos de lei.

Nas origens históricas gregas da democracia, apenas os cidadãos se manifestavam e votavam. E cidadãos no pleno gozo da cidadania eram apenas os homens adultos, economicamente autossuficientes e naturais da cidade. Em Atenas, que é a principal memória que se tem da democracia grega, esse regime durou muito pouco, por volta de 180 anos, exatamente porque não resistiu às críticas que lhe dirigia a intelectualidade da época. Prevaleceu o pensamento de que para governar é necessária a sabedoria. E esta não é distribuída igualmente, sendo privilégio de minorias que deveriam ser as detentoras do poder político.

Em defesa da democracia, é preciso que existam mecanismos que impeçam o eleitor de votar sem suficientes informações sobre aquilo em que está votando.

Depois da experiência grega, por mais chocante que possa parecer esse registro, a democracia esteve esquecida durante mais de mil anos. A recuperação do conceito de democracia na Idade Média surgiu com a recuperação das ideias de Aristóteles, que também ficara esquecido durante muitos séculos. Mas Aristóteles considerava a democracia um mau regime, porque acreditava que a maioria do povo não estava capacitada a governar. Como consequência, a cidade não se poderia sujeitar à vontade da maioria.

Na Idade Média, portanto, quando se voltou a falar em democracia, todos os monarquistas eram, evidentemente, contra essa forma de governo. E a imensa maioria dos pensadores, até o advento do Iluminismo, era monarquista. Mesmo os iluministas, que combateram as monarquias em defesa dos princípios que resultariam na República, apregoavam a superioridade da razão e do conhecimento sobre o poder hereditário e absoluto. Pelas mesmas razões, eram contrários à democracia, regime em que deveria prevalecer a vontade da maioria, que não tinha acesso ao conhecimento.

Costuma-se citar os Estados Unidos como pátria da democracia, mas é de rigor mencionar que os chamados pais da pátria americana eram contrários à democracia como hoje a conhecemos. Eram, quase todos eles, senhores de escravos aos quais, assim como às mulheres, não reconheciam o direito de manifestação política e, muito menos, o direito de voto[1].

1 Na proposta de Constituição que redigiu para a Carolina do Norte, John Locke, o grande ídolo do Iluminismo, propôs um dispositivo segundo o qual "uma vez lacaio, sempre lacaio". A proposição foi rejeitada.

Postos os fatos no contexto histórico, aqueles fundadores fizeram um progresso imenso, quando comparadas as suas concepções políticas com os regimes e costumes até então vigentes na Europa. Plasmaram a República. Mas as liberdades e a igualdade que fundamentam a essência da democracia estavam, nos limites dos horizontes culturais da época, restritas a alguns segmentos da população.

Acredito, sem ter realizado pesquisa histórica fundada em estatísticas, que o prestígio da democracia tenha crescido a partir dos tempos em que os sistemas de ensino e as universidades, na Europa e nos Estados Unidos, difundiram a alfabetização e a educação das massas, facultando a estas o conhecimento organizado. À medida que as redes de ensino, estatais e privadas, religiosas ou laicas, difundiram o conhecimento para além da aristocracia, foram-se tornando mais aceitáveis as ideias de democracia, com poderes de decisão conferidos ao povo. Até o momento em que o conhecimento estava restrito à aristocracia e à Igreja, em que a habilidade de ler e entender latim era essencial, compreende-se que houvesse relutância em permitir que o poder político fosse além desses círculos sociais.

Transferir o poder para o povo, quando o povo era constituído de ampla maioria de analfabetos marginalizados de qualquer atividade cultural e política, evidentemente não deveria ser a vontade predominante na aristocracia, nem mesmo no seu segmento mais intelectualizado.

Com a crescente difusão do ensino, especialmente no início do século XX, e com a construção republicana do conceito de coisa pública, ou bem comum a ser preservado e defendido por todos, cresceu e se sedimentou o conceito de democracia. Que traz implícito o conceito de liberdade. Tanto a liberdade de escolha dos governantes, quanto a liberdade de expressão individual e social.

Na perspectiva de regime político capaz de prestigiar a liberdade, a superioridade da democracia sobre qualquer outro regime ficará progressivamente mais reconhecida e confirmada à medida que se continue difundindo a educação como processo de emancipação equitativa de todos os seres humanos.

A igualdade de direitos e de obrigações se torna mais real, mais harmônica ou menos conflituosa conforme se prestigiam os processos de educação acessível a todos os que formam o povo.

Portanto, a democracia é um processo específico de desenvolvimento simultâneo do governo e da sociedade governada. E exatamente porque se trata de um processo de aprendizado contínuo, não basta educar o eleitor. É preciso protegê-lo, para que não seja vítima de engodos, que muitas vezes chegam ao dolo e à fraude.

Falsos liberais, que não sejam efetivamente defensores das liberdades humanas, e se contentem em ser pregadores da liberdade de os mais fortes exercerem a sua supremacia sobre os mais fracos, poderiam alegar que na democracia o Estado não se deve preocupar em proteger o povo. Seria fácil arquitetar um sofisma segundo o qual se a democracia é o governo do povo, é este quem deve orientar o Estado, não cabendo ao Estado orientar o povo na construção da democracia.

Para afastar a má-fé de tal argumento, bastaria mencionar alguns dados de realidade. Democracia é um processo de escolha. Mas todo processo de escolha exige informação de qualidade. Ou seja, exige informação que esteja ou possa estar qualificada como verdadeira.

Quando o povo vai ao supermercado comprar batatinhas, o Estado atuou previamente, e atua continuamente, para garantir que o saco de batatas tenha o peso anunciado na embalagem. Quando o povo vai à farmácia comprar analgésico da marca "x" em detrimento da marca "y", o Estado está lá para assegurar que as duas marcas contenham as quantidades indicadas de ácido acetilsalicílico, e tenham sido fabricadas com critérios seguros de higiene e pureza.

O direito do consumidor consagra, mundialmente, o dever de informar que recai sobre toda a cadeia produtiva, exatamente para permitir as escolhas informadas do consumidor.

Em todos os países ditos desenvolvidos o consumidor faz as suas próprias escolhas baseadas na segurança que lhe dá o Estado, no sentido de que o fornecedor está prestando informações verdadeiras sobre os respectivos produtos. E o Estado exerce um trabalho precedente, de decidir quais são os produtos que podem, e os que não podem estar disponíveis para a escolha do consumidor.

Postos esses fatos da realidade, não há nada de estranho nem de condenável no fato de que o Estado deve organizar minimamente a ordem em que se processam as escolhas políticas democráticas. Não se trata de paternalismo. Trata-se de coerência com todas as demais atividades de segurança e proteção, que o Estado tem melhores condições de desenvolver, comparado a cada cidadão isoladamente.

O eleitor, como consumidor das informações que lhe permitirão fazer escolhas políticas conscientes, notadamente a escolha de direcionamento do seu voto, tem direito à proteção do Estado. Faz parte do processo civilizatório a organização do Estado de Direito no sentido de garantir ao eleitor o exercício da democracia.

As obrigações do Estado não começam no dever de assegurar ao eleitor informação de qualidade. Muito antes disso, por previsão constitucional dos Estados modernos, cabe ao Estado criar a legislação que rege os partidos políticos e aquela que rege as eleições.

Portanto, a democracia não é um jogo sem regras, jogado a benefício dos mais fortes ou dos menos responsáveis. É um jogo que se joga com regras impostas e garantidas pelo Estado de Direito.

Convém visitarmos algumas dessas regras, procurando organizar a abordagem delas em uma sequência metodológica.

4.1 Estrutura partidária

A primeira constatação, mas não necessariamente a mais importante, nesta sequência que se pretende didática, é a de que as crenças e vontades políticas do povo, por mais infinitas que sejam, podem ser reunidas em contingentes daqueles que pensam e querem aproximadamente as mesmas coisas na ordem política. Portanto, a sociedade é naturalmente partida entre grupos de pessoas que se identificam com ideias políticas que são similares. Esses grupos são os partidos políticos. A legislação, nos Estados de Direito, dirá como se devem organizar e atuar os partidos políticos. No Brasil, as regras fundamentais dos partidos políticos estão na Constituição Federal.

A estrutura partidária é de relevantíssima importância para o processo eleitoral. Não apenas para o processo eleitoral, mas também para a efetiva prática da democracia no exercício dos mandatos dos candidatos eleitos.

Aqui é preciso tomar cuidado para que este texto não ignore a distância que existe entre a realidade brasileira e a formulação ideal, ou possível, do que deveria ser a estrutura partidária de um país como o Brasil. No que se refere aos partidos políticos brasileiros, a diferença entre o que é, o que pode vir a ser e o que deveria vir a ser, ocupa um enorme espaço entre a mais profunda frustração e a esperança.

Em tese, a estrutura partidária deveria ser formada por partidos políticos em que a clareza e a coerência ideológicas fossem premissas indiscutíveis, e os partidos exercessem o papel natural de toda instituição, que é o de cultivar determinados valores bastante claros, e selecionar os seus membros pela identificação que possam ter com esses valores. Se isso fosse a prática dos partidos políticos brasileiros, a tarefa de escolha do eleitor estaria tremendamente facilitada. Os partidos teriam estatutos com conteúdo ideológico e objetivos políticos explícitos e compreensíveis, e zelariam para que todos os seus representantes praticassem os comportamentos políticos previstos nos respectivos estatutos. Para o eleitor fazer as suas escolhas políticas, bastaria escolher um partido e, depois, refinar as suas escolhas para se decidir por um determinado candidato entre aqueles que lhe seriam apresentados pelo partido. O partido seria uma marca designativa de um determinado conteúdo político e a garantia de que os políticos que apresentasse honrariam aquela marca.

Sabemos todos que não é isso que acontece no Brasil. Os motivos pelos quais não temos uma estrutura partidária de que possamos nos orgulhar são muitos. Talvez o mais grave seja o nosso conformismo, como eleitores que, em alguma extensão, achamos natural que quase todos os partidos políticos sejam feudos onde velhos coronéis dão como certo que eleitores displicentes e governantes submissos lhes prestem vassalagem.

Não precisa ser assim. Não deve ser assim. Mas toda mudança exige análise, exige clara distinção entre o que se quer mudar e o que se quer manter. Exige estratégia e a coragem de mudar. Acredito na mudança pelo voto.

4.2
Poderes e deveres dos partidos políticos

A Constituição Federal assegura a liberdade de criação dos partidos políticos[2]. Nem poderia ser de outra forma, uma vez que a mesma Constituição garante a liberdade de associação para quaisquer fins lícitos. Como qualquer associação civil de cidadãos que se reúnem para alcançar um determinado objetivo, os partidos políticos são entidades privadas.

Por outro lado, a Constituição também prevê a liberdade de os partidos políticos organizarem as suas estruturas internas com autonomia.

Toda mudança exige análise, exige clara distinção entre o que se quer mudar e o que se quer manter. Exige estratégia e a coragem de mudar. Acredito na mudança pelo voto.

E, por último, no que há de essencial, a Constituição outorga aos partidos políticos um dos maiores poderes que se pode imaginar na democracia: o poder de dizer quem poderá, e quem não poderá ser candidato.

Há aqui um absurdo que exigirá, dos que pretendam defender princípios inegociáveis da democracia, a coragem de transformações radicais. Essas três garantias constitucionais não combinam entre si, chocando-se com a harmonia que deve ter todo sistema jurídico.

Os direitos políticos de todos os indivíduos são constitucionalmente assegurados. Portanto, o direito de ser ou não ser candidato, expressão importante dos direitos políticos, é garantido. Exceto nas hipóteses em que a lei expressamente vete a candidatura.

Mas, quando a Constituição atribui aos partidos políticos o poder de dizer quem será de fato candidato, e quem

2 Art.17.

não será, está, na realidade, transferindo a uma entidade privada, à qual assegurou o direito de se organizar como bem entender, o direito de veto a um poder constitucional e fundamental da República e da democracia. Há, aqui, um evidente paradoxo. Conferir a associações privadas o direito de selecionar e dizer a última palavra sobre quem pode, ou não, candidatar-se às funções públicas eletivas e de representação democrática já é, por si só, uma apropriação privada do interesse público. Além disso, a gravidade desse passo gigantesco na estruturação de direitos fundamentais da democracia está no fato de se permitir que essas associações privadas se organizem como quiserem e bem entenderem para exercer essa relevante função pública.

Toda pessoa física, como ente privado, para exercer função pública, submete-se a um conjunto de regras que objetivam, exatamente, proteger o interesse público. A pessoa física privada precisa demonstrar qualificações, competências e desimpedimentos, e precisa submeter-se a um elenco de regras e protocolos de atuação que contribuem para a expectativa de que o interesse público existente na função pública será não apenas resguardado, como também plenamente atendido.

Entretanto, pela leitura interpretativa que habitualmente se faz do texto constitucional, confere-se aos partidos políticos a liberdade de se estruturarem como melhor aprouver aos seus donos, sem a mínima preocupação com a organização básica que pudesse impor a eles princípios fundamentais de democracia e de respeito à coisa pública.

Só existem dois remédios para esse absurdo. Ou se permitem as chamadas candidaturas avulsas, independentes de registro por qualquer partido político, ou se reconhece que os partidos políticos exercem uma função pública extraordinariamente importante, e precisam ser compulsoriamente regulados de forma a preservar a essencialidade democrática e a relevância dessa função pública. Qualquer alternativa que não seja uma dessas será um remendo frágil às anomalias que produzem efeitos nefastos à democracia brasileira.

Como os partidos exercem função pública, não se pode dispensá-los de ter, como associações civis, formas e conteúdos que demonstrem estarem habilitados a exercer a função pública que lhes é atribuída. Para que possam legitimamente dizer quem pode e quem não pode ser candidato, precisam ter regras permanentes e transparentes que protejam e estimulem a competição justa entre aqueles que pretendam ser candidatos. Precisam ter a obrigação de demonstrar que praticam critérios para efetivamente selecionar os que melhor possam exercer as funções públicas eletivas.

Pessoalmente, sou contrário às candidaturas avulsas, embora reconheça os bons argumentos dos que as defendem. Governar um município, um estado ou o país é tarefa de equipe. Não é atividade que se possa exercer sozinho. É preciso ter apoio político de parcela considerável do eleitorado. Ser o representante de um partido político, ou de vários, é exatamente isso. Significa fazer parte de um projeto de governo concebido por um grupo significativo de pessoas, para ser executado por um grupo significativo de pessoas. O candidato avulso, que não encontrou ou não buscou afinidade em nenhuma das correntes políticas representadas pelos partidos existentes, é uma incógnita. Não se pode, no momento da eleição, ter a menor ideia de onde virá o indispensável apoio político para as suas iniciativas de governo. Não será possível saber, no momento da eleição, quais correntes ideológicas estarão influenciando, limitando ou estimulando o exercício de seu mandato.

Acredito até que, entre permitir e não permitir candidaturas avulsas, se possa ter um meio termo. Aceitar as candidaturas avulsas nos municípios até a um determinado número de habitantes, uma vez que o eleito estará mais próximo da população, seja para receber o apoio dela, seja para receber as críticas, ou para a devida prestação de contas.

Mas, nos grandes centros municipais, ou nos estados, ou na federação, a função pública de representante do povo é demasiadamente complexa para estar na dependência de alguém que não tenha encontrado identidade em nenhuma estrutura partidária.

A eleição de alguém que não tenha o apoio prévio de nenhum partido, para um mandato complexo, é um risco que não se tem a necessidade de correr. O eleito terá a inclinação para o personalismo, com a preferência para decidir e executar sozinho as tarefas de governo que são, por natureza, trabalho de equipe. E, sem os sistemas de sustentação política que decorrem da atuação partidária, estará em permanente necessidade de fazer alianças que assegurem a sua permanência no cargo, em detrimento das alianças que possam melhorar a qualidade da administração.

Afastada a ideia da candidatura avulsa, pelo menos na ordem estadual e federal, resta a alternativa de alterar a Constituição para permitir que a lei ordinária imponha aos partidos políticos um mínimo de estrutura interna, compatível com a sua natureza de fato, que é a de entidade privada com incumbências constitucionais de relevantíssima utilidade pública.

Isto significa, em apertado resumo, impor aos partidos políticos um mínimo de democracia interna, que assegure, entre outros valores da República, critérios transparentes e objetivos de gestão e de seleção dos candidatos, com oportunidades iguais para os iguais.

Independentemente de qualquer alteração constitucional ou legal, é preciso desenvolver e aplicar a consciência de que os partidos políticos são responsáveis pelos candidatos que selecionam.

É secular no Direito a regra segundo a qual as entidades ou pessoas que escolhem alguém para desenvolver determinadas funções, sejam funções públicas ou privadas, respondem pelos danos que o escolhido causar. Em antiquíssima concepção do Direito, existe a responsabilidade objetiva daquele que escolhe.

No Código Civil brasileiro isso não é diferente. Ali está expressa a regra segundo a qual a culpa de quem pratica o ato é subjetiva. Isto é, precisa ser provada. Mas a culpa de quem escolheu o praticante do ato para a função exercida de maneira ilícita ou danosa é objetiva. Ou seja, existe pelo simples fato de que se presume o erro da escolha. É a consagrada *culpa in eligendo*.

Em reforço dessa ideia, constatem-se decisões reiteradas pela jurisprudência no sentido de que o mandato pertence ao partido político. Ora, quem detém os bônus, detém os ônus. Se o partido é o dono do mandato, deve responder pelos danos que sejam causados pelo uso abusivo do mandato praticado pelos candidatos que o partido conseguiu eleger.

Portanto, a *culpa in eligendo* e o domínio sobre o mandato conduzem à conclusão de que os partidos políticos são responsáveis pelos danos causados por aqueles que, não obstante apresentados por eles aos eleitores como cândidos, tenham praticado atos danosos aos eleitores, por culpa grave ou dolo. Resta, no aperfeiçoamento da democracia brasileira, praticar essa verdade e cobrar as responsabilidades de quem as tenha. A começar pela responsabilidade dos partidos, cobrança extremamente negligenciada pelos nossos costumes políticos.

Os partidos políticos atuantes em um país que adota o regime democrático precisam, sob pena de contradição inaceitável, ser regidos internamente por valores e princípios democráticos. Teoricamente, os partidos políticos, como portões de ingresso dos futuros governantes para a vida pública, e como instituições presumivelmente devotadas a dar suporte político aos candidatos que elegem, e que se comprometeram a cumprir os ideais do partido, são avalistas da democracia. Portanto, imaginar que um partido político que não pratica a democracia na sua própria gestão possa contribuir para o aperfeiçoamento da democracia do país é uma ilusão.

4.3
Extinção de partidos políticos

A Constituição Federal declara a liberdade de criação de partidos políticos, observados determinados requisitos formais. E assim deve ser. Como não se pode aprioristicamente avaliar qual a extensão de uma determinada corrente política, não se deve impedi-la de se organizar como partido, uma vez que cumpra os requisitos legais.

Imaginar que um partido político que não pratica a democracia na sua própria gestão possa contribuir para o aperfeiçoamento da democracia do país é uma ilusão.

Mas as entidades partidárias exercem funções de interesse público. E se apresentam aos eleitores como opções de metodologia e sistemas de governo, segundo determinadas orientações ideológicas. Partidos políticos não são clubes sociais, ou associações de confrades, que possam receber as incumbências constitucionais fundamentais para a democracia. Decorre dessa realidade o fato de que não pode existir um número infinito de partidos políticos. Não existe um número infinito de macro correntes políticas a serem representadas.

Por outro lado, partidos políticos são entidades privadas, concebidas e criadas com o fim específico e constitucionalmente assegurado de representar correntes políticas que tenham relevância para a democracia. Não existem para satisfazer os seus fundadores, ou os seus membros, como acontece e é legítimo que aconteça com qualquer associação civil. Trata-se de uma associação civil de natureza ímpar, que tem, entre outras, a função pública de selecionar candidatos e apoiar ou criticar governantes.

Se isso é verdade, e não se deve impedir a criação de novos partidos que atendam a requisitos legais de formação, é inegavelmente necessário que os partidos políticos que não representem efetivamente nenhuma corrente política distinta devam ser extintos.

A liberdade de criar partidos que possam se revelar efetivamente representativos de correntes relevantes de opinião pública não se pode confundir com a inconveniência de manter partidos que comprovadamente não representem ninguém nem nenhuma ideia, e exerçam tais funções públicas exclusivamente no interesse de seus dirigentes.

O legislador constitucional brasileiro adotou uma solução paliativa, que se revela totalmente ineficaz. Simplesmente estabeleceu que os partidos sem representatividade não podem receber as verbas públicas, vultosas, com que os partidos são economicamente sustentados. E não poderão fazer coligações partidárias que disfarcem ou camuflem a sua insignificância como representação política. O legislador optou por uma asfixia lenta e gradual, na suposição de que isso extinguiria naturalmente os chamados partidos nanicos. O que não faz sentido. Pois, se não podem receber verbas públicas porque não se reconhece interesse público na sua preservação, não poderiam continuar a ter o poder de dizer quem deve e quem não deve ser candidato. O legislador aceitou a premissa verdadeira de que determinados partidos não representam nenhuma corrente de pensamento político ou proposta de governo. Mas, em lugar de concluir, como decorre logicamente da premissa, que tais partidos não devem existir porque contrariam o objetivo constitucional de existência dos partidos, simplesmente optou por afastá-los das verbas públicas.

No interior deste querido Brasil se diz que não existe nada mais perigoso do que cobra mal matada. Pica quando se imaginava que estivesse morta. A realidade demonstra que os partidos nanicos, ainda quando moribundos, unem-se e negociam com os interesses dos demais partidos e dos governantes para reformar a legislação que os havia condenado ao desaparecimento lento e gradual. E para continuar viciando o jogo político.

Enquanto arremato este livro, o país começa a viver a experiência das federações partidárias, resultantes de legislação recente. Em síntese, obrigam as coligações partidárias a ter um prazo mínimo de quatro anos de existência, e se estruturarem em extensão nacional. É ainda cedo para avaliar os efeitos desse novo sistema, que, entretanto, não pode ser mais um paliativo para a sobrevivência de partidos que não representem de forma relevante nenhum segmento da sociedade. Dano que será maior se, apesar da falta de representatividade, ainda tiver direito a vultosos subsídios públicos.

Carlito Maia dizia que a verdade não tem dono. Só tem escravos. A verdade é que a vida é feita de verdades. Parece um truísmo, mas é usado aqui para se afirmar que, ou enfrentamos a verdade como ela é, ou nos sujeitamos às consequências de engodos e truques de faz de conta, em que se tem consciência dos objetivos necessários a serem alcançados, mas se evita alcançá-los mediante farsas e disfarces, na aparente suposição de que um dia a vida resolva. Na verdade, as vulnerabilidades da democracia, como de quaisquer instituições, estão nas corrosões aparentemente pequenas, mas que se somam e comprometem a eficiência do sistema.

Outra vez, não dá para querer uma coisa e o seu contrário ao mesmo tempo.

Acreditamos, e devemos acreditar, que a democracia exige partidos políticos fortes, democráticos e republicanos, capazes de representar correntes definidas da vontade e das crenças populares. E capazes de transacionar legitimamente com outros partidos ou com os governos, como uma vontade organizada a benefício do bem comum e do consenso sobre os destinos do país, quando o consenso for possível. Ou, de resistir com eficácia e unidade ao que, em nome de seus representados, entender que deva ser obstado.

Essa crença exige que se excluam da vida partidária aquelas associações de amigos com rótulos políticos que só existem para satisfazer aos seus próprios interesses, porquanto a ninguém representam. Mas que fazem alianças de conveniência para obter vantagens não republicanas, ou para prorrogar a sua sobrevivência, a benefício exclusivo de seus dirigentes. Tais alianças muitas vezes alteram a dinâmica e o resultado do jogo político, sem nenhum benefício para o efetivo exercício do poder democrático.

Portanto, basta que os mesmos critérios que hoje servem para excluir os partidos sem representação do compartilhamento de verbas públicas, sejam usados para decretar a extinção desses partidos. Se não servem ao público, a ponto de nem merecer votos em quantidades mínimas, e não servem ao Estado, a ponto de não merecer as suas verbas, não servem a ninguém legitimamente.

4.4
Seleção de candidatos

No imaginário de quem se disponha a pensar o que é e para o que serve um partido político, constrói-se a hipótese de uma associação de pessoas que concordam entre si quanto às linhas mestras de um projeto de nação. E se associam justamente para os esforços de concretizar esse projeto.

Mas, na realidade brasileira, a grande maioria dos partidos são máquinas de ganhar eleições, de exercer o poder no interesse principal de seus dirigentes, e de se preparar para ganhar as próximas eleições. As linhas mestras não são teses de conservação ou transformação de estruturas de convivência, economia e políticas sociais. São fórmulas para encontrar e atrair os candidatos mais competitivos, assegurar os maiores recursos financeiros e maiores tempos de propaganda política possíveis para ganhar as próximas eleições ou para se reposicionar nas casas legislativas. Os partidos, com raras e louváveis exceções, não procuram os candidatos que, em afinidade com suas declarações ideológicas, apresentem-se como os mais capacitados a realizar o bem comum. Procuram candidatos chamados "puxadores de votos".

Independentemente da seleção de candidatos que os partidos políticos possam fazer, a legislação se deve antecipar às decisões que possam ser tomadas por essas entidades privadas de interesse e utilidade públicas.

Para que a democracia funcione como efetivamente deve ser, como um jogo de interesses legítimos e de poder exercido a benefício do bem comum, a lei deve impedir que participem das eleições como candidatos todos aqueles que se saiba, de antemão, que são nocivos à administração pública.

As barreiras legais não podem estar baseadas em suposições ou preconceitos. Tais barreiras precisam ter objetividade e transparência, para evitar casuísmos, perseguições, ou vetos fundados no preconceito. O impedimento de qualquer candidatura pode, em tese, contrariar o direito de ser candidato, que a Constituição outorga a todo cidadão. Nesse sentido, a chamada Lei da Ficha Limpa foi um grande progresso. Não faz sentido que alguém que esteja condenado por órgão colegiado, ainda que em decisão sujeita a recurso, possa candidatar-se para representar eleitores na função pública de governar. Isso nada tem a ver com a presunção constitucional de inocência, que opera seus efeitos na esfera penal, e não necessariamente na ordem eleitoral.

Na realidade brasileira, a grande maioria dos partidos são máquinas de ganhar eleições, de exercer o poder no interesse principal de seus dirigentes, e de se preparar para ganhar as próximas eleições.

A legislação eleitoral já cuida de várias outras hipóteses de inelegibilidades. Entre elas, determinados níveis de parentesco com políticos no exercício de mandatos, a suspensão de direitos políticos, casos de segunda reeleição para mandatos executivos e outras.

Defendo, entretanto, que se deveriam criar duas outras hipóteses de inelegibilidade: a dos renunciantes e a dos falsos figurantes.

Não deveriam poder se candidatar, durante alguns anos, os candidatos que (a) por motivos pessoais e de carreirismo político, ou (b) por motivos de conveniência partidária, renunciassem a mandatos para os quais tenham sido eleitos.

A eleição é um contrato *sui generis*. Mas que deve ser levado muito a sério, porque tem por objeto, em última linha de conta, os destinos do país. Corresponde a um pacto entre o eleitor e o eleito. O candidato promete exercer o mandato, pelo tempo legal de duração deste, durante o qual se compromete a agir em consonância com a ideologia de seu partido, com as promessas de campanha e a benefício legítimo de determinados segmentos de eleitores, ou a benefício do bem comum. Com a sua eleição, o candidato vitorioso impede que o segundo colocado no caso de cargo executivo, ou o imediatamente mais votado, no caso das eleições legislativas, sejam eleitos. Ou seja, a eleição de um candidato causa consequências complexas que transcendem em muito aos seus interesses pessoais.

Quando o candidato, por mero interesse pessoal, renuncia ao cargo para o qual foi eleito, quebra um compromisso público com os seus eleitores, que haviam votado nele na suposição de que fosse exercer o seu mandato por inteiro.

De outra parte, interfere indevidamente no sistema político. Inicialmente, coloca no exercício do mandato um vice, ou um suplente, que eventualmente não teria sido eleito se fosse o candidato principal àquela função. O vice nos cargos executivos é visto pelo eleitor como alguém com a possibilidade remota de assumir a função. A renúncia do titular cria uma hipótese de ascensão do vice, hipótese que o eleitor não havia necessariamente cogitado como provável.

A renúncia é a frustração da eleição. Fez-se uma eleição, que certamente teria tido resultado muito diverso se o renunciante não tivesse sido candidato e não tivesse sido eleito. Mas o eleito não considera vinculante o resultado que o favoreceu. Candidatou-se, anunciando que pretendia exercer a função. Mas não era bem assim. Ou mudou de ideia. Entretanto, essa não pode ser uma opção pessoal, nem partidária. O mandato é um direito e um dever, correspondente a uma promessa, que é um compromisso de governar.

Não há nada que justifique admitir-se o interesse pessoal do candidato em sua carreira política como superior ao sistema que prevê que os eleitos cumpram os seus mandatos por inteiro. Tampouco se pode admitir como minimamente ético, ou digno de qualquer consideração positiva, o pretexto de que haveria um interesse público na renúncia para viabilizar a candidatura a um novo cargo, para o qual "o povo" estaria convocando o candidato. Essa narrativa é o exemplo mais irrefutável de demagogia, quando se atribui ao povo o que é apenas a vontade própria. Ou, a conivência de alguns apaniguados.

Como a renúncia é ato personalíssimo, cuja prática e responsabilidade são do renunciante, nem cabe cogitar do interesse ou desinteresse do respectivo partido político na renúncia de que se trate. O partido pode até ter interesse em lançar o renunciante como candidato a um outro mandato, eventualmente mais prestigioso. Mas esse interesse é desprezível, porque não se justifica sob nenhuma perspectiva em que se pretenda valorizar os mandatos como obrigação dos eleitos em relação aos seus eleitores. Nem se justifica na perspectiva em que se pretenda valorizar as eleições como processos republicanos e democráticos de escolha, com responsabilidades irrenunciáveis para todos os envolvidos.

Entendo que, em todas essas hipóteses de renúncia, como um movimento em defesa do eleitor, da seriedade e da respeitabilidade do processo democrático, o renunciante deveria ser havido como inelegível para qualquer outro mandato durante determinado tempo. No mínimo, pelo tempo faltante para o cumprimento integral de seu mandato.

Por último, entendo que se deveria, sempre a benefício da verdade real, impedir a candidatura de falsos figurantes da vida pública. São os que se candidatam para representar alguém que não pode ser candidato. Normalmente, o escolhido é pessoa que esteja sob qualquer tipo de controle moral de candidato impedido. É comum que políticos impedidos de se candidatar lancem a candidatura de cônjuges ou filhos, ou outros parentes muito próximos. O objetivo, que nesses casos se torna óbvio, é o de que o impedido governe por interposta pessoa. Não faz sentido a legislação tolerar isso.

Alguém dirá que se a interposta pessoa preencher os requisitos legais para a candidatura, o seu impedimento seria limitação indevida a seus direitos constitucionais. Deve-se, entretanto, avaliar a verdade real. Se a candidatura da interposta pessoa tiver motivação e sustentação próprias e sobreviver sem o apoio ou a influência do impedido, não haverá motivo para barrá-la. Nesse caso, nem será apropriado falar-se em interposta pessoa, porque se estará diante de uma candidatura com energia própria. Mas, se for uma candidatura de circunstância, de quem nunca atuou na política e que não teria condições de se eleger sem o apoio do impedido, não há motivo para o sistema legislativo eleitoral permitir a burla ao impedimento.

Em pensamento raso, poder-se-ia imaginar que os impedimentos legais não são importantes, nem deveriam existir. A palavra final deveria ser sempre do eleitor. Se o povo é que escolhe, bastaria deixar que, por meio do voto, o povo decidisse quem deveria ser inelegível. Seria o mesmo que se dissesse que não há necessidade de nenhum controle sanitário sobre os produtos que são colocados na gôndola do supermercado. O consumidor, como cidadão livre e capaz, escolhe o que quer e o que não quer comprar. Entretanto, repita-se, o sistema legal protege o consumidor para impedir que corra o risco de adquirir determinados produtos perigosos ou tóxicos.

Afastado o cinismo ou a hipocrisia das soluções aparentemente simples, o fato é que o eleitor, quando é chamado pelo Estado para comparecer à seção eleitoral e votar, tem o direito de presumir que todos os candidatos sejam legítimos concorrentes, em igualdade de condições quanto aos requisitos legais para concorrer ao cargo. E o eleitor tem o direito de presumir que o candidato eleito exercerá o seu mandato por todo o período legalmente previsto. Tivesse o eleitor sido informado de que o candidato pretenderia, algum tempo depois de eleito, renunciar para concorrer a outro cargo mais prestigioso, e permitir que seu vice ou suplente assumisse o seu mandato, talvez a decisão do eleitor, na hora de votar, fosse outra. Portanto, cabe aos partidos políticos e ao sistema eleitoral criar as condições de certeza para que, exceto em casos legalmente previstos, o eleito exerça efetiva e integralmente o cargo para o qual foi eleito.

4.5 Voto proporcional e voto distrital

Dentro de cada Estado, o sistema eleitoral apresenta uma outra questão relevante, que desafia o conceito fundamental da democracia, segundo o qual todos os votos têm igual valor. Da escolha de um ou outro sistema eleitoral depende a valorização do voto e o prestígio da vontade do eleitor.

Pelo sistema eleitoral de aferição proporcional do valor do voto, prevalece a ideia de que os eleitores votam nos partidos políticos. Na realidade brasileira isso é, em boa parte, ficção. Os partidos políticos, e são mais de 30, não têm, com raras exceções, identidade e autenticidade para, por si mesmos, atraírem e cativarem eleitores. Na quase absoluta maioria das eleições, o que define o resultado é o prestígio do candidato.

Apesar disso, no sistema proporcional se somam todos os votos que cada partido teve, na soma dos candidatos que apresentou para o cargo legislativo em disputa. Imaginando-se que se tratasse de eleger os 70 deputados federais paulistas, essas 70 cadeiras seriam distribuídas entre os partidos que apresentassem candidatos. O partido mais votado ficaria com o maior número de cadeiras, que se distribuiriam proporcionalmente, conforme o total de votos recebidos por cada um dos partidos. Cada partido teria um quociente partidário, que corresponderia ao número de deputados que teria o direito de eleger. Definindo-se o número de vagas reservado a cada partido segundo esse quociente partidário, tais vagas seriam atribuídas aos candidatos desse partido, na ordem decrescente da votação individual obtida.

Essa regra pode distorcer, e frequentemente distorce, totalmente a vontade do eleitorado. Suponha-se que o fictício Partido dos Idealistas tivesse, pelo seu quociente partidário, direito a 10 cadeiras de deputado federal, e que na sua lista interna de candidatos mais votados o primeiro colocado tivesse tido 200 mil votos e o 11º colocado tivesse tido 80 mil votos. Suponha-se que, paralelamente, um outro partido fictício, o Partido dos Picaretas, tivesse arregimentado um candidato sem experiência política, mas de grande popularidade em alguma outra atividade, vulgarmente conhecido como "puxador de votos", e tivesse conseguido fazer uma bancada de 2 deputados. Ocorre que o puxador de votos, primeiro colocado de seu partido, poderia ter tido 1 milhão de votos e o segundo colocado do mesmo partido poderia ter tido 20 mil votos.

Nessa hipótese, o candidato do Partido dos Idealistas que teve 80 mil votos não teria sido eleito, porque teria ficado em 11º lugar de uma bancada em que só 10 se poderiam eleger. Mas o candidato do Partido dos Picaretas, que teve 20 mil votos, estaria eleito. Ou seja, os 80 mil eleitores que votaram no candidato do Partido dos Idealistas teriam sido suplantados pelos 20 mil eleitores que votaram no candidato do Partido dos Picaretas, o que não faz nenhum sentido na ordem democrática.

Nas situações em que se devem fazer escolhas sobre os próprios caminhos da democracia, é preciso voltar aos princípios. O princípio fundamental é a igualdade de todos perante a lei, e igualdade absoluta e incondicional entre todos os eleitores. Cada eleitor, um voto. E cada voto é de valor exatamente igual a qualquer outro voto. Fora desses alicerces, a democracia começa a ruir.

Para os que se disponham a conviver com essa verdade, não é possível que 20 mil votos valham mais do que 80 mil votos, na mesma circunscrição eleitoral. O pretexto de que essa grave exceção a um princípio fundamental da democracia seria necessária para fortalecer os partidos políticos é inaceitável.

São os partidos políticos que devem fortalecer a democracia. Não é a democracia que deve fortalecer os partidos políticos. Entre perecer a democracia ou perecerem alguns partidos políticos, se esse fosse o dilema, que perecessem alguns partidos políticos. Mas esse é um falso dilema. Os partidos políticos existem como parte da democracia e a fortalecem à medida que respeitam e defendem os princípios dela. Um eleitor, um voto. Todos os votos com o mesmo valor. Os partidos que não consigam existir de acordo com os princípios da democracia não são democráticos, e, portanto, não têm razão para existir.

O que se sustenta, sem razão, é que esse sistema dito proporcional existe para fortalecer os partidos políticos. Mas, embora esse sistema exista há muitas e muitas décadas, os partidos políticos são, cada vez mais, frangalhos de partidos políticos. Portanto, não se aperfeiçoam com esse sistema.

Cada eleitor, um voto. E cada voto é de valor exatamente igual a qualquer outro voto. Fora desses alicerces, a democracia começa a ruir.

A verdade é que primeiro as estruturas partidárias transparentes e democráticas, a coerência de ideias, o apego ao interesse público, precisam fortalecer os partidos e lhes conferir identidades, para depois se pensar em mecanismos que os beneficiem de fora para dentro. Criar benefícios para partidos amorfos, organizados para o proveito exclusivo dos seus dirigentes e desvinculados das realidades ideológicas do país, só serve para perpetuar essas anomalias.

Se os partidos políticos forem, com suporte nas fundações que estão legalmente obrigados a criar e a manter, verdadeiras associações daqueles que têm afinidades de crenças e objetivos políticos, e escolas de formação política das novas gerações, estarão fortalecidos pelos seus próprios filiados e eleitores. Nesse caso, o sistema eleitoral não precisará defender os partidos. Poderá, como deve, defender o interesse público, suprapartidário, de eleições com igualdade de valor entre todos os votos.

No sistema do voto distrital, a base territorial onde se realizam as eleições é dividida em distritos. Por exemplo, para 70 deputados federais, o estado de São Paulo seria dividido em 70 distritos eleitorais. Cada um desses distritos elegeria o candidato mais votado, independentemente do partido a que pertencesse. Não haveria sistema mais direto e objetivo do que esse.

Os críticos do voto distrital, com alguma razão, alegam que se correria o risco de concentrar os interesses políticos exclusivamente nos interesses locais de cada distrito. O candidato em cada distrito acabaria se dedicando exclusivamente, quer durante a candidatura, quer durante o exercício do mandato, aos assuntos de interesse exclusivo daquele distrito. Isso transformaria a Câmara Federal em um conjunto de representantes de interesses paroquianos, sem que existissem parlamentares preocupados com os grandes problemas brasileiros.

A solução debatida é o voto distrital misto. Sistema pelo qual metade dos candidatos se elege pelo voto distrital, e a outra metade se elege ou pelo voto proporcional, já descrito, ou pelo voto lista, novidade que seria introduzida no sistema eleitoral brasileiro.

Pelo voto lista, imaginando-se que 35 cadeiras das 70 reservadas para o estado de São Paulo seriam distribuídas entre os partidos proporcionalmente mais votados no estado todo, tais cadeiras seriam distribuídas internamente nesses partidos por listas decrescentes de candidatos organizadas antes das eleições, pelos próprios partidos. Como os partidos são, atualmente, livres para ter ou não ter democracia interna, essas listas seriam organizadas segundo a vontade dos dirigentes partidários, o que significaria que, de forma absolutamente antidemocrática, esses dirigentes determinariam previamente quem deve e quem não deve ser eleito. Pessoalmente, sou contra o voto lista porque não se vota no candidato. Vota-se no partido, o que elimina parcialmente a democracia direta, expressamente prevista como cláusula pétrea da Constituição, em seu artigo 14. Pelo voto lista o eleitor votaria sem sequer ter a necessidade de saber em que candidatos estaria votando, delegando aos partidos a escolha daqueles que comporiam as listas partidárias.

O fato de que nas estruturas da maioria dos partidos não existe democracia interna é inegável. Qualquer eleitor minimamente informado sabe quem são os donos de vários dos partidos que se apresentam no cenário político para defender a democracia. Portanto, antes mesmo de se pôr em prática um suposto sistema de lista partidária, qualquer pessoa de boa-fé, que tenha ultrapassado a idade da ingenuidade, sabe como essas listas serão organizadas. E não se antevê, na formação dessas listas, nenhuma contribuição à democracia.

Em um sistema distrital misto que respeitasse a vontade do eleitor e o princípio de que todos os votos têm igual valor, 35 cadeiras da bancada paulista seriam ocupadas pelos vencedores de 35 distritos eleitorais, e 35 cadeiras seriam ocupadas pelos candidatos mais votados no estado todo, independentemente do partido a que pertencessem. Ou seja, no exemplo dado do estado de São Paulo, o sistema seria misto por permitir simultaneamente candidaturas distritais e candidaturas estaduais.

Na democracia, quem elege deve ser o eleitor, não o dirigente partidário.

4.6
Propaganda e dever de informar

Em muitas áreas de convivência social o indivíduo precisa da proteção do Estado. A vida em sociedade é muito complexa para que o indivíduo possa reunir, analisar e selecionar todas as informações de que necessita para viver em relativa segurança. E, ainda, executar sozinho todas as medidas preventivas, protetivas e reparadoras. Existem análises de comportamentos públicos, para verificação de conformidade com a lei e a ética, que demandam tempo, recursos e acesso à informação em tal intensidade e a tais custos que os indivíduos não podem realizá-las por si próprios. A propaganda política certamente é uma área em que o eleitor necessita da proteção do Estado. Essa atividade, especialmente a propaganda eleitoral, é fundamental para a democracia. Para que o eleitor possa fazer as suas escolhas com abundância de informação, as campanhas devem tornar os candidatos, suas ideias e seus planos conhecidos. Quanto mais bem informado estiver o eleitor, maiores serão as probabilidades de que ele possa fazer escolhas conscientes. Portanto, a propaganda política é indispensável e corresponde a um relevante interesse público.

E é muito importante que a propaganda política seja tão verdadeira quanto possível. Essa atividade se realiza com um duplo e concomitante interesse. Há um interesse legítimo dos partidos políticos e dos candidatos em divulgar as suas identidades, competências, virtudes e metas, de forma a se tornarem institucionalmente conhecidos e atraírem adeptos e eleitores. E há, paralelamente, um interesse público, próprio do sistema democrático, em que a propaganda política se realize de forma ampla, transparente e idônea, para que os indivíduos possam conhecer, apoiar ou combater os partidos, ou os candidatos. O interesse do partido pode ser o de eleger o maior número possível de candidatos. E o interesse de cada candidato é ser eleito. Mas as respectivas propagandas não podem ser um vale tudo em que as divulgações enganosas sejam toleradas. Há um interesse público na verdade que permita ao eleitor fazer escolhas conscientes.

A bem da verdade, existe uma modalidade de propaganda que beneficia o voto democrático, e existe outra que o prejudica.

Quando a propaganda comprometida com a verdade informa quem o candidato é, o que já fez, o que pretende fazer, e quais são os seus aliados e apoiadores, entre outras informações relevantes, está cumprindo o papel de informar o eleitor. Nessa tarefa, como em toda propaganda, impõem-se regras e limites, que a própria legislação cuida de estabelecer. Além de falar de si mesmo, exaltando as qualidades que acredita que o eleitorado apreciaria, o candidato e sua equipe podem criticar os competidores, dentro de determinados limites.

Na propaganda comercial, no Brasil, é proibido falar mal do produto concorrente, identificando-o. Na propaganda política isso é permitido, desde que o conteúdo do comentário seja verdadeiro e não haja injúria. Quanto mais intensa for a propaganda, mais claro estará o espectro em que o eleitor poderá se basear para o voto consciente. Isso significa que a propaganda política é de interesse público.

Entretanto, existe um tipo de propaganda que é contrário ao eleitor, porque objetiva confundi-lo e manipular sua vontade. As chamadas técnicas de marketing promovem uma interação entre eleitores e candidato, a benefício deste. Por esse mecanismo, as pesquisas de opinião identificam o que o eleitor teme, o que ele aprecia, o que quer e o que não quer. Com a disponibilidade dessas informações, o marqueteiro político monta o discurso do candidato adaptado ao público alvo. Em muitos casos, o que aparece não são as ideias ou informações verdadeiras sobre o candidato. Aparecem as ideias do marqueteiro sobre o que ajuda e o que não ajuda a ganhar eleição. Nessa modalidade perniciosa de propaganda, não importa o que o candidato pensa ou propõe. Importa saber o que o eleitor quer ouvir e como o candidato se deve comportar para atingir as emoções dele, independentemente de como o candidato pretenda efetivamente atuar caso vença as eleições. Tudo estaria bem se, informados dos anseios populares, os partidos políticos incorporassem nos seus programas estatuários ou de governos aquilo que efetivamente se dispõem a executar.

No mercado consumidor de produtos comerciais existem agências reguladoras de propaganda e existem entidades setoriais de autorregulamentação da publicidade. Os agentes de mercado sabem perfeitamente o quanto uma propaganda negativa pode prejudicá-los. Por isso, tratam de estabelecer regras que mantenham a propaganda em limites éticos razoáveis. Embora existam parâmetros legais para a propaganda política, não existem mecanismos de autocontrole.

A propaganda política é razoavelmente regulada no Brasil, e avaliada pelos tribunais eleitorais, quando estes são chamados a atuar. Contudo, ainda estamos muito longe de um patamar em que a grande maioria dos eleitores esteja suficientemente esclarecida sobre os candidatos em que deverão recair suas escolhas.

O costume, já antigo de muitos anos, de fazer com que os meios de comunicação falada repitam nomes, números e partidos dos candidatos, em velocidade compatível com o custo da hora de mídia, se revela de pouquíssima eficiência, em desproporção com os transtornos em que implica. Dificilmente alguém escolherá o seu candidato entre aqueles cujos nomes ouviu, em uma saraivada de nomes e números de inscrição recitados em alguns minutos da mídia falada. Mas essa é uma área em que cabe aos partidos, dentro dos parâmetros da lei, organizar a divulgação das biografias de seus candidatos de forma que realmente contribuam para o esclarecimento do eleitor.

Ainda estamos muito longe de um patamar em que a grande maioria dos eleitores esteja suficientemente esclarecida sobre os candidatos em que deverão recair suas escolhas.

Duas questões nesse assunto se destacam pela importância. A primeira, é saber quem deve pagar o custo das campanhas eleitorais. A segunda, é saber se o candidato tem o dever de informar sobre quem efetivamente é.

As eleições são, essencialmente, uma relação política entre eleitores e candidatos. As empresas privadas não votam e não se candidatam. Por outro lado, também não são partidos políticos. Como decorrência natural dessas verdades simples e inquestionáveis, as empresas privadas não devem participar de campanhas eleitorais, e, muito menos, financiá-las.

Tais empresas objetivam lucro, e é natural e necessário que o façam. Mas investir em candidatos para obter lucros viola os princípios constitucionais de moralidade. Pode-se imaginar que a empresa tenha interesse em se desenvolver em um ambiente de oportunidades lícitas, segurança jurídica e estabilidade econômica. Portanto, teria interesse em fazer investimentos razoáveis e necessários para que a condução política do país, do estado ou do município se empenhe em criar esse ambiente.

O que a experiência demonstra, entretanto, é que as empresas que não mantenham relações contratuais com os governos muito dificilmente fazem contribuições para campanhas políticas. E aquelas que são potenciais contratadas dos governos investem no candidato para obter contratos do eleito, a preços favorecidos. Ou seja: não contribuem altruisticamente para as campanhas. Investem nos candidatos esperando o retorno em benefícios que não dizem respeito ao bem comum e, quase sempre, por mecanismos de improbidade administrativa.

A partir do escândalo do "mensalão", nome popular como ficaram conhecidos os fatos objeto do julgamento da Ação Penal 470 do Supremo Tribunal Federal, ocorreu nos costumes jurídicos e políticos brasileiros um fenômeno tão curioso quanto lamentável. Ante a evidência e intensidade das provas dos crimes praticados, os advogados de defesa de alguns dos réus não tinham como negar os fatos e a autoria deles. Restou-lhes tentar desqualificar os crimes elencados na acusação. Como a denúncia não cogitara de crimes eleitorais, e estes tinham muitas vezes prazos prescricionais mais curtos do que os crimes comuns, e já superados por ocasião daquele julgamento, os advogados de defesa passaram a sustentar que seus clientes teriam cometido crimes eleitorais.

No imaginário de grande parte da população, que acompanhava aquele julgamento com paixão, ao ver os advogados de defesa atribuindo crimes eleitorais a seus próprios clientes, e sem compreender essa estratégia de defesa, nasceu a crença de que crimes eleitorais seriam atos menos indignos e infamantes, de menor potencial ofensivo, e até aceitáveis para aqueles que pensam que na atividade política não possa e não deva existir ética, ou deva existir uma ética peculiar. Os criminosos eleitorais passaram a ser vistos com maior benevolência. Não estou afirmando que antes do mensalão a ocorrência de crimes eleitorais já não fosse lamentavelmente vista, por grande parte da população, como algo natural, inevitável e inerente à ordem política. O que afirmo é que o episódio histórico do julgamento do mensalão teve, pelos motivos anteriormente expostos, um efeito reflexo de banalização e naturalização dos crimes eleitorais.

Nesse contexto, evidenciou-se a participação de grandes empresas nas condutas criminosas de políticos e de partidos. Contexto que se tornou mais nítido nas investigações e conduções processuais relativas à "operação Lava Jato". Como as empresas eram as grandes financiadores dos candidatos e partidos políticos, constatou-se que eram, também, as grandes coautoras dos crimes eleitorais. Evidenciaram-se os motivos ilícitos que mobilizavam a maior parte das empresas que faziam contribuições para as campanhas eleitorais.

Portanto, é mais seguro que a legislação mantenha as empresas fora das campanhas eleitorais, proibindo-as de financiar partidos ou candidatos. O que não significa que as empresas não possam contribuir para a melhoria das instituições do país. Mas isso não se confunde com a captura financeira dos candidatos.

Por outro ponto de vista, os diferentes candidatos e os diferentes partidos possuem recursos financeiros muito diferentes. Há candidatos sem recursos financeiros, outros com poucos recursos financeiros, alguns com razoáveis recursos e há poucos candidatos para quem os recursos financeiros são inesgotáveis. Mas as eleições não são competições econômicas. Em razão disso, não se devem decidir necessariamente em favor de quem tenha o maior poderio econômico.

Para que se mantenha o equilíbrio da competitividade política de todos os candidatos e de todos os partidos, justifica-se o financiamento público das campanhas. Assim como se justifica, paralela e necessariamente, a imposição de limites razoáveis aos gastos de campanha. Os gastos que se justificam são os necessários para informar o eleitor, tão objetivamente quanto possível.

Há alguns liberais que apregoam a liberdade de cada candidato ou partido decidir, sem constrangimentos impostos pelo Estado, como querem fazer suas campanhas e quanto podem ou pretendem gastar. Isso, evidentemente, não é o exercício de liberdade democrática. É a defesa do domínio econômico sobre o domínio das ideias e conceitos políticos.

As eleições têm custos, representados por toda a estrutura e mobilização que acarretam. A própria existência da Justiça Eleitoral e seu funcionamento acarretam custos. Que são amplamente justificados pelo valor e pelas necessidades da democracia. Incluir nesses custos os gastos de campanha dos candidatos e dos partidos significa contribuir para a equalização de oportunidades dos concorrentes, em proveito da democracia. Não há nenhum mal nisso. O mal, que pode ser muito grave, está em tolerar gastos excessivos e gastos sem a prestação de contas.

Para que se mantenha o equilíbrio da competitividade política de todos os candidatos e de todos os partidos, justifica-se o financiamento público das campanhas.

A suposição de que os eleitores possam e devam financiar os partidos a que aderem, e que estes, por sua vez, possam e devam financiar com recursos próprios os candidatos que selecionam, é parcialmente verdadeira. Não há nada que desaconselhe essa prática. Mas há algum cinismo ou ingenuidade na sustentação de que esse possa ou deva ser o único mecanismo de financiamento das eleições. É absolutamente descabido ignorar as diferenças econômicas desses contribuintes voluntários de campanha. Um partido formado por operários teria infinitamente menos recursos do que um partido formado por grandes empresários. Nesse caso, as campanhas eleitorais que cada partido poderia suportar seriam totalmente assimétricas, assegurando ao partido de empresários uma vantagem competitiva que não apenas não seria democrática como também agrediria o princípio da igualdade.

Contudo, isso não quer dizer que os fundos partidários de suporte econômico das eleições devam ser bilionários, de recursos distribuídos sem critérios e sem controle. Muito ao contrário. Os gastos devem ser dimensionados com economicidade pelo legislador. E as prestações de contas aos tribunais competentes e à população devem ser obrigatórias e rigorosas, como convém a todas as atividades que consumam dinheiro público. Dizer que os gastos devem ser dimensionados pelo legislador pode ser totalmente ingênuo, se a afirmação parar nesse ponto. Porque os legisladores, em sua grande maioria políticos profissionais candidatos a sucessivas reeleições, são os grandes beneficiários dessas verbas e, portanto, votam em conflito de interesses com os contribuintes tributários, que no final pagam essa conta. O que parece ser a única solução possível é submeter essa decisão a um crivo externo, seja do Tribunal de Contas da União, seja de referendo popular específico.

Quanto ao dever de informar, que acredito seja obrigação inafastável de todo candidato, faço aqui proposta inteiramente inovadora. À primeira leitura, parecerá ingênua e absurda, porque estamos absurdamente acostumados a ser enganados pelos candidatos. Por vícios e preconceitos que qualificam como naturais as mentiras políticas, aceitamos a ideia de que, para conquistar os votos, é permitido mentir e omitir. Parecerá absurdo, posta a ideia assim, de repente, esperar que os candidatos parem de enganar os eleitores. Contudo, os consumidores de ideias e serviços políticos não podem ser contínua e eternamente ludibriados pelos seus fornecedores.

Indo direto ao assunto, dever-se-ia exigir do candidato, como requisito para o registro da candidatura, que indicasse, por escrito, os fatos negativos de sua biografia a serem ponderados pelos eleitores. O candidato teria de ser, por dever de lealdade com o eleitor, o primeiro a informar se já foi ou está sendo processado, se já respondeu ou está respondendo a inquéritos administrativos, policiais ou judiciais, ou se já foi demitido de emprego privado ou público por motivo de inidoneidade. Naturalmente, em complemento a essas informações, o candidato teria o direito de acrescentar as explicações que entendesse pertinentes. Estas, tanto quanto as demais informações, tornar-se-iam públicas.

Nessa hipótese, a omissão de informação obrigatória, ou a prestação de informação falsa deveriam resultar na cassação da candidatura, ou do cargo quando a comprovação se fizesse após a posse.

Embora essa ideia possa parecer estranha na ordem política, para aqueles que entendem que o político tem o direito de enganar e confundir o eleitor, essa é uma prática comum no mundo empresarial. Especialmente na ordem jurídica regulada das atividades que exigem credibilidade e confiança. No mercado financeiro ou de capitais, o Banco Central e a Comissão de Valores Mobiliários (CVM) exigem a declaração e comprovação de probidade. Para que alguém se qualifique para ser diretor de empresa financeira regulada, ou seja, para administrar interesses de terceiros em que a credibilidade é um requisito, há necessidade de informar tudo aquilo que, a juízo da autoridade reguladora da atividade, seja relevante. Especialmente as informações que, a juízo dos órgãos reguladores, possam desaconselhar a aceitação do candidato para o exercício do cargo. Nas câmaras de arbitragem, os árbitros pré-selecionados pelas partes têm a obrigação de revelar quaisquer fatos que, a juízo dos que se submetem à arbitragem, possam levar à quebra de confiança. Sob pena de se anular o julgamento.

Tudo se resume a ir aos fundamentos da relação. A relação entre o eleitor e o candidato é uma relação fundada na confiança. O eleitor vota no candidato em que confia. O eleitor tem o direito de obter, e o candidato deve ter a obrigação de prestar, justamente com as informações que constroem a confiança do eleitor, as informações que podem levar o eleitor a ponderar se deve confiar, ou não.

4.7
Conflitos de interesses dos eleitos

Na educação do eleitor para os direitos, obrigações e benefícios que lhe podem advir da democracia, e para os riscos que pode e deve evitar, há um outro assunto raramente mencionado.

Quando alguém nomeia um procurador, ou seja, dá a outra pessoa o poder de representá-lo, o representante tem que agir no interesse do representado. O procurador não age no interesse próprio. Representa o outro, e os interesses deste. Mas podem ocorrer situações em que o procurador tenha interesses próprios, que conflitem ou concorram com os interesses de quem lhe deu procuração. Nesse caso, o procurador precisa renunciar à procuração, ou, pelo menos, abster-se de participar dos atos em que haja conflito de interesses. A mesma pessoa não pode, legitimamente, atuar em representação ou defesa de dois interesses antagônicos.

No caso dos advogados, por exemplo, o estatuto da Ordem dos Advogados proíbe que estes atuem em conflito de interesses na representação de clientes que lhes outorgaram procuração. A Lei das Sociedades Anônimas prevê que o acionista fica impedido de votar em assembleia de sócios em que estejam em votação determinadas matérias nas quais tenha conflito de interesses com a sociedade. Por exemplo, quando vai contribuir para a formação do capital da sociedade com determinados bens de sua propriedade, o acionista não vota na assembleia que aprova ou desaprova a avaliação desses bens.

O mandato eletivo é uma procuração que o eleitor outorga ao eleito para que o represente nas iniciativas e decisões políticas de determinada esfera de poder e competências. No sistema democrático representativo o eleitor vota para que o candidato assuma um mandato e o represente. Mas podem ocorrer situações em que o eleito e os eleitores tenham conflitos de interesses.

O parlamentar, ao ser eleito, tem um determinado salário e alguns benefícios econômicos que lhe são pagos com o dinheiro dos impostos que são pagos pelos eleitores. Portanto, quanto maiores forem os benefícios econômicos do parlamentar, maiores terão que ser os impostos a serem pagos pelos eleitores. No curso de seu mandato, e com os poderes que lhe foram conferidos pelos eleitores, o parlamentar não deveria poder aumentar os seus salários e benefícios. Há aí uma clara situação de conflito de interesses entre o representante e os representados. Ninguém contrata um procurador outorgando-lhe poderes para fixar a própria remuneração pelo trabalho a ser prestado. Se o fizer, corre o risco de ser interditado como perdulário.

Poderá alguém ponderar que, no conjunto dos problemas do país, esse não seria dos mais graves. Afinal de contas, o parlamentar está trabalhando e precisa ser remunerado. Não existe outra instancia ou autoridade que possa decidir o valor da sua remuneração. É justamente aí que está o engano.

Em primeiro lugar, não é só uma questão de economia do dinheiro dos impostos. A questão de fundo é o valor e o significado da democracia representativa. Os parlamentares só têm o poder que lhes confere o povo. Não têm poder próprio. Representam o poder do povo.

Exatamente para que não imaginem que estão acima do povo, e para não se convencerem de que têm poderes próprios diversos do interesse popular, os parlamentares devem ser lembrados, sempre que necessário, de que não estão no Parlamento para resolver ou satisfazer os seus interesses pessoais. Isso é fundamental para a democracia.

Esses conflitos de interesses não ocorrem só nas situações em que estejam envolvidos interesses personalíssimos dos parlamentares, como os seus salários. Imagine-se uma situação em que o Congresso estivesse votando um projeto de anistia tributária para grandes devedores. Evidentemente, os parlamentares que fossem grandes devedores tributários e potenciais beneficiários dessa anistia não deveriam poder participar dessa votação. Por maiores motivos não deveria poder votar em projeto de alteração de lei penal o parlamentar que estivesse sendo investigado ou acusado pelo crime objeto de reavaliação legislativa.

Há outra situação de perplexidade, em que o conflito de interesses entre políticos e a população é claro. Refiro-me ao aperfeiçoamento contínuo da legislação eleitoral.

Há no Brasil a clara percepção da necessidade de uma profunda reforma política. Para eliminar os privilégios dos políticos, especialmente nos excessos e distorções relativos à imunidade parlamentar e ao foro privilegiado. Mas também em relação ao sistema eleitoral e à estruturação dos partidos e das atividades partidárias. Vários outros aspectos da atividade política merecem reflexão e profundos reparos. Mas essas reformas só poderão ser feitas democraticamente pelos políticos com assento no Congresso. Entretanto, os políticos no exercício de mandatos legislativos podem não ter interesse em reformas que dificultem a eleição daqueles que não tenham efetiva preferência popular, ou que lhes restrinjam direitos que conflitam com o interesse dos eleitores. Em suma, os políticos estarão mais propensos a satisfazer os próprios interesses toda vez que estes estiverem em confronto com interesses daqueles que são representados por eles. Parece uma situação insolúvel, mas não é.

Em situações de conflito de interesses, as deliberações dos parlamentares deveriam estar sujeitas a um juízo externo ao Parlamento. Em determinadas circunstâncias, esse juízo poderia ser o Tribunal de Contas. Em outras circunstâncias, a pretensão de interesse pessoal dos parlamentares deveria estar sujeita à aprovação direta dos eleitores. Isso seria feito de maneira relativamente fácil e simples, mediante votação de referendo popular. Aprovada a matéria de interesse geral dos parlamentares na casa legislativa, essa deliberação só entraria em vigor se fosse ratificada pelos eleitores, mediante voto em referendo. Seja, conforme o caso, referendo municipal, estadual ou federal.

Embora a Constituição Federal preveja os plebiscitos e referendos como formas de manifestação da vontade política do povo a respeito de temas específicos, esses mecanismos democráticos são usados muito raramente.

Na praça pública grega, a ágora, os eleitores, que eram a parcela do povo que tinha poder político, votavam levantando a mão. Ou seja, respondiam a perguntas simples, que tivessem respostas binárias. Seria perfeitamente possível que o povo pudesse ser consultado simplesmente para dizer se concordaria, ou discordaria, do ato legislativo em que os parlamentares tivessem criado benefícios para si próprios. Fossem os de natureza econômica, fossem os de natureza política.

Essa providência, de submeter a decisão dos representantes à ratificação, ou não, dos representados em casos de conflito de interesses, teria alto significado simbólico, para indicar quem é o mandante e quem é o mandado.

DEMOCRACIA E DITADURA DA MAIORIA 5

Muitos críticos da democracia apontam-lhe o suposto defeito de ser a ditadura da maioria.

Quando se fala em ditadura da maioria, a questão que emerge como temor dos danos que possam ser causados aos governos, e que seriam graves inconvenientes da democracia, são justamente os atos de vontade descontrolada das multidões. Maioria, massas, multidões e povo são conceitos diversos, embora conexos. A sabedoria das linguagens humanas usa palavras diferentes para significar cada um desses entes não por mera sofisticação estilística ou retórica. A verdade é que cada uma dessas palavras pode ser usada, por diferentes pessoas ou em diferentes circunstâncias, com conteúdos diferentes.

Maioria é uma indicação quantitativa, indicando um número de pessoas maior do que outro número de pessoas. Massas é a designação genérica de grande quantidade de pessoas que se torna objeto de vontades indefinidas, com supressão dos valores individuais, e cuja ausência de uma forma própria a sujeita às manipulações que podem sofrer determinadas massas físicas. Multidão é um número muito grande de pessoas reunidas para um determinado fim, de duração efêmera. Povo, já o dissemos no início, é o conjunto de pessoas que constitui a soma de todos os indivíduos de uma determinada base política.

A suposição de que a maioria possa ter uma identidade que a situe como capaz de impor consistentemente sua vontade, como fazem as ditaduras, desmente-se, portanto, pelo próprio conceito de maioria.

Já dissemos que não existe uma maioria única, que tenha identidade própria e se manifeste sempre sobre todos os temas que interessem aos governos e à democracia. O que existem são muitas maiorias circunstanciais e ocasionais, que se formam a respeito de temas específicos e se dissolvem e se reorganizam quando se altera o tema focado ou se altera o valor cultural deste.

É interessante notar que quando os autores de textos filosóficos ou políticos se referem a grandes conjuntos de pessoas, ou segmentos significativos do povo, usam o termo "massas". Nesse sentido, Ortega y Gasset se referiu à *Rebelião das Massas.*

O plural aqui é significativo. Significa exatamente que não existe a massa, uma única massa de pessoas que se fosse consistente e persistentemente manifestar sobre todos os temas políticos, impondo sua vontade. As várias massas, que formam vários momentos ou várias identidades efêmeras das maiorias, demonstram que não é possível identificar, como algoz da democracia, uma maioria única.

Em cada momento do processo político, a maioria terá uma identidade e composição ímpares. A maioria é fluida e seus integrantes alternam as posições de maioria ou minoria, dependendo do tema de que se trate. Portanto, não existe a ditadura da maioria genericamente considerada, porque a ditadura pressupõe um centro de poder uno, perene e persistente, que subsiste durante algum tempo com uma identidade própria e objetivos contínuos.

Não restam dúvidas de que existem maiorias circunstanciais. E que estas, em tese, poderiam impor sua vontade a determinada minoria. Imagine-se que em determinado momento de irracionalidade a maioria dos cidadãos do país se reunisse em praças públicas e votasse a extinção da democracia. Ou votasse a exclusão de quaisquer direitos fundamentais das minorias.

Justamente para evitar esses desastres, os regimes democráticos estabelecem direitos imutáveis de proteção da própria democracia e das minorias. Um regime em que as minorias estivessem sujeitas à vontade arbitrária de maiorias, em toda e qualquer circunstância de confronto de interesses, não seria uma democracia. E a liberdade democrática não pode ser absoluta, a ponto de permitir a liberdade de extinguir a democracia. Os direitos imutáveis de preservação da democracia, de preservação da sobrevivência e dignidade dos indivíduos e das minorias estão, principalmente, na Constituição Federal.

Na realidade, o que os opositores e os detratores da democracia temem não é a ditadura da maioria. Isso é um eufemismo para evitar a vocalização do que efetivamente temem. O temor é daquilo que consideram a ignorância das maiorias. Na essência desse pensamento, seja ele expresso, ou contido e camuflado, o que se sustenta é que não

Um regime em que as minorias estivessem sujeitas à vontade arbitrária de maiorias, em toda e qualquer circunstância de confronto de interesses, não seria uma democracia.

existe nenhuma comprovação de que um número maior de pessoas possa encontrar a verdade, ou a justiça, ou o melhor governo, com mais facilidade ou certeza do que um número menor de pessoas.

Edmond Burke (*Works of Edmund Burke*) afirmava que não se podem confundir as verdades matemáticas com as verdades políticas: "Diz-se que 24 milhões deveriam prevalecer sobre 200 mil. Assim seria, se a Constituição de um reino fosse um problema de aritmética.(...) A vontade da multidão e seu interesse divergem com muita frequência".

A busca da verdade, da justiça e do melhor governo não é uma questão quantitativa. Portanto, dizem essas vozes, não há por que se dar crédito apriorístico à maioria como mais apta a encontrá-los. A essas críticas, acrescenta-se o pensamento de Burke no sentido de que vontade e interesse não são necessariamente coincidentes. Pessoas, e o povo, podem ter vontades que sejam contrárias aos seus interesses. Aqui entram complexas questões semânticas a respeito do que seja interesse. Subjetivamente, quando se toma palavra interesse como emoção, interesse é apenas uma direção da vontade. Temos interesse naquilo de que temos vontade.

Portanto, subjetivamente, vontade e interesse não podem divergir. Mas, objetivamente, quando se toma interesse como sinônimo de benefício, interesse é aquilo que pode fazer bem para alguém. Um jovem adolescente pode não ter vontade de estudar. Mas seus pais possivelmente dirão que estudar é do interesse do jovem, porque lhe fará bem. Alguém pode não ter vontade de tomar injeção. Mas o médico lhe dirá que isso é do seu interesse.

Quando se trata, entretanto, do interesse político, é de se supor que a maturidade e a educação possam levar cada indivíduo a saber o que é e o que não é do seu próprio interesse. E, à medida que adquira a consciência dos seus verdadeiros interesses, muito possivelmente sua vontade o conduzirá na mesma direção.

Essa é uma questão fundamental da educação. Há quem acredite que educar é desenvolver as habilidades e as competências das pessoas para as técnicas profissionais. Há, também e felizmente, quem acredite que, além disso, educar é conduzir o educando a conhecer a si mesmo, e o contexto social e histórico em que vive, para que saiba tanto quanto possível quais são os seus verdadeiros interesses.

Essa é a questão fundamental no debate a respeito da democracia como melhor ou pior forma de governo. Há quem pense que um determinado e restrito número de pessoas, com superiores qualificações emocionais e racionais, teria muito melhores condições de encontrar a verdade, a justiça e o melhor governo para todos.

A história já se referiu muitas vezes a governos de "déspotas esclarecidos". Também há quem pense que a soma de muitas pessoas carentes de conhecimentos necessários para governar não cria uma totalidade apta a governar, ainda que formem a maioria das pessoas.

Nessas perspectivas, importa analisar três coisas. Primeiro, a falibilidade ou infalibilidade das minorias supostamente qualificadas por superioridade intelectual, ou outra. Segundo, a falibilidade ou infalibilidade das grandes comunidades do povo. E, terceiro, o conceito de que sofrer pelos próprios erros é, ou não, mais tolerável do que sofrer pelos erros alheios. Conceito que se coordena com fato de que cada ser humano está em contínua transformação, e deve ter a liberdade de decidir sobre o desenvolvimento das suas transformações.

Para o enfrentamento dessas questões, é preciso manter presente a consciência de que a busca da verdade, da justiça e do bom governo não é uma questão puramente racional. É uma tarefa conjunta da emoção e da razão. Portanto, todo o conhecimento racional pode ser útil ou inútil, dependendo do destino que a ele se dê, pela força das emoções. Os exemplos são sempre perigosos, mas a história está repleta de casos em que governantes altamente preparados, do ponto de vista intelectual, fizeram péssimos governos. E há uma verdade que ultrapassa os séculos, segundo a qual a emoção do poder muitas vezes deforma as qualidades que poderiam emergir do conhecimento e da razão. Estatisticamente, as ditaduras quase sempre acabam em sofrimento e perdas sociais consideráveis.

Quando pensamos nas dez piores decisões da humanidade, cada um pode ter a sua própria lista. Mas muito provavelmente haverá uma similaridade entre todas as escolhas: todas as decisões desastrosas para a humanidade foram tomadas por pessoas, ou grupos de pessoas detentores de poder. E não pelas multidões. De qualquer forma o tema é polêmico. James Surowiecki, em seu livro *The Wisdom of Crowds*, defendeu a capacidade de a maioria tomar decisões. Mas, na mão oposta, Charles Mackay escreveu *Madness of Crowds*. Desse confronto, surge a verdade segundo a qual nem as maiorias, nem as oligarquias que se arroguem a pretensão de falar em nome delas, são infalíveis.

> *A história está repleta de casos em que governantes altamente preparados, do ponto de vista intelectual, fizeram péssimos governos.*

Sem que se possa ou deva disfarçar, há um preconceito contra as massas, maiorias, povo ou multidões, segundo o qual esses contingentes não teriam os meios necessários para tomar, em cada situação política, a decisão adequada.

Aqui, exatamente porque essas maiorias são fluidas, é preciso considerar os diferentes momentos ou circunstâncias em que maiorias sejam chamadas a se manifestar. A psicologia das massas estuda exatamente as diferentes ações e reações de contingentes da população em circunstâncias diferentes. A massa humana que se reúna em um campo de futebol para assistir a uma partida decisiva de campeonato terá ações e reações completamente diferentes da massa humana de um país católico que se reúna para recepcionar e aplaudir o Papa.

Portanto, quando se pergunta se a maioria é mais sábia ou menos sábia do que a minoria para tomar as decisões de governo, importa analisar pelo menos quatro fatores relevantes. Primeiro, de que maioria se trata. Segundo, de que minoria se trata. Terceiro, de que assunto se trata. E, quarto, saber em que circunstâncias a vontade da maioria, ou da minoria, estará sendo aferida.

Já dissemos neste texto que não existe uma maioria una, única e permanente, que atue em todos os assuntos, sempre com as mesmas motivações ou objetivos. Em todo coletivo de pessoas, ou em toda sociedade ou agrupamento social considerados ao longo de determinado tempo, discutindo e decidindo temas os mais diversos entre si, como ocorre na vida política de um país, as maiorias são ocasionais. Em cada ocasião, dependendo do tema em discussão, forma-se uma determinada maioria. Que será outra, composta por outros indivíduos, no tema seguinte ou em outro tema de discussão paralela. As diferentes maiorias atuam como pesos e contrapesos umas das outras.

Portanto, na vida política se encontram infinitas composições de maiorias circunstanciais, diversas umas das outras, sem que nenhuma possa exercer qualquer forma de ditadura. A possibilidade de acerto ou de erro nas decisões de qualquer maioria dependerá, em muito, entre outros fatores, de qual o nível de conhecimento dos indivíduos sobre o assunto em discussão. O resultado dos processos de aferição da vontade coletiva terá uma enorme diferença conforme se trate de uma maioria de indivíduos bem informados sobre o tema em discussão, ou uma maioria de indivíduos que o ignorem, e decidam por impulso. Por isso, a educação, tanto a acadêmica quanto para a cidadania, é tão importante. Como também são importantes a consciência da responsabilidade da decisão e o hábito de decidir. É razoável imaginar que nos países em que o povo é frequentemente chamado a tomar decisões, em eleições, plebiscitos e referendos, haja um processo de aprendizado, em benefício crescente da qualidade dessas decisões.

Por outro lado, e considerando que a educação é tão importante para a qualidade das decisões, parece lógica a suposição de que uma minoria de pessoas, superiormente educadas em conhecimentos gerais e no tema de que se trate, possa tomar decisões mais acertadas do que uma maioria ocasional e disforme. Mas essa lógica só se aplica aos temas de natureza técnica ou científica. Para decidir qual o melhor tratamento para uma determinada doença epidêmica, certamente um pequeno grupo de médicos epidemiologistas e de especialistas em políticas públicas terá melhores condições para tomar as decisões necessárias do que a maioria da população sujeita a essa epidemia. Mas, para decidir os temas de natureza política, como a eleição de um candidato, nada indica que uma minoria educada em longa escolarização possa necessariamente fazer escolha melhor do que a escolha feita pela maioria. Nas escolhas políticas interferem diferentes sensibilidades e, principalmente, diferentes interesses, e os da minoria podem estar em conflito com aqueles da maioria. Para a democracia, a decisão política tomada no seu próprio interesse por um pequeno grupo bem educado não necessariamente é melhor, nem mais válida, do que a decisão que a maioria possa tomar no interesse dela.

O risco de errar nas decisões tomadas por impulso, por emoções que não chegaram a ser submetidas aos filtros da razão, pode afetar tanto as decisões da maioria quanto as da minoria. Quanto mais importante for a escolha, mais importante será que as emoções repentinas sejam substituídas por sentimentos sedimentados.

Quem quiser saber qual é a decisão da maioria dos indivíduos de uma coletividade não deve fazer a aferição naqueles momentos em que o ser humano normalmente se emociona apaixonadamente, e em que a emoção exacerbada de uns contamina a emoção dos outros, em fenômenos de mimetismo. Esses certamente não são os momentos indicados para tomar grandes decisões políticas, para investigar a verdade ou buscar a justiça. Essas decisões exigem equilíbrio entre emoção e razão.

Quem quiser saber o que o povo pensa, faça a aferição naqueles momentos em que a razão e a emoção possam estar em interação inteligente.

Tenho a crença de que esse é o grande desafio do processo eleitoral. Reduzir as paixões que prejudiquem a caracterização do que seja efetivamente o voto consciente. Ninguém toma, nem deve tomar, qualquer decisão com zero de emoção. As pessoas com dificuldades para expressar emoções são pejorativamente chamadas de "desalmadas". É a emoção que move o ser humano. Emoção é sentimento. E a dignidade humana só existe na ordem dos sentimentos. Porém, emoção e paixão são sentimentos diferentes. A simpatia por determinado candidato é uma coisa. A paixão fanática pelo candidato é outra coisa. A emoção move. Mas a paixão cega.

A benefício do direito de decisão pela maioria, existe a crença generalizada de que o titular de um direito tem o direito de defendê-lo. O titular de qualquer direito tem, além dessa titularidade, um segundo direito, inerente ao primeiro, que é o direto de expressá-lo, mantê-lo e defendê-lo. Na democracia, todos os eleitores, portanto maiorias e minorias, têm o direito de expressar, manter e defender seus direitos políticos, especialmente os de liberdade e igualdade. A ideia de que a maioria deveria abrir mão desse direito de defender a própria democracia, para outorgá-lo a oligarquias que a representassem até mesmo no ato de fazer escolhas ou votar, corresponderia à negação do direito de a maioria defender por meios próprios os bens morais de que é titular.

> *A simpatia por determinado candidato é uma coisa. A paixão fanática pelo candidato é outra coisa. A emoção move. Mas a paixão cega.*

Quando se fala nos bens de titularidade da maioria, estamos desafiando a definição do que sejam bens comuns. Porquanto é disso que se trata na democracia. Ou seja, o direito de os titulares do bem comum poderem defendê-lo pela sua própria voz e voto. Mais do que isso, de poderem defendê-lo em pensamento, palavras e obras.

A ideia de bem comum desafia definições. Porque é preciso haver clareza sobre o que é um bem, e sobre o que significa dizer que se trata de um bem comum.

Quando nos referimos a um bem, estamos significando qualquer coisa, ou toda coisa, material ou imaterial, que possa ser adquirida por um indivíduo ou por uma coletividade de indivíduos, e se incorpore aos respectivos patrimônios. Na ordem individual, uma casa é um bem material. Um diploma universitário é um bem imaterial. Na ordem coletiva, uma ponte municipal é um bem material comum a todos que se beneficiam dela direta ou indiretamente. Ainda na ordem coletiva, a garantia de liberdade, do direito de ir e vir, ou da possibilidade de obter assistência de saúde são bens imateriais comuns a toda a população que se encontre nas áreas de acesso a esses benefícios.

A ideia de bem comum não é pacífica. Comporta percepções subjetivas. Alguns indivíduos de uma determinada comunidade podem acreditar que a liberdade de expressar a própria identidade sexual é um bem. Outros indivíduos da mesma comunidade poderão acreditar que a expressão da própria sexualidade é um mal, quando corrompe os conceitos binários de sexualidade formados ao longo dos tempos.

Alguns indivíduos podem considerar que um determinado fato ou direito é um bem, comum a todos que possam acessá-los, enquanto outros indivíduos, da mesma coletividade, podem considerar que o mesmo fato ou direito é um mal que prejudica a todos. Saber se realmente se trata de um bem, ou não, pode ser uma questão altamente complexa e subjetiva. Por isso mesmo, sempre que ouço alguém se referindo a "pessoas de bem" para identificar seu próprio grupo social, me coloco em posição de alerta. Na quase totalidade das vezes essa atitude expressa um acúmulo de preconceitos. Mas a posição é de alerta, e não de condenação. Podem existir pessoas de bem, identificadas estas como as que sempre que podem escolher entre o bem e o mal, escolhem o que lhes pareça o bem, ainda que com sacrifício pessoal.

Mas, na vida prática, a identificação dessas pessoas só se faz desvendando grandes cortinas de hipocrisia.

Não é possível identificar o bem ou o mal absolutos. O que é frequentemente mal, pode ser bem em determinada circunstância. Consumir drogas alucinógenas é frequentemente definido como um mal. Mas se o consumo se destinar a aplacar dores lancinantes de um paciente terminal de câncer, estaremos falando de um bem.

Sonegar impostos é, no conceito mais frequente, um mal. Mas, se a sonegação de impostos for condição necessária para que a empresa deficitária possa pagar os salários atrasados de seus operários que não disponham de outros recursos para sobreviver, o julgamento moral da sonegação pode ser outro. Criar uma nova fábrica, com a geração de novos empregos, aumento de arrecadação de impostos e oferta de produtos de grande aceitação pelo público consumidor parece ser um grande bem, de que muitas pessoas se podem beneficiar em comum. Mas, se a fábrica for poluir o meio ambiente, seu produto fizer mal à saúde do consumidor ou o uso desse produto causar desconforto a grande parte da população, a caracterização do que seja e do que não seja bem comum poderá se tornar polêmica.

A definição de bem e de mal relativos a fatos ou atos sociais pode depender de conhecimento histórico, que permita melhor entender a evolução desses acontecimentos. Pode depender de conhecimento sociológico a respeito das suas causas e repercussões sociais. Ou, depender de conhecimento científico ou de outra natureza. Mas também pode depender da subjetividade das pessoas que se sentem bem ou mal quando confrontadas com aqueles fatos ou atos.

Visto que não existem definições absolutas sobre o bem e o mal que possam ser patrimônio ou prejuízo coletivos, a escolha deve caber à maioria daqueles que serão beneficiados pelo que possa ser um bem comum ou prejudicados pelo que possa ser um mal.

Quando se discute um determinado bem e o direito de defendê-lo, é inevitável o pensamento de que essa defesa cabe, prioritariamente, ao seu proprietário. A ideia de bem se refere a toda coisa ou direito que tenha um valor e integre o patrimônio de alguém. Emocionalmente, praticamente todo proprietário tem o impulso, irresistível e, muitas vezes, até agressivo, de defender a sua propriedade individual. Mas, quando se trata de propriedade coletiva ou de titularidade compartilhada de determinados bens ou direitos, relativamente poucos indivíduos têm semelhante disposição para defender o bem comum.

A explicação para essa incoerência de comportamentos talvez esteja na diferença que existe entre ser o proprietário privado de um bem, e ser um dos titulares, entre muitos, milhares ou milhões, de um bem comum. Embora o substrato do direito de propriedade individual e do direito ao bem comum seja o mesmo, que é a existência de um bem e a sua titularidade, existem peculiaridades entre as duas situações, que precisam ser analisadas.

Cumpre fazer a distinção entre bens dos quais é possível haver apropriação, isto é, submissão ao direito de propriedade, e bens em relação aos quais a titularidade não permite apropriação individual.

Bem é tudo aquilo que causa o bem. Aqui, causa e resultado se identificam, pelo menos na língua portuguesa, pela mesma palavra. Como o ser humano, segundo conceito declarado por Freud e até hoje não suficientemente desmentido, é conduzido pelo princípio do prazer, bem é tudo aquilo que causa satisfação e sentimento de plenitude na busca humana e universal por felicidade.

No universo de bens, interessam a estas considerações relacionadas aos conceitos de maioria e democracia os bens materiais, passíveis de serem mensurados por um valor econômico, e os bens imateriais, passiveis de serem apreciados por um valor moral.

Os bens materiais podem ser objeto de apropriação. Podem ser objeto do direito de propriedade. A palavra propriedade, derivada do latim *proprius*, significa justamente o que é próprio de alguém, ou seja, está sob domínio e completa disponibilidade de alguém. Os bens passíveis de apropriação ou de exercício do direito de propriedade podem ser privados ou públicos. Quando são bens privados, podem ser propriedade individual, ou propriedade coletiva, em condomínio. Quando são bens públicos, são de propriedade de um ente público representativo do Estado. Nesse caso são patrimônio público, detido por um ente político da República, que significa exatamente coisa pública.

O conceito de bem comum está restrito aos bens públicos materiais e aos bens sociais imateriais, que interessam a todo o povo, e mesmo à população, independentemente de estarem titulados em nome de qualquer ente público. Nesse conceito de bem comum se incluem, portanto, os bens materiais de titularidade de entes públicos que representam o povo, e os bens imateriais que pertencem ao povo, independentemente de qualquer titulação formal.

Com relação aos bens imateriais que compõem o bem comum, é preciso atentar para as conotações peculiares do conceito de pertencimento e do conceito de titularidade. Não se trata de bens dos quais alguém se possa apropriar, exercendo direito de propriedade ou de copropriedade. Mas são bens que comportam o domínio, no sentido de que cada cidadão tem em relação a eles a condição de *dominus*.

Esses bens pertencem a todos, e todos têm o direito de fruir deles, desde que, como acontece em qualquer condomínio, não prejudiquem os outros condôminos. E todos têm interesse e direito de defender a existência e manutenção deles. Mas, ao contrário do que acontece no direito de propriedade, ninguém tem o direito de dispor desses bens para fins que não sejam comuns. Nem de aliená-los.

Toda essa introdução pareceu necessária para se afirmar, como é verdade, que o bem comum pertence a todos. E o bem comum existe para ser fruído como ato e fato inerente à cidadania. Não existe para ser alienado, ou diferido a alguém. Portanto, todos podem participar, e devem participar, da administração do bem comum. Podem participar de forma direta ou indireta, fazendo-se representar por governantes eleitos.

Na administração dos bens privados de um condomínio, prevalece a vontade da maioria. A ninguém ocorreria questionar essa regra universal, sob o argumento de que a maioria dos condôminos não é sempre suficientemente sábia, e pode errar. Ou, sob o argumento de que não se deveria permitir a ditadura da maioria dos condôminos. Imagine-se a reação dos titulares do direito de propriedade privada se alguma força irresistível lhes viesse dizer que é melhor para todos eles que se submetam à vontade de um administrador externo, que não escolheram, mas que se diz educacionalmente preparado para decidir e executar o que possa entender como interesse dos proprietários. Isso seria a negação do direito de propriedade.

Simetricamente, na democracia a administração do bem comum só se pode fazer pelo conjunto dos seus titulares. E a vontade destes só se pode definir pelo voto da maioria, respeitados direitos das minorias, inerentes à própria titularidade dos bens comuns, entre os quais se incluem os direitos fundamentais de seres humanos e os direitos de não serem privados de nenhum desses bens comuns. A maioria pode administrar o bem comum. Mas não pode, sob pena de violar fundamentos da democracia, apropriar-se dele e excluir as minorias da respectiva cotitularidade e fruição.

5.1
Democracia concomitante

A democracia grega era direta. Os eleitores, homens proprietários que faziam as vezes do povo, decidiam as questões governamentais relevantes em praça pública, pelo voto manifestado com o simples erguer da própria mão.

Quando ressurgiu como prática política, nos Estados Unidos, a democracia era, como ainda é, representativa. O povo elege os seus representantes, que irão governar. No caso do presidente da República, a eleição é indireta. Neste caso, o povo escolhe o candidato em que todos os delegados que representarão o seu estado deverão votar. Portanto, o povo só define como o seu estado deverá votar na eleição para presidente dos Estados Unidos. Mas quem efetivamente vota para eleger o presidente são os delegados que representam cada um dos estados. Nos Estados Unidos também se pratica a democracia direta, com a submissão de determinados temas, principalmente aqueles de interesse dos condados, a plebiscitos ou referendos, simultâneos com as eleições para o preenchimento de cargos representativos. O fato é que hoje, em muitos países e também no Brasil, pratica-se aquilo que o Prof. Joaquim Falcão denominou de democracia concomitante. Existe a democracia direta, porque o povo elege diretamente os seus governantes e legisladores, e pode votar em plebiscitos e referendos, que correspondem ao ato efetivo de escolher alternativas de políticas públicas ou de

> *A maioria pode administrar o bem comum. Mas não pode, sob pena de violar fundamentos da democracia, apropriar-se dele e excluir as minorias da respectiva cotitularidade e fruição.*

atos de governo. Existe a democracia representativa, porque o povo elege os seus representantes que vão governar e legislar. E existe a democracia participativa, porque a sociedade civil, organizada em associações de diversas naturezas, acompanha e influência continuamente os atos de governo.

A essas três modalidades de democracia a que se refere o Prof. Joaquim Falcão na definição do que seja a democracia concomitante, ouso acrescentar mais uma. Trata-se da democracia metapolítica. A democracia direta, a representativa e a participativa são, concomitantemente, formas de governar e de eleger governantes. Mas democracia, hoje, não é um conceito que se refere apenas e exclusivamente a formas de governo, ao exercício do poder, ou à organização política dos estados nacionais. Há, na democracia atual, um conteúdo que vai além da organização política de governo para consubstanciar a organização política das dinâmicas sociais, e por isso chamo de democracia metapolítica. Refiro-me ao fato de que a democracia, sintetizada como regime de governo com governantes eleitos pelo povo, os quais estão vinculados a princípios de liberdade e igualdade, já não se esgota nessa perspectiva política da relação entre governantes e governados. Para além disso, o que hoje existe é que as verdadeiras democracias se configuram, também, na organização social. Para que o país seja democrático, ao conceito de governo democrático se acrescenta o conceito de sociedade democrática.

O nome democracia metapolítica pode ser uma novidade, mas o conceito a que se refere é antigo. Confiram-se as lições de Alexis de Tocqueville (*A democracia na América*) onde são desenvolvidas ideias de democracia como forma de organização da vida social.

5.2
Democracia direta

A Constituição prevê dois mecanismos de exercício da democracia direta. As eleições de governantes, sejam do Poder Executivo, sejam do Poder Legislativo, são um ato direto de democracia. As manifestações diretas de vontade política em atos governamentais ou de políticas públicas, por meio de plebiscitos e referendos, também são mecanismos constitucionais de prática da democracia direta.

Sobre a eleição de governantes, diz a Constituição, em seu art. 14, que o voto será direto. Entendo por "voto direto" que o eleitor deveria votar em um determinado candidato e que seu voto só deveria beneficiar aquele candidato. Considero indireto o voto que o eleitor atribui a um determinado candidato, mas acaba elegendo outro ou outros candidatos, que eventualmente o eleitor não deseja.

A Câmara Federal tem 513 deputados. Na atual legislatura, só 27 deles foram eleitos efetivamente pelo voto direto[1]. Os demais se elegeram pelos efeitos indiretos dos votos que os eleitores destinaram a outros candidatos.

Portanto, quando dizemos que a Câmara representa o povo, e que este não pode reclamar dos atos nefastos eventualmente praticados por aqueles que elegeu, é preciso modular e moderar essa crítica. Muito do que acontece na Câmara Federal é fruto do sistema eleitoral viciado, e não necessariamente de escolhas levianas dos eleitores. São os partidos políticos atuais, com os sistemas de conveniências e oportunismos que

1 Fernanda Vivas, TV Globo,https://g1.globo.com/politica/eleicoes/2018/noticia/2018/10/09/de-513-deputados-eleitos-na-camara-so-27-dependeram-dos-proprios-votos-para-se-eleger.ghtml

construíram e mantêm, que fazem viciar a vontade popular na composição do Parlamento. Muitos deputados com dezenas de milhares de votos deixam de ser eleitos, preteridos por outros com número muito menor de votos. Isso acontece porque o sistema eleitoral considera, absurda e irracionalmente, que os votos dados a um candidato de determinado partido podem ser aproveitados por outros candidatos do mesmo partido, dos quais o eleitor nunca cogitou e nos quais eventualmente nunca votaria diretamente.

Esse é o resultado habitual do sistema partidário em que se transferem aos candidatos menos votados do partido os votos excedentes do necessário para eleger o candidato em que o eleitor votou. Podem-se urdir várias justificativas para esses mecanismos de transferência de voto. Mas considero que o princípio pelo qual o eleitor vota diretamente em um único candidato para cada cargo está sendo reiteradamente, a cada eleição, violado.

Da mesma forma, considero violência contra o princípio do voto direto qualquer mecanismo de voto lista. Votar diretamente em um candidato é completamente diferente de votar em uma lista organizada pelo partido a que esse candidato pertence.

A probabilidade de uma determinada lista conter exclusivamente nomes que todo eleitor daquele partido aprovaria é muito próxima de zero. A lista, na maior parte das vezes, cria um constrangimento para o eleitor. Para votar em determinado candidato que conhece e cujas qualidades aprecia, o eleitor se vê obrigado a votar em uma lista composta por outros nomes, alguns dos quais podem ter qualidades ou vícios inteiramente incompatíveis com a vontade do eleitor.

Isso é o que já acontece em inúmeras entidades da sociedade civil, entre elas a Ordem dos Advogados do Brasil, que se organizam eleitoralmente de forma antidemocrática. Os eleitores dessas associações são chamados a votar em "chapas", que nada mais são do que listas fechadas de candidatos. Para eleger um candidato que considera merecedor do seu voto, o eleitor se vê obrigado a esquecer de seus próprios critérios seletivos e votar, simultaneamente, em outros candidatos nos quais jamais votaria, se pudesse fazê-lo com plena liberdade de escolha. Exemplificativamente, na Seção da Ordem dos Advogados no estado de São Paulo, cada chapa de candidatos é composta por 90 conselheiros titulares e 90 suplentes. Quem vota em determinada chapa, vota em todos os conselheiros nela registrados. Mas dificilmente existirá um único eleitor que conheça todos os conselheiros da mesma chapa, a ponto de escolher a todos, simultaneamente, como os melhores candidatos.

A benefício da democracia, seja a direta, seja a representativa, o voto do eleitor só poderia beneficiar o candidato em que efetivamente o eleitor votou. O benefício dos partidos deveria ser indireto. Os melhores partidos, na perspectiva dos eleitores, elegeriam o maior número de candidatos. Mas nenhum candidato seria eleito com menos votos em prejuízo da eleição de outros candidatos escolhidos por um número maior de votos.

Quanto aos plebiscitos e referendos, embora sejam valiosos mecanismos de democracia direta, as respectivas previsões constitucionais são quase letra morta. O sistema é amplamente usado, especialmente para decidir questões locais, na Suíça, nos Estados Unidos e até na China, apesar de este país não ser uma democracia e não pretender ser uma democracia.

No Brasil, poucas vezes o plebiscito foi usado para decidir questões nacionais de grande repercussão e emotividade.

Realizou-se um plebiscito em 6 de janeiro de 1963, para que o povo decidisse sobre a manutenção do regime parlamentarista, então vigente desde setembro de 1961. A decisão foi pela volta do presidencialismo. Outro plebiscito teve lugar em 21 de abril de 1993, quando o povo foi chamado a deliberar sobre a manutenção da República ou a reinstalação da monarquia, nos dois casos com a possibilidade de se adotar uma versão parlamentarista. Prevaleceu a decisão de se manter a República presidencialista.

Quanto ao referendo, a consulta popular para a ratificação ou retificação de determinada lei, também é pouquíssimo cogitado no Brasil. Em âmbito nacional o referendo foi usado uma única vez, em 25 de outubro de 2005, quando o povo foi convocado a se manifestar diretamente, pelo voto secreto, para manter ou eliminar o artigo 35 do Estatuto do Desarmamento, que estava em vigor desde dezembro de 2003, por força da Lei 10.826/2003, e proibia o comércio de armas de fogo. Essa disposição do Estatuto do Desarmamento não foi ratificada pelo povo.

Embora não façam parte da cultura ou dos costumes políticos brasileiros o plebiscito e o referendo poderiam ser importantíssimas ferramentas da democracia direta. Especialmente na ordem política municipal, são inúmeras as situações em que o povo poderia e deveria ser consultado diretamente. O cotidiano da gestão pública apresenta situações em que, em rigor, não existe nem o certo nem o errado. Mas existe o conveniente e o inconveniente, que devem ser escolhidos por aqueles que eventualmente se beneficiarão das conveniências, ou suportarão as inconveniências.

Por exemplo, decidir se a coleta de lixo deve ser feita durante a noite, com inconvenientes para a lei do silêncio e para o repouso dos moradores, ou se deve ser feita durante o dia, com prejuízo do trânsito de outros veículos, é matéria que caberia perfeitamente à população afetada. Decidir se o comércio ambulante se pode instalar em determinados logradouros públicos, ou se o comércio deve funcionar aos domingos são, como inúmeras outras matérias de interesse local, questões sobre as quais os eleitores deveriam ser convocados a ser manifestar diretamente.

Embora não façam parte da cultura ou dos costumes políticos brasileiros o plebiscito e o referendo poderiam ser importantíssimas ferramentas da democracia direta.

Nas grandes questões nacionais, o plebiscito e o referendo também são mecanismos de manifestação da vontade popular, expressamente previstos na Constituição. Mas, a benefício da democracia, é preciso organizá-los, quando eventualmente convocados, de forma a comportarem respostas binárias de compreensão completa. Exemplificativamente, não haveria nenhuma razoabilidade ou utilidade em se fazer um plebiscito para pedir ao povo que escolha entre o presidencialismo e o parlamentarismo, caso não se fizesse, simultaneamente, o esclarecimento completo e vinculativo ao modelo de parlamentarismo que se estaria eventualmente implantando.

Advogo a grande utilidade dos referendos, e destaco duas situações em que essa utilidade parece evidente. A primeira, são as hipóteses em que os legisladores aprovem leis ou regulamentos pelos quais sejam eles próprios os principais beneficiados. Como são representantes do povo, em cujo benefício deveriam atuar, seus benefícios pessoais só teriam legitimidade se aprovados pelo povo, em referendo.

A segunda situação se refere ao que considero a elevada conveniência de referendo popular para ratificar, ou não, a condenação do governante em processo de *impeachment*.

Mais adiante, neste texto, vai-se falar mais amplamente sobre o *impeachment*, mas é oportuno antecipar aqui a utilidade que teria, nestes casos, a consulta popular pela via do referendo.

O governante condenado em processo por crime de responsabilidade que resulte em *impeachment* foi eleito pelo povo. O *impeachment*, como se sabe, é a penalidade resultante de um julgamento por crime de responsabilidade que tem um pressuposto técnico-jurídico, mas, verificada a existência desse pressuposto, tem um julgamento por critério político. Ainda que exista o crime, o Legislativo pode, em tese, deixar de decretar o *impeachment*, relevando o crime por motivos políticos. Por outro lado, se não existir o crime, o Legislativo não pode decretar o *impeachment*, ainda que tenha essa intenção política. Não é, entretanto, assim que ocorre na maior parte dos casos. O que frequentemente se vê é a desconsideração dos pressupostos técnico- jurídicos da existência do crime de responsabilidade, e as decisões serem tomadas exclusivamente por motivação política. São inúmeros os casos de prefeitos, por exemplo, que são afastados por mera conveniência política das respectivas câmaras de vereadores. Onde, não raramente, maiorias ocasionais de vereadores têm conflitos de interesses políticos com o prefeito, que não dizem respeito à matéria específica examinada no procedimento de *impeachment*, mas que podem influenciar decisivamente esse julgamento.

Mas todo *impeachment*, sem exceção, é uma contrariedade à manifestação popular que, pelo voto direto, elegeu aquele governante, outorgando-lhe um mandato por prazo determinado. Ainda que fatos supervenientes justifiquem a investigação e a punição de crimes de responsabilidade, com a pena de *impeachment*, o fato é que o *impeachment* cassa um mandato que foi outorgado pelo povo. Considerada a natureza política desse julgamento, e a subjetividade inerente a toda decisão política, seria absolutamente razoável que a decisão final do Legislativo fosse submetida a referendo popular. Esse tema será retomado em item próprio.

5.3
Democracia representativa

A forma representativa da democracia é a mais comum e historicamente mais praticada no Brasil. Nem por isso é a mais aperfeiçoada. Ao contrário, é frequentemente negligenciada pelos eleitores que se descuidam da importância do ato de escolher o candidato, e se descuidam do direito de acompanhar o desempenho do candidato eleito para saber como está sendo representado. E negligenciada pelo eleito, que frequentemente se considera desonerado das promessas de campanha, e mesmo das diretrizes apontadas pelo partido político ao qual se filia, ou para o qual se transfere depois de eleito.

Desnecessário enfatizar que as eficiências da democracia representativa serão muito maiores à medida que o eleitor se educar para o processo democrático. O eleitor é o grande fiscal, o grande juiz, o grande beneficiário e o grande prejudicado pelas funcionalidades e disfuncionalidades da democracia representativa. Apesar disso, é assustadoramente notória a frequência com que nos esquecemos dos legisladores em quem votamos. Outorgamos o mandato e, muitas vezes, nem nos lembramos a quem o outorgamos. Nessas circunstâncias, não é surpreendente que os eleitos se considerem absolutamente donos dos próprios mandatos e os usem à sua exclusiva conveniência, sem qualquer sentimento da obrigação de prestar contas.

O voto consciente tem, nesse sentido, começo, meio e fim. O eleitor consciente é o que elege, fiscaliza e reúne as constatações necessárias para saber se, em eleições futuras, manterá o voto ou escolherá outro candidato.

5.4 Proporcionalidade da representação legislativa

Ainda quando se fala da proteção ao eleitor e do respeito à representatividade do seu voto, é preciso discutir o sistema eleitoral, no que se refere à proporcionalidade entre o número de eleitores e o número de representantes eleitos, bem como no que se refere às áreas políticas representadas.

Na democracia republicana brasileira, a representação dos estados da federação está no Senado. Como todos os estados são iguais entre si nos direitos de uns perante os outros e de todos perante a federação, é natural e necessário que todos os estados tenham o mesmo número de senadores. O sistema de três senadores por estado, com mandatos de oito anos e em períodos desencontrados para dois deles em relação ao terceiro, parece ser perfeitamente adequado e digno de ser mantido.

A propósito do Senado, a única distorção a ser corrigida é a existência do suplente de senador. Na realidade brasileira, o suplente é, inúmeras vezes, alguém que não teria a menor condição de se eleger senador se lançasse candidatura própria, mas que tem a condição financeira suficiente para arcar com os custos de campanha do candidato principal. Ou seja, em português claro e bem compreendido, alguém que compra a sua vaga de suplente, seja para se beneficiar do acaso de um impedimento do titular, ou para realizar com ele um pacto de substituição em determinadas circunstâncias.

Evidentemente, todos esses expedientes são fraudatórios dos fins a que se destina o processo eleitoral e da ideia de que o voto é direto e deve beneficiar apenas um candidato. Dir-se-á que o suplente também é candidato. Mas não está sujeito ao escrutínio das urnas, porque se presume, sem nenhum critério de evidência, que receberia o mesmo número de votos que recebe o candidato principal.

Muito melhor seria para o processo democrático que a legislação considerasse como suplente o candidato imediatamente subsequente entre os mais votados. Suplente seria aquele que se situou, pelo número de votos recebidos, logo abaixo do candidato eleito. Isso inibiria o senador eleito de fazer movimentos de renúncia ou afastamentos de conveniência. E o resultado seria mais fiel à vontade dos eleitores.

5.5
Representatividade dos estados na Câmara Federal

A cada eleitor corresponde um voto e cada voto é rigorosamente igual em valor a qualquer outro voto. Esse é um dos principais fundamentos da democracia. Portanto, atribuir pesos específicos a determinados votos é profundamente antidemocrático.

Por outro lado, no sistema federativo, mais do que saudável e desejável, é indispensável que haja a oportunidade de efetiva participação de todos os estados na composição da Câmara Federal. Esta só representará a vontade política de toda a população do país se for formada por representantes eleitos em todos os estados. Portanto, as candidaturas a deputado federal se devem fazer, como efetivamente ocorre, estado a estado. Os candidatos do mesmo estado concorrem exclusivamente entre si. Na organização da lista de mais votados para a Câmara Federal não se podem classificar os mais votados em todo o país, porque os estados têm número de eleitores muito diferentes entre si.

Desde a primeira Constituição republicana, a de 1890, essa questão foi equacionada com o estabelecimento de um número mínimo e um número máximo de deputados federais que cada estado pode eleger. Pela Constituição atual esse número mínimo é de oito e o número máximo é de 70 deputados.

Esses limites criam um problema de muito difícil solução. De um lado, deve-se prestigiar e proteger o conceito de que todos os votos de cada brasileiro têm igual valor. Por outro lado, deve-se prestigiar e proteger o sistema federativo, assegurando que a Câmara Federal tenha representação significativa de todos os estados.

A Câmara Federal tem 513 cadeiras de deputados. O Brasil tem aproximadamente 148 milhões de eleitores. Portanto, se a eleição fosse a mesma em todo o Brasil, cada grupo de 288.500 eleitores elegeria um deputado federal.

Entretanto, São Paulo tem aproximadamente 33 milhões de eleitores, os quais poderiam eleger 114 deputados federais. Roraima tem cerca de 350.000 eleitores, cujos votos seriam suficientes para eleger apenas um deputado federal.

Quando se aplicam os critérios constitucionais de números mínimo e máximo, Roraima elege oito deputados, o que significa que cada grupo de 43.750 de seus 350.000 eleitores elege um deputado. E São Paulo elege 70 deputados federais, o que significa que cada grupo de 471.428 dos seus 33 milhões de eleitores elege um deputado. Isso significa que são necessários quase 11 votos de paulistas para equivaler a um voto de eleitor inscrito em Roraima. Se cada grupo de 43.750 eleitores paulistas elegesse um deputado federal, tal como acontece em Roraima, os 33 milhões de eleitores de São Paulo elegeriam 754 deputados federais, o que evidentemente não faria nenhum sentido.

O confronto entre valores democráticos, concorrentes entre si, mas igualmente relevantes, se resolve por ponderação. Portanto, existe um valor da democracia que é a igualdade entre todos os votos. E existe um valor do federalismo que é a representatividade efetiva de todos os estados.

A ponderação entre esses valores recomenda que não se dê nem a um nem ao outro valor a preferência absoluta. Portanto, resta apenas discutir se o número mínimo de oito e o número máximo de 70 deputados por estado estão adequados à realidade brasileira, consideradas as peculiaridades de cada estado. Pessoalmente, entendo que não há nada de errado, ou inconveniente, no fato de São Paulo eleger um número máximo de 70 deputados federais. Como também não se pode apontar nenhum inconveniente no fato de os estados brasileiros poderem eleger, cada um, no mínimo oito deputados federais.

Paralelamente à discussão da proporcionalidade entre os estados quanto ao número de deputados que cada estado elege, questiona-se muitas vezes se o Brasil precisa de 513 deputados federais ou se esse número poderia ser bem menor, com eventual agilização dos trabalhos parlamentares e, principalmente, economia para os cofres públicos. Esse é um falso problema. Existe um problema de excesso de gastos com o Poder Legislativo, mas seguramente este excesso não é inerente ao número de deputados.

A Alemanha, com aproximadamente 80 milhões de habitantes, tem 709 deputados federais. Os Estados Unidos, com cerca de 332 milhões de habitantes, tem apenas 435 deputados federais, mas é o Parlamento mais caro do mundo. A França, com aproximadamente 63 milhões de habitantes, tem 577 deputados federais. O Reino Unido tem 650 integrantes da Câmara dos Representantes. Poderíamos analisar a situação de vários países do mundo, mas nada indica que o fato de o Brasil ter 513

Existe um problema de excesso de gastos com o Poder Legislativo, mas seguramente este excesso não é inerente ao número de deputados.

deputados seja algo preocupante, prejudicial ao debate legislativo democrático, ou contrário à realidade brasileira.

Na verdade, o que é preocupante é o fato de que cada um dos nossos deputados federais poder ter dezenas de assessores pessoais, que muitas vezes são funcionários fantasmas participantes de esquemas de "rachadinhas", dividindo seus salários com o parlamentar que os nomeia. Outras vezes, são cabos eleitorais dos parlamentares que os colocam na folha de pagamentos da Câmara Federal, para que exerçam funções desnecessárias, enquanto esperam as próximas eleições, quando serão efetivamente exigidos a trabalhar pela reeleição do parlamentar que os nomeou.

Fora o número de funcionários vinculados a cada gabinete parlamentar, existem muitos outros funcionários que prestam serviços à Câmara Federal, sem vinculação direta a nenhum gabinete de deputado. Ao todo, a Câmara Federal tem, entre funcionários contratados, comissionados e terceirizados, cerca de 18.000 funcionários, o que significa aproximadamente a média de 32 funcionários para cada deputado federal.

O rendimento aproximado de cada deputado federal é de R$ 2.5 milhões por ano, que se soma às despesas gerais da Câmara Federal. A questão de ordem pública que se coloca não é o valor nominal da despesa, apesar de este não ser nada desprezível. O que abala as convicções populares a respeito das responsabilidades democráticas dos parlamentares são os abusos ostensivos com que essa verba é consumida, em violação do respeito devido à coisa pública.

5.6
Democracia participativa

Em paralelo à democracia direta e à democracia representativa, enfatiza-se a importância da democracia participativa. Significa participação da sociedade nas atividades de governo, que se realiza especialmente pelas atividades de associações, sindicatos, e todas as entidades e organizações da sociedade civil, e por meio de campanhas de esclarecimentos, ou de reivindicações.

O direito democrático de reunião e de associação, constitucionalmente garantido, dá ensejo a que pessoas com interesses e afinidades comuns a respeito de quaisquer temas, aí incluídos os de natureza política e social, se reúnam para atuar na defesa de seus interesses ou suas crenças. No caso das entidades e participação democrática, a atuação se dá junto à população e aos governos, em busca da realização de interesses sociais e políticos, especialmente os vinculados ao bem comum. O que não significa que indivíduos agindo isoladamente não se possam dedicar a atividades de participação nas decisões de governo.

Alguns textos consideram o plebiscito e o referendo como forma de democracia participativa. Entretanto, parece mais adequado manter tais institutos no conceito de democracia direta, porque, por intermédio deles, o eleitor exerce diretamente um ato político que corresponde a decisão sua, prática que se esgota em si mesma. O conceito de democracia participativa implica, intuitivamente, na participação em uma decisão que não é do eleitor. A decisão é de competência de algum ente governamental, no qual seja dado aos indivíduos e grupos sociais interferir sem o poder vinculativo.

Um exemplo expressivo da democracia participativa são as audiências públicas. Ao contrário da democracia direta ateniense, em que os cidadãos se reuniam na ágora para discutir e votar de forma vinculativa, nas audiências públicas da democracia participativa os cidadãos se reúnem para discutir determinados temas e informar o governante sobre questões essenciais à decisão a ser tomada, ou sobre os interesses sociais envolvidos. Mas os indivíduos e entidades sociais participantes da audiência pública não decidem, não deliberam. Apenas fornecem elementos para a deliberação do órgão competente.

Também se inserem no conceito de democracia participativa as atividades de associações profissionais, sindicatos e corporações, de que a Ordem dos Advogados é um exemplo, que realizam atividades legalmente regulamentadas, de interesse público. Em certa medida, agem com competências delegadas pelo poder público. No caso da OAB, esta tem a competência de dizer quem pode e quem não pode advogar. Na amplitude dessa atuação se inserem os partidos políticos. São entidades privadas. Mas existem para realizar determinadas atividades que poderiam ser realizadas pelo poder público. Muitas dessas entidades existem com o fim específico de dialogar com o poder público e influenciar suas decisões.

O paradoxo de muitas dessas associações, notadamente os partidos políticos, os sindicatos e a Ordem dos Advogados, está justamente no fato de serem entidades que participam da estrutura do Estado a benefício da democracia, mas muitos deles não são estruturados de forma a serem administrados democraticamente. Nas entidades citadas, vigora o princípio de que o vencedor das eleições assume o poder integral, sem qualquer reserva de espaços para a participação das minorias.

Em muitas dessas entidades, os processos eleitorais exigem que os respectivos eleitores votem em listas fechadas de nomes, integrantes de chapas que são organizadas pelas respectivas facções concorrentes. Isso impede que os respectivos filiados escolham diretamente os dirigentes que consideram mais habilitados a cada uma das funções diretivas.

A Constituição assegura o direito de livre associação, o que pressupõe a liberdade de cada associação organizar a estrutura interna que lhe convier. No caso dos partidos políticos, a liberdade de estruturação interna é expressamente prevista. Mas, quando se trata de entidades privadas que cumprem funções de interesse público, o aperfeiçoamento do sistema exigiria imposições legislativas que assegurassem regras mínimas de democracia interna. A liberdade de associação das pessoas e a liberdade de organização das entidades privadas se devem equilibrar, na ponderação das garantias constitucionais, com a obrigação constitucional de exercer as atividades de interesse público, que têm conteúdo próprios das funções públicas, segundo os princípios constitucionais de efetivação do bem comum.

5.7 Democracia metapolítica

Frequentemente, quando se fala em democracia, a ideia que ocorre é da organização democrática dos governos. Temos o hábito, historicamente justificado, de pensar a democracia como uma forma de governo e de distribuição do poder político. Consideram-se passíveis de organização democrática os sistemas e mecanismos de escolha dos governantes e de participação do povo nas atividades de governo.

Entretanto, para alguns pensadores, como Alexis de Tocqueville e outros, e como consequência de progressivas demandas da sociedade, o conceito de democracia pode ser visto em espectro ampliado, indo além da ordem política.

Estrutura-se o conceito de democracia social para significar a organização democrática da sociedade que não se esgota na forma de governo. Paralelamente à forma de governo a democracia se estende à dinâmica das relações sociais. Trata-se do desenvolvimento de uma cultura democrática profundamente marcada pela liberdade e pela igualdade como valores presentes em quase todas as relações sociais.

Digo “em quase todas as relações sociais” para defender a tese de que não se pode cair no democratismo, que seria a patologia da democracia. Existem determinadas instituições sociais que não comportam a decisão pelo voto. Ninguém suporia que o professor fizesse uma votação para decidir quais os alunos deveriam ser aprovados e quais os que deveriam ser reprovados. As eleições de um diretor de escola ou faculdade, ou de um reitor de universidade, não podem ter como eleitores aqueles que não tenham os conhecimentos mínimos necessários para avaliar a capacidade científica ou administrativa desses profissionais. Dentro das empresas, também não se supõe um plano de carreira em que as promoções ou demissões fossem decididas pelo voto de todos os integrantes da organização. As Forças Armadas, necessariamente estruturadas em conceitos de hierarquia e disciplina, não comportam democracia interna. Os bons exércitos servem à democracia, mas não são e não podem ser estruturados internamente como democracias. Os exemplos sinalizam a existência de inúmeras hipóteses de situações sociais em que são aplicáveis alguns valores e princípios da democracia, mas não todos.

Quando se fala em democracia social, para além da ordem política, a ideia que se pretende conceber, fixar e expandir é a de que a organização das estruturas da sociedade se deve fazer com a valorização dos conceitos de liberdade e de igualdade na maior extensão possível. Não se trata de liberdade e igualdade absolutas. Trata-se de liberdade e igualdade nos limites da lei.

O que se destaca na democracia metapolítica são os conceitos de liberdade e justiça social, com destaque para o combate incondicional aos preconceitos. A liberdade, vista na perspectiva da democracia metapolítica, tangencia o conceito de liberdade desenvolvido pelo liberalismo político. Trata-se da liberdade de todo indivíduo, que antecede a qualquer imposição posta pelo Estado, submete-se às imposições deste que estejam definidas em lei, e prescinde, em toda a extensão possível, da tutela ou interferência do Estado. Digo que a liberdade democrática metapolítica tangencia o liberalismo político e não se confunde com ele, porque entendo que se trata da liberdade com responsabilidade social. Na democracia metapolítica a liberdade ampla, limitada apenas pela lei, e exercida com responsabilidade social se funde, em certo ponto, com a justiça social.

O conceito de justiça social é muito amplo e pouco trabalhado. Fala-se muito em justiça social, às vezes até com certa leviandade, sem a preocupação de alinhar conteúdos mínimos que possam ou devam ser aceitos como pensamento comum de uma grande parte da sociedade. O liberalismo econômico, conceito muito próximo do liberalismo político, está quase inteira e exclusivamente voltado para o empreendedorismo e para os esforços e sucesso de produção de bens materiais. A justiça social, como a vejo, pode ser resumida nos esforços de compartilhamento dos bens materiais produzidos. Mas, indo muito além do liberalismo político ou econômico, a justiça social é a preocupação, ou a concatenação de ações determinantes, voltadas para a produção das riquezas imateriais,

Na democracia metapolítica a liberdade ampla, limitada apenas pela lei, e exercida com responsabilidade social se funde, em certo ponto, com a justiça social.

culturais em sentido amplo, e na distribuição justa de todas as riquezas, tanto as materiais quanto as imateriais, entre todos os indivíduos que compõem a sociedade, com prioridade para todos aqueles que, direta ou indiretamente, contribuíram para a geração dessas riquezas.

Por justiça social, em síntese, deve-se entender o acesso equitativo aos benefícios do bem comum. O acesso de todos à educação de qualidade, aos programas de saúde, à segurança pública, ao sistema de Justiça e a parcelas proporcionais das riquezas materiais criadas pelos que delas devem participar são elementos fundamentais da democracia metapolítica.

IMPEACHMENT 6

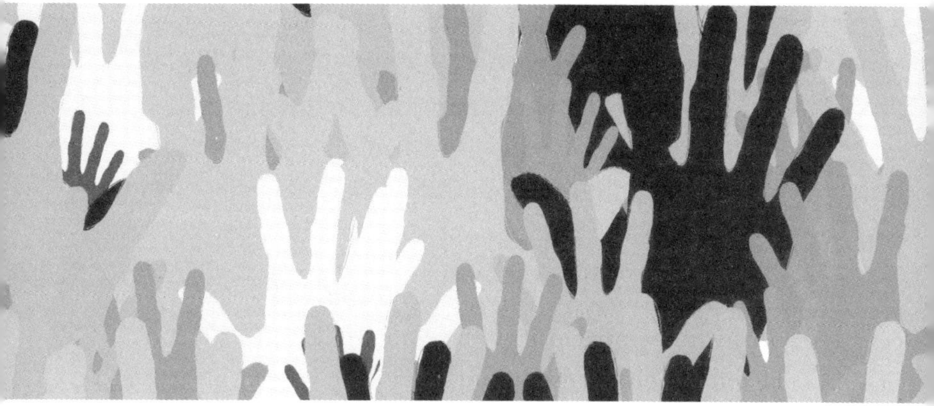

O voto, que se espera seja consciente e democrático, resulta na eleição de candidatos. Entretanto, os candidatos eleitos para as funções do Poder Executivo podem ser impedidos de exercer os seus mandatos, desautorizando de certa forma o poder conferido pelo eleitor. As eleições conferem ao eleito um mandato por prazo determinado. Para proteger a esse mandato, o presidente da República não pode ser processado por atos anteriores à sua posse. As investigações ou processos relativos a esses atos devem ficar suspensos até que o mandato se conclua. Mas, caso o governante, seja o presidente, o governador ou o prefeito, cometa, no exercício da função, determinados ilícitos que são definidos na Constituição Federal como crimes de responsabilidade, a punição pode ser o impedimento para continuar no exercício do mandato. No caso, esse impedimento específico, mais conhecido pela sua denominação em inglês, é tão relevante que passa a designar o próprio processo. Praticamente ninguém se refere a "crime de responsabilidade" e quase todos se referem ao processo-crime pela designação da sua pena, de *impeachment*.

Trata-se de uma pena revogatória da decisão popular tomada pelo voto. Isso significa que tal decisão, negativa de efeitos do voto popular, tem que ser objeto de prudente cautela, de rigor formal e do cuidadoso exame dos seus pressupostos técnicos, para que não se corrompa um dos principais valores da democracia, que é a autoridade do voto.

Costuma-se dizer que o *impeachment* é um processo político. Isso é só a metade da verdade. O *impeachment* é, quanto aos seus pressupostos, um processo criminal, sujeito a todos os rigores técnicos dos procedimentos dessa ordem. Quando a Constituição e a Lei 1.079/50 definem os tipos penais que caracterizam o crime de responsabilidade e justificam a pena, fazem-no para delimitar o que é crime e o que não é. Não se podem tomar fatos ou atos que não correspondem ao tipo penal e considerá-los como crime. Da mesma forma que não se podem analisar fatos e atos que se enquadram na previsão legal de conduta criminosa e agir como se isso não tivesse ocorrido. A competência para receber a denúncia é da Câmara Federal, em atuação colegiada e de quórum qualificado. Em caso de notório descabimento do pedido, o presidente da Câmara terá a competência para determinar o seu arquivamento logo que lhe chegue às mãos. Não sendo essa a hipótese, só lhe cabe em despacho de mero expediente, mandar a denúncia criminal à leitura na primeira sessão plenária posterior à apresentação do pedido no protocolo.

O recebimento da denúncia, tal como acontece nos processos por crimes comuns, é um juízo de plausibilidade. Não afirma que houve crime, mas que existem elementos suficientemente evidentes para demonstrar a considerável possibilidade de que possa ter havido crime. Na hipótese de a denúncia ser recebida pela Câmara, o julgamento da efetiva existência de crime, ou não, e a eventual aplicação da penalidade de impedimento para a continuidade do exercício do mandato cabem ao Senado, excepcionalmente presidido pelo presidente do Supremo Tribunal Federal.

O impeachment é uma alternativa extremamente grave à hipótese natural de cumprimento integral do mandato. Não pode ser banalizado e não pode ser usado como arma de disputa do poder. O voto consciente não se pode construir imaginando que, se o governante não se mostrar capacitado para o cargo, poderá sofrer impeachment. Este é a punição necessária em caso de crime de responsabilidade. Não é a reparação para a escolha equivocada do eleitor.

O tema do *impeachment* é trazido a este texto exatamente pelo que significa como possibilidade democrática de alteração da vontade do eleitor, ainda que este tenha manifestado vontade absolutamente consciente. Mas, já que o tema do *impeachment* veio à baila, parece conveniente abordar três assuntos muito importantes, que lhe são correlatos.

O primeiro é o fato de que a ameaça de *impeachment*, em um sistema democrático de governo, não pode ser usada como elemento de chantagem política contra o presidente da República. A palavra chantagem é pesada, mas não vejo outra que lhe possa substituir adequadamente o significado. O segundo, é o de que o procedimento de *impeachment* deveria impor um papel de neutralidade e imparcialidade ao vice-presidente da República, ao vice-governador ou ao vice-prefeito, conforme seja o caso. O terceiro, é o de que a decretação do *impeachment* deveria, em um sistema democrático profundamente coerente com o respeito à vontade do povo, ser submetido a refendo popular.

A Constituição Federal define o processo de *impeachment* como um procedimento criminal *sui generis*, em que a denúncia cabe a todo e qualquer cidadão, o recebimento da denúncia cabe à Câmara Federal, e o julgamento do acusado cabe ao Senado Federal presidido excepcionalmente pelo presidente do Supremo Tribunal Federal. Simples e grave assim. Os poderes e deveres, como se vê, são institucionais, e não pessoais. Por uma distorção dos costumes jurídico-políticos brasileiros, tem sido conferido, ou tolerado, ao presidente da Câmara Federal um poder de "receber" ou não "receber" o pedido de *impeachment*, como se ele tivesse o poder de só fazer processar os pedidos de *impeachment* se assim o desejasse, discricionariamente. Poder que, constitucionalmente, ele não tem. Essa deturpação do instituto constitucional do *impeachment* decorre de uma dubiedade da significação semântica da palavra "receber". Essa expressão da língua portuguesa tanto pode significar o ato de entrar na posse física de um determinado documento ou outro objeto, como pode significar a fase do Direito Penal em que o juiz, de posse de uma denúncia criminal, declara ser, ou não ser, plausível a instauração da ação penal.

A ameaça de impeachment, em um sistema democrático de governo, não pode ser usada como elemento de chantagem política contra o presidente da República.

No caso do pedido de *impeachment*, que equivale à denúncia criminal, o documento, pela via do sistema de protocolo, é entregue fisicamente ao presidente da Câmara, a quem devem ser entregues todos os requerimentos endereçados àquela instituição. Pelo art. 17, inciso II, letra c do Regimento da

Câmara Federal, compete ao presidente da Câmara despachar os requerimentos que àquela Casa sejam dirigidos. Despachar significa dar sequência, no sentido de dar o encaminhamento legalmente cabível. No caso, o sequenciamento de providências está previsto no art. 19 da Lei 1.079/50, que determina:

> "Art. 19. Recebida a denúncia, será lida no expediente da sessão seguinte e despachada a uma comissão especial eleita, da qual participem, observada a respectiva proporção, representantes de todos os partidos políticos".

Portanto, cabe ao presidente da Câmara, uma vez que lhe chegue em mãos um requerimento de *impeachment*, encaminhar esse documento ao Plenário, na primeira sessão seguinte após o requerimento lhe ter sido entregue. Por construção jurisprudencial do Supremo Tribunal Federal (precedente de relatoria do Ministro Sepúlveda Pertence), nesse curto período entre a chegada do documento e seu encaminhamento ao Plenário para leitura na primeira sessão seguinte à chegada do documento às mãos do presidente, este pode mandar arquivar os requerimentos de *impeachment* notoriamente descabidos. Mas não cabe ao presidente da Câmara exercer a fase processual penal de receber ou não receber a denúncia do crime punível com *impeachment*, porque essa competência é clara e exclusivamente do Plenário da Câmara.

O art. 86 da Constituição Federal determina que:

> "Admitida a acusação contra o Presidente da República, por dois terços da Câmara dos Deputados, será ele submetido a julgamento perante o Supremo Tribunal Federal, nas infrações penais comuns, ou perante o Senado Federal, nos crimes de responsabilidade".

Isso significa que, sem nenhuma dificuldade de interpretação, cabe ao Plenário da Câmara, e exclusivamente a este, admitir a acusação, pelo voto de dois terços dos seus membros. Acusação que, uma vez admitida, será julgada perante o Senado Federal.

O abuso de competência praticado pelo presidente da Câmara que se atribua o poder de não tomar providência alguma, não dar nenhum despacho imediato, seja para encaminhamento ao Plenário, seja para mandar arquivar o requerimento inepto de *impeachment*, tem duas consequências. Primeiro, sujeita o comportamento do presidente da Câmara ao exame à luz do tipo penal do crime de prevaricação, definido no art. 319 do Código Penal como a conduta de "retardar ou deixar de praticar, indevidamente, ato de ofício, ou praticá-lo contra disposição expressa de lei, para satisfazer interesse ou sentimento pessoal".

A segunda consequência é que o poder discricionário e não previsto em lei, de simplesmente reter o requerimento de *impeachment*, confere ao presidente da Câmara a capacidade de coação ilegal sobre o presidente da República, que para se livrar do constrangimento de se defender de um requerimento de *impeachment*, cabido ou descabido, pode fazer concessões ao presidente da Câmara, que de outra forma não faria.

O terceiro ponto de destaque sobre o *impeachment* diz respeito ao comportamento institucional do vice-presidente, vice-governador ou vice-prefeito, durante o processamento dessa modalidade de requerimento e julgamento penal. De um ponto de vista estritamente legal, não há atualmente qualquer determinação, seja na Constituição Federal, seja em legislação ordinária, sobre qual deva ser o comportamento do vice durante o julgamento do impedimento do titular do cargo.

Mas não há dúvida de que, com maior ou menor intensidade de sentimento subjetivo, o vice tem interesse na condenação do titular, uma vez que, nessa hipótese, será o seu substituto legal.

A questão que se coloca é a de saber, uma vez que o julgamento do acusado é político, e o vice é um agente político, se deveria este estar impedido ou livre para trabalhar pela absolvição ou pela condenação política do acusado e, consequentemente, contra ou a favor do *impeachment*.

Em uma ordem política maquiavélica, em que se admita que a ética na política seja fundamentalmente diversa da ética geral da vida, a resposta a essa questão seria no sentido da ampla liberdade do vice para atuar em favor da condenação do titular acusado, ou contra ela.

> *Não há dúvida de que, com maior ou menor intensidade de sentimento subjetivo, o vice tem interesse na condenação do titular, uma vez que, nessa hipótese, será o seu substituto legal.*

Mas, em uma ordem política em que se admita a prevalência de uma única ordem ética como regente de todos os atos da vida, sejam os atos da vida social, sejam os da ordem política, deveria se considerar a alteração legislativa para impor ao vice o impedimento de participar de quaisquer reuniões, atos ou atuações que pudessem interferir de qualquer maneira no processo de *impeachment*, sob pena de, em caso de decretação do *impeachment*, estar ele impedido de assumir o cargo, determinando-se novas eleições. Essa medida de prudência do legislador evitaria que ocorressem três gravíssimos inconvenientes.

Primeiro, pelo atual sistema os candidatos ao cargo principal acabam tendo alguma preocupação na escolha de candidatos a vice que tenham competências que possam ser consideradas concorrentes às suas. Temendo que as qualidades do vice sejam um estímulo aos processos indevidos de *impeachment*, alguns candidatos podem tender a escolher vices menos qualificados para governar.

Segundo, se o vice atuar pela decretação do *impeachment*, e este não ocorrer, o vice deverá continuar convivendo com o titular do cargo durante o período remanescente do mandato, criando-se desarmonias que trarão prejuízo às substituições eventuais do titular do cargo e às funções de governo que poderiam ser delegadas ao vice.

Terceiro, no caso de ser decretado o *impeachment*, o vice que tiver participado de articulações para que isso acontecesse terá muitas dificuldades para governar. Continuará tendo contra si grande parte do contingente da população, e de seus representantes políticos, que não votaram nele nas eleições que o levaram ao cargo como companheiro de chapa do candidato ao cargo principal. E passará a ter contra si uma grande parte dos eleitores e seus representantes políticos que tiverem votado no candidato principal afastado. Ou seja, em relativamente pouco tempo, suficiente para completar o mandato, terá que reconstruir imagem e alianças, com prejuízo para os programas de governo, por melhores que sejam.

IMPRENSA LIVRE 7

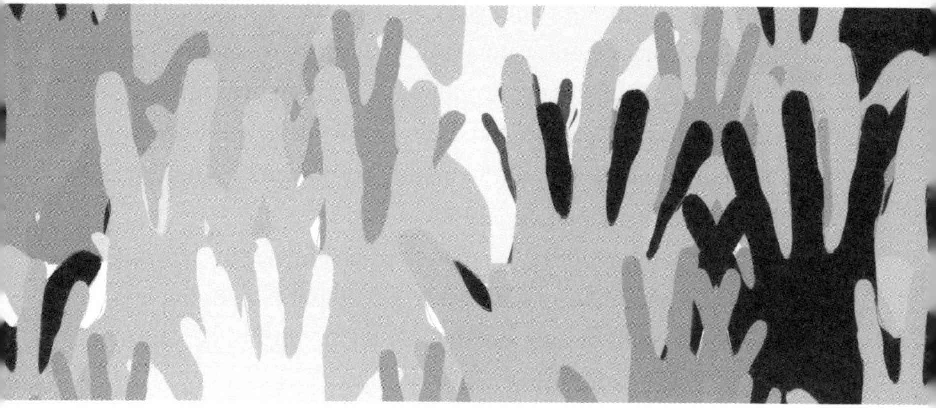

A importância da imprensa no desenvolvimento da democracia não é um jargão. É de conhecimento comum e incontroverso que, para tomar todas as decisões da vida, sejam as decisões da vida privada ou as políticas, o indivíduo precisa estar informado. Quanto melhor for a qualidade da informação, melhores as possibilidades de decisões e comportamentos corretos. Isso vale para os pequenos ajustes do cotidiano e para decisões mais sérias ou de consequências mais duradouras.

A democracia é o regime político das liberdades, por todas as perspectivas pelas quais se possam enfocá-las. Mas, para que o eleitor possa fazer livremente as suas escolhas, manifestando voto consciente, e para que o cidadão possa livremente entender a democracia e contribuir para o aperfeiçoamento dela, é imprescindível que esteja muito bem informado. O eleitor precisa estar informado sobre o ente político para cujo governo elegerá alguém, e precisa estar tão informado quanto possível sobre aquele que pretende eleger. E, muito mais do que isso, precisa estar informado sobre o contexto político em que se realiza a eleição, sobre quais são os interesses em jogo, quais os partidos concorrentes e uma infinidade de outras informações.

Na política, o papel da imprensa é fundamental. É a atividade jornalística, em todas as suas formas, que mantém o cidadão razoavelmente informado sobre o que se passa na sua cidade, no seu país, e no mundo.

Para compreender e sustentar a afirmação de que a imprensa exerce atividade de utilidade pública, basta imaginar o que seria da sociedade se fossem suprimidas todas as atividades da imprensa.

Essa a razão pela qual a Constituição considera o direito à informação como fundamental e o protege tanto quanto protege a liberdade de imprensa. Isto é pouco valorizado, mas o fato é que a liberdade de imprensa é um direito constitucional do povo inteiro, dividido em duas classes de titulares: os jornalistas e todos que fazem a imprensa, de um lado, com o direito à liberdade de informar, e o público destinatário da informação, de outro lado, com o direito à liberdade de ser informado. Todos com igual e irrenunciável direito à liberdade de imprensa.

A liberdade de imprensa, entretanto, não é absoluta. Não existe liberdade absoluta em nenhuma atividade humana. Por outro lado, limitar a liberdade de imprensa preventivamente é submeter a sua atividade ao bom senso ou ao arbítrio do agente da limitação. É a censura. Contudo, a censura fere de morte a liberdade de imprensa.

Entre as missões mais nobres da imprensa na democracia, está a capacidade de revelar aos eleitores e à sociedade em geral os comportamentos adequados ou inadequados

dos eleitos, no exercício do poder que lhes foi temporariamente outorgado. Se os detentores do poder puderem dizer antecipadamente o que permitem e o que não permitem que seja informado, a função constitucional e democrática da imprensa estará radicalmente comprometida.

Entretanto, o fato de a censura prévia ser intolerável não significa que se devam tolerar os abusos cometidos a pretexto do exercício da liberdade de imprensa. O conceito de abuso de direito, e suas consequências, se aplicam a toda a sociedade e em todas as circunstâncias da vida social, sem nichos de privilégios. A extraordinária importância da imprensa não lhe confere salvo-conduto para o abuso de direito.

Quando a Constituição e toda a legislação ordinária determinam que as relações sociais se desenvolvam segundo princípios de boa-fé e com respeito aos direitos de personalidade, isso vale também para os agentes da imprensa. Os direitos de personalidade, entre os quais se destacam os sentimentos de honra e dignidade, são cláusulas pétreas da Constituição, porque o constituinte reconheceu ser impossível a subsistência de uma sociedade democrática em que todos possam atacar todos, física ou moralmente, sem limites. Além das normas objetivas da Constituição e da legislação ordinária que vedam as agressões aos direitos de personalidade, há uma proposição programática que permeia a Constituição com o reconhecimento de que a vida em sociedade deve ser digna. Os princípios constitucionais de moralidade, que aqui compreendem os princípios de ética, não valem apenas para a administração pública. Valem para todos aqueles a quem a Constituição se destina.

É a atividade jornalística, em todas as suas formas, que mantém o cidadão razoavelmente informado sobre o que se passa na sua cidade, no seu país, e no mundo.

A contrapartida da liberdade e da abolição de qualquer censura prévia é a responsabilidade da imprensa. Esta é responsável por tudo que publica. Existe, evidentemente, a necessidade de personalizar a responsabilidade, que, em caso de abuso, será daquele que cometeu o ilícito. Mas, não existe imprensa responsável se os seus agentes não respondem pelos atos que praticam. E imprensa irresponsável não é atividade de utilidade pública, não está protegida pela Constituição e não cumpre o papel que se espera da imprensa na democracia.

Afastada sempre a censura prévia, a imprensa está sujeita à avaliação da opinião pública e, em casos de abusos configurados como ilícitos, está sujeita ao julgamento dos tribunais.

Para o alinhamento dos objetivos da imprensa livre com os objetivos da democracia, é preciso que haja uma coincidência de valores praticados e defendidos por ambas. Acredito que dentre esses valores se devam destacar a verdade, a honra, a liberdade de crítica, a liberdade de opinião e o direito à esperança.

O dever e o direito de informar e o direito de ser informado estão intrinsecamente vinculados à verdade. A informação consciente e maliciosa de inverdades é desinformação, e deve estar fora de qualquer conceito de liberdade de imprensa e desabrigada de qualquer proteção constitucional.

Isso não significa que para ser constitucionalmente protegida a imprensa deva ser infalível. A verdade, sabemos todos, está muitas vezes relacionada à mutabilidade dos fatos e do conhecimento. Também depende da perspectiva de quem narra. O que frequentemente ocorre é que o difícil nem sempre é encontrar a verdade, mas, sim, conviver com ela. O que se combate como prejuízo da democracia e violação do dever de informar é a mentira consciente e voluntária dos que não conseguem conviver com a verdade.

O Código Internacional de Ética no Jornalismo situa a busca e informação da verdade como um dever de todo jornalista. Não existe o direito constitucional de divulgar o que se tem consciência de ser mentira. Pensar o contrário seria negar os princípios fundamentais do direito, notadamente o da boa-fé objetiva, e o dever de não causar danos voluntários.

Embora muita gente não se dê conta disso, a honra é um elemento essencial da democracia. Neste regime, há uma interdependência entre os indivíduos que formam e os que governam a sociedade. Para que as relações fluam é preciso que as pessoas tenham credibilidade. É preciso que as pessoas acreditem umas nas outras. Representados precisam acreditar nos representantes. Governados precisam acreditar nos governantes. Honra é o crédito moral. Quem tem credibilidade, tem honra.

A honra é um sentimento daquele que sente que tem credibilidade perante a sociedade em que vive. E é também um atributo que a sociedade confere àquele em quem confia e reconhece méritos de cidadania.

O direito protege a honra, porque reconhece a necessidade dela para compor a dignidade do indivíduo, e reconhece o benefício da sociedade em ser composta e governada por pessoas honradas. Os crimes contra a honra previstos no Código Penal brasileiro incluem: a injúria, que é a lesão ao sentimento subjetivo de honra; a difamação, que é a divulgação de notícia ou fato que importe em desonra de alguém; e a calúnia, que é a atribuição falsa da prática de um crime a alguém que não o cometeu.

A imprensa deve cumprir o dever de informar, sem praticar crimes contra a honra de ninguém, especialmente dos políticos.

A sociedade que pretenda ter políticos honrados deve proteger a honra daqueles que sejam honrados.

Essa é uma questão extremamente importante, porque na sociedade brasileira, com o apoio de muitas decisões equivocadas do Poder Judiciário, criou-se o preconceito, a meu ver absurdo, de que aquele que entra para o mundo político deva estar preparado para ter a sua honra atacada, e muitas vezes destruída, com a participação da imprensa. O preconceito atua como se o agente político devesse ser indiferente aos ataques à sua honra. Ora, só é humanamente indiferente ao ataque à própria honra aquele que não tem o sentimento de honra. Dizer que para dedicar-se à política é preciso não ter o sentimento de honra, ou tê-lo entorpecido, é um absurdo que ofende os mais elementares conceitos sociológicos de política.

É da natureza intrínseca da honra que aquele que fez durante toda a vida os esforços necessários para merecê-la tenha o direito de defendê-la. Por definição, o ser humano age a benefício do seu semelhante e da sociedade em que vive, entre outros motivos, exatamente para obter reconhecimento. Para obter credibilidade e honra. Portanto, imaginar que alguém vá trabalhar pelo bem comum e ao mesmo tempo não se importe em ser desonrado é uma expectativa totalmente descabida.

Para aqueles que admitem que a honra é um valor social e um bem necessário à democracia, a conclusão necessária é a de que a imprensa democrática deve reconhecer e respeitar esse valor. A ninguém que se considere democrata interessa uma sociedade em que só os cidadãos que não prezam a própria honra se disponham a candidatar-se a um cargo político. Na democracia, o político honrado é a mais desejada das joias. Portanto, defender ou, pelo menos, não atacar a honra dos políticos honrados é uma relevantíssima contribuição da imprensa para a democracia.

À imprensa não cabe julgar quem é e quem não é político honrado. Contudo, ao narrar fatos que envolvam ou possam envolver desonra, a imprensa deve ter a cautela de informar o que é fato e o que é mera suspeita. A presunção de inocência é direito constitucional, que no plano processual só se desfaz com a última decisão judicial. No plano social, a presunção de inocência está no sentimento de cada um que tome conhecimento da imputação criminal. Disso decorre o dever da imprensa de se ater à verdade dos fatos, sem induzir a condenação social de inocentes.

A liberdade de crítica e a liberdade de opinião, como valores da imprensa e valores da democracia, são conceitos de fácil compreensão. A imprensa, nos regimes democráticos, tanto pode criticar quanto ser criticada. Supor que toda crítica à imprensa seja um ataque à sua liberdade é imaginar que a imprensa seja infalível. A liberdade de criticar corresponde, necessariamente, à possibilidade de ser criticada. O direito de opinião, na democracia, pertence a todos. E está implícito no direito de crítica, que nada mais é do que a expressão de opinião diversa.

Suponho que haja unanimidade entre as pessoas de boa-fé quanto a acreditar que a imprensa tem, fundamentalmente, e na construção da democracia, o dever de transmitir informação e de transmitir opinião. A crise da democracia é, a rigor, resultante da crise de informação.

Ouso dizer mais. Além de transmitir informação e opinião, a imprensa também tem, como um dos pilares da democracia, o dever de transmitir alguma esperança na própria democracia. Ou, pelo menos, tem a responsabilidade de não destruir a esperança. A democracia não é o regime perfeito, mas, para quem acredita nela, a esperança é a energia que mobiliza em direção das liberdades com responsabilidade e constrói a certeza de que as dificuldades serão superadas pela própria democracia. Não se pode incentivar ou cultivar a esperança vazia, ilusória. Mas, se a democracia não se sustentar em algum nível de esperança, não haverá motivos para mantê-la. Nesse campo, a imprensa tem um importante papel subjacente ao dever de informar. Tem um papel comparável ao dos grandes líderes, que combinam sutileza com realismo para encarar os problemas, que efetivamente existem, e confiança no futuro.

A imprensa madura é como a boa escola. Ao mesmo tempo que informa, ensina a pensar e estimula cada um a desenvolver o seu raciocínio crítico.

É razoável supor que a imprensa que se sinta independente se dá a liberdade de transmitir tanto as notícias positivas quanto as negativas. Da mesma forma, se dá a liberdade de emitir opiniões favoráveis e opiniões desfavoráveis, conforme sejam os fatos focados pela vocação crítica. Mas é inegável que uma boa parte da imprensa age como se acreditasse que só a notícia ruim é notícia. Há jornalistas que acreditam que o público não se interessa por notícias boas.

Quando a imprensa se limita a informar só os fatos negativos dos políticos, da política e dos governos, corrói a esperança que a sociedade tenha na democracia. Um regime que só produza fatos negativos não serve a ninguém. Abrem-se os flancos para ideias absurdas de arbitrariedades e de ditaduras.

Claro que também é dever da imprensa sustentar e difundir opiniões. Mas notícia é notícia, e opinião é opinião. Distorcer a notícia com a narrativa que sirva a uma determinada opinião é corromper o papel da imprensa livre na democracia. Informar é se limitar aos fatos. Opinar é direito de todo jornalista. Entretanto, a imprensa que não esteja inteiramente consciente do seu papel na democracia distorce a informação segundo as tendências de sua opinião, confundindo o público. Este, frequentemente não sabe o que é fato informado e o que é opinião sub-reptícia envolta na narrativa do fato.

O fenômeno a que se assiste hoje é da concorrência entre a imprensa e as chamadas mídias sociais no papel de informar e opinar politicamente, contra ou a favor da democracia. Na notícia distorcida e com viés de dependência ideológica que se coloca totalmente contra ou totalmente a favor de governos, as mídias sociais eletrônicas levam nítida vantagem sobre a imprensa tradicional. Esta jamais conseguirá vencer aquela no campo da mentira, da mistificação e da submissão ideológica. As *fake news* só elogiam ou só criticam, dependendo do porão de onde brotem, e sempre com o sacrifício da verdade. A imprensa se deveria outorgar a liberdade de, operando à luz do sol, criticar e elogiar em decorrência dos fatos e não das preferências ou antipatias.

> *A imprensa madura é como a boa escola. Ao mesmo tempo que informa, ensina a pensar e estimula cada um a desenvolver o seu raciocínio crítico.*

Portanto, o destino da imprensa livre está umbilicalmente ligado ao destino da democracia, e vice-versa. A imprensa que informa com isenção e opina com responsabilidade fortalece a democracia. E a democracia pressupõe imprensa livre e comprometida com o bem comum. As *fake news* nada têm a ver com a liberdade de imprensa. Ninguém pode ter a liberdade de iludir o público, especialmente os eleitores, com notícias sabidamente falsas.

Mas, a imprensa terá que se haver com as suas próprias dores por si mesma. Cabe a ela, passível de críticas, de vaias e de aplausos, depurar-se dos seus vícios, e esmerar-se nas suas virtudes. Qualquer ideia de interferência dos governos no sentido de regular a imprensa deve ser vista com muita reserva. Toda iniciativa de censura ou limitação da atividade deve ser repelida como ameaça ao direito de informação e à transparência e publicidade que devem ter as ações de governo.

A expressão transparência, de uso amplamente disseminado em tempos mais recentes, tem na acepção pertinente ao bem comum e ao interesse público exatamente o seu sentido semântico original, daquilo que se pode ver através. A administração pública e o exercício do poder governamental não se podem fazer às escondidas. Devem poder ser vistos claramente, como tudo aquilo que é transparente à luz da observação cidadã. Quem governa em representação dos governados não pode ter segredos aos quais os governados, outorgantes do poder de governar, não tenham acesso.

Sem imprensa livre, não há voto consciente.

A relação da imprensa com o cidadão, no enriquecimento da ordem política, é uma via de mão dupla. A imprensa precisa ser livre e defender a sua liberdade. Mas o cidadão também precisa ser livre para desenvolver o seu espírito crítico e saber quais as informações que aceita como verdadeiras, e quais as que rejeita como notícias falsas. Quais as opiniões jornalísticas com as quais concorda, e quais as de que discorda, e por quais motivos. Há um círculo virtuoso quando a boa imprensa ajuda a formar o cidadão maduro, consciente do mundo político em que vive, ciente dos seus papéis, seus direitos e suas obrigações, e o cidadão que busca essas virtudes ajuda a construir e preservar a imprensa independente e democrática.

EDUCAÇÃO 8

Só existirá democracia no Brasil no dia em que se montar no país a máquina que prepara as democracias. Essa máquina é a da escola pública.
ANÍSIO TEIXEIRA

Em qualquer texto que pretenda discorrer sobre a democracia, e especialmente na perspectiva do eleitor e da consciência do seu voto, é imprescindível analisar o papel da educação. Muito se fala no Brasil sobre a educação. Os discursos são os mais variados, o que desafia uma tentativa de definição do que efetivamente seja a educação e qual a sua importância na perspectiva da democracia. Para os fins deste livro, pode-se indagar qual seja a relação entre a educação e o voto democrático.

A palavra educação é de origem latina, etimologicamente vinculada a *educere*, que tinha o sentido de despertar o indivíduo para as suas potencialidades, permitindo-lhe expressar-se de forma plena e íntegra, com pensamento crítico e criatividade. Em sentido paralelo, a expressão latina *educare* era usada com o significado de desenvolver meios e técnicas para as atividades sociais e profissionais da vida prática.

Apesar da clareza das expressões latinas, para efetivamente entender o que seja hoje a educação proponho que se comece evocando duas instituições gregas. A primeira é *oikós*, a casa, o lar. A segunda é *polis*, a cidade, aqui entendida em significado expandido, como as várias e peculiares comunidades com identidades próprias, abrangentes também das propriedades e atividades rurais.

Para o desenvolvimento de sua vida como indivíduo participante da *oikós*, e como cidadão ou plebeu integrante da *polis*, os homens livres da Grécia precisavam ser adequadamente preparados.

Oikós, era o lar, designando a totalidade dos interesses que em torno dele gravitavam, fossem os de hierarquias das relações familiares, os de crenças que se cultivavam e praticavam em torno da lareira, entre outras, com a veneração dos ancestrais comuns, e, principalmente, os interesses da economia de sobrevivência, o *oikós nomus*.

Esse ambiente, no qual cada um e, especialmente, os jovens eram educados para cumprir os seus papéis, era fundamentalmente um pequeno universo de interesses privados, nos quais se incluíam valores de família, indivisíveis, e os bens materiais divisíveis entre seus membros.

De outra parte, a *polis* era o ambiente dos interesses coletivos e relacionados ao bem comum. Para o qual também havia a necessidade de um aprendizado de convivência, no exercício responsável de direitos e obrigações e normas de civilidade e cidadania. Aqui se tratava do interesse público e daqueles bens comuns que devem ser compartilhados sem que ninguém se possa apropriar deles como titular individual.

Essa distinção, entre os interesses privados do *oikós* e os interesses coletivos da *polis* é muito importante para o entendimento e a definição das finalidades da educação, principalmente nos dias de hoje. Educação era, e pode-se dizer que ainda é, a preparação do indivíduo para a realização de suas potencialidades no universo dos seus interesses privados, e sua igual realização no universo dos interesses coletivos.

Na ordem dos interesses privados, a educação é o processo de aquisição de conhecimentos que permite a todo indivíduo transformar-se continuamente no seu vir a ser. É a ferramenta de libertação das potências do indivíduo, que lhe permite buscar saber quem é, com a consciência de si mesmo, e aquilo em que se poderá transformar. Todo ser humano é igual naquilo que constitui a sua identificação com a espécie humana. Mas, dentro dessa espécie, cada indivíduo é único na maneira como evolui do nascimento à morte, transformando as suas potências em atos. A educação é a aquisição dos meios pelos quais cada ser humano chega aos seus fins como o projeto de si mesmo, de que falava Caio Salustio. Educar é conduzir pela vida, realizando as melhores potencialidades de desenvolvimento do espírito humano.

Quando a inscrição no pórtico do templo de Delphos prometia "aquele que conhecer a si mesmo conhecerá o mundo", estava, de forma sintética, afirmando que a libertação pelo conhecimento começa pelo conhecimento de si mesmo, mas não tem limites. A expressão bíblica segundo a qual "conhecereis a verdade, e a verdade vos libertará", que muitos repetem sem saber o que efetivamente significa, corresponde exatamente ao reconhecimento de que a busca de conhecimento sem limites é o caminho da libertação.

Portanto, na ordem dos interesses privados que transcendem aqueles de natureza econômica, a educação é a libertação das próprias potências pelo conhecimento. O que frequentemente chamamos de humanismo é o desenvolvimento das melhores qualidades e atributos do ser humano. Isso é o que a educação realiza em cada indivíduo da espécie.

> *A libertação pelo conhecimento começa pelo conhecimento de si mesmo, mas não tem limites.*

Esse enfoque, que é o núcleo essencial da educação como processo de transformação pessoal pelo conhecimento, não interessa a oligarquias detentoras do poder para uso próprio, porque a manipulação das massas não é compatível com desenvolvimentos individuais na direção da liberdade.

No universo dos interesses econômicos privados, próprios da *oikós*, o indivíduo se educa para participar do processo produtivo, gerando riqueza principalmente para si e para a sua *oikós*. Indiretamente, vai contribuir também para o enriquecimento da *polis*, mas essa é uma consequência indireta.

Nessa ordem, a educação é a preparação do educando para uma atividade produtiva. É a aquisição das competências e habilidades que permitam desenvolver atividades de resultado econômico, ora em cooperação, ora em competição com os seus contemporâneos. A aquisição de conhecimentos é direcionada para o exercício de uma profissão ou de uma atividade econômica empreendedora, que permitam ao indivíduo sobreviver com aqueles que estejam sob sua responsabilidade econômica e, sempre que possível, sofisticar as suas formas de sobrevivência e acumular recursos financeiros.

A educação, entretanto, não prepara, e não deve preparar o indivíduo exclusivamente para a sua autolibertação e para as atividades e necessidades econômicas. Educava-se na Grécia para a convivência no círculo restrito com os demais membros da *oikós*, e para a convivência nos círculos mais amplos da *polis*. Nestes, com a preparação para a convivência política e a atuação participativa em busca do bem comum.

Na sociedade atual, estes continuam a ser os quatro objetivos originários e básicos da educação: (i) a transformação do indivíduo pelo conhecimento, em busca de sua própria liberdade; (ii) o aprendizado das regras, direitos e responsabilidades da convivência nas relações privadas da família e dos diferentes círculos de relações pessoais, e da convivência nas relações políticas, de interesse do bem comum, com participação na vida da comunidade; (iii) a preparação do indivíduo para a sua sobrevivência e realização econômica; e (iv) a participação do indivíduo no crescimento da riqueza da nação e na ampliação do universo do conhecimento humano.

Para a democracia, o esforço contínuo de concretização desses quatro objetivos da educação atua como mecanismo de aperfeiçoamento progressivo. Em um regime político no qual a liberdade e a igualdade são elementos essenciais, os resultados serão sempre melhores se os indivíduos alinharem a liberdade de cada um ao equilíbrio entre a realização pessoal e o bem comum.

A liberdade não é absoluta. A liberdade absoluta de todos é racionalmente impossível, porque a liberdade absoluta de uns teria que possibilitar a capacidade de eliminar ou limitar a liberdade de outros. A relatividade da liberdade não é um dado posto e permanente. Constroem-se e alteram-se continuamente as limitações minimamente necessárias, sem que se danifique o princípio da liberdade.

Por isto a educação é fundamental para a democracia: porque ensina a entender, praticar e exigir a máxima liberdade de todos e de cada um, nos limites que permitam as relações humanas dignas, sem que as limitações necessárias corrompam o princípio da liberdade.

Igual importância tem a educação para a democracia na medida em que constrói a igualdade e também ensina a entender, praticar e exigir a máxima igualdade entre todos naquilo que devem ser iguais, sem a imposição de limites que impeçam os desenvolvimentos individuais naquilo que deva ser respeitado como desigualdade natural e necessária.

A igualdade nas oportunidades e possibilidades efetivas de acesso aos bens da vida se constrói pela educação. A democracia pressupõe a igualdade de direitos e a igualdade de deveres em relação ao bem comum. A educação habilita o indivíduo e a sociedade a buscarem essa igualdade.

A educação cria os meios necessários para o compartilhamento dos bens privados na proporção desigual com que tiverem contribuído para a sua produção, respeitadas as participações mínimas compatíveis com a dignidade humana daqueles que, por uma razão ou outra, não participem da produção. Por último, mas longe de ser o menos importante, os indivíduos se devem educar para a busca do bem comum, a ser compartilhado em participações que busquem a igualdade absoluta, banidos os privilégios. Os bens privados se repartem. Aquinhoados desigualmente os desiguais. Já os bens comuns se compartilham na fruição, com igualdade.

Isso tudo parece bem compreensível e defensável, mas na realidade diária da política brasileira há governantes que só pensam a educação como processo de produção de mão de obra qualificada. E há governantes que temem e combatem a educação que possa conduzir à liberdade. Há governantes que consideram a educação um dever fundamental do Estado, cujos custos são investimento; e situam a educação entre as prioridades de governo. E há governantes que não se interessam pela educação; e tratam-na como despesa que se possa cortar do orçamento, como qualquer outra.

Em face dessa realidade, o voto consciente e democrático deve ser radical. Quem não está ampla e incondicionalmente a favor da educação, está total ou parcialmente contra ela. Cabe ao eleitor fazer suas escolhas.

EQUILÍBRIO FISCAL 9

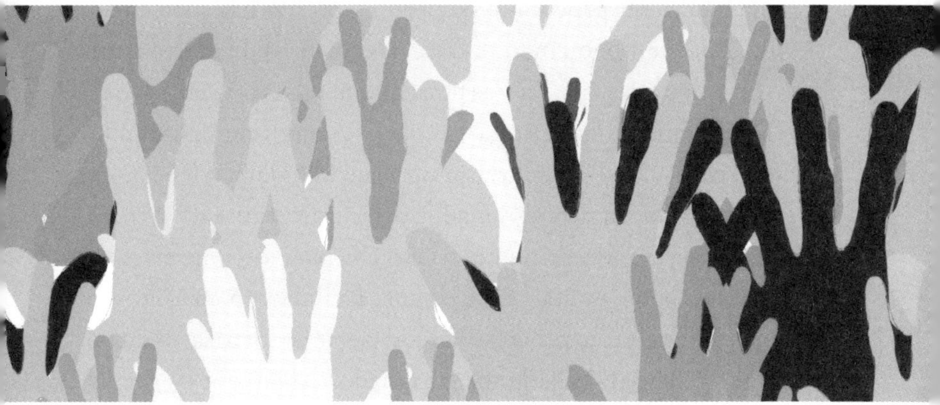

Os temas de interesse relevante para um Brasil democrático são muitos. Mas, há alguns que se destacam pela importância permanente de que se revestem, e pela necessidade de se falar sobre o assunto, sempre que se cuida de escolher caminhos democráticos de escolha dos governantes e de gestão pública. O equilíbrio fiscal é um desses temas.

Qualquer pessoa razoavelmente sensata, pensando na sua própria economia, ou na economia de sua família, sabe que se gastar mais do que ganha poderá ter consequências graves. Entre outras, pode perder o controle das próprias finanças, pagando juros cada vez mais altos à medida que perde crédito. Os gastos que superam as receitas em relação contínua são o caminho da derrocada econômica do indivíduo e, muitas vezes, de sua família. É muito difícil imaginar a liberdade, ou a autonomia, sem a independência econômica. Muitas pessoas não conseguem fugir dessa situação, por uma série de razões, algumas alheias à própria vontade, outras decorrentes da falta de poder sobre si mesmas. Contudo, não conheço ninguém que defenda com argumentos racionais a tese de que isso seja bom, e deva ser procurado ou proposto como um sistema de vida. Entretanto, quando se trata das finanças de prefeituras, dos estados e do país, muitas pessoas têm relutância em aceitar o fato de que o limite de gastos deva ser marcado pelo limite da arrecadação. Pela aplicação do princípio da prudência, os gastos devem estar programados para ficar abaixo da arrecadação, reservando-se alguma margem para os imprevistos. Como os entes estatais têm alguma facilidade para contrair empréstimos e ou procrastinar os pagamentos das dívidas, muitos governantes e muitos governados acham que os gastos governamentais não precisam e não devem ter limites que se relacionem com a arrecadação.

Essa questão tem, no Brasil, raízes históricas e políticas. Cobrar impostos é uma tarefa que sempre atrai opositores e desperta antipatias políticas. Nas pequenas comunidades, naqueles lugares em que todo mundo se conhece, é mais conveniente, do ponto de vista eleitoral do administrador público, e até do ponto de vista social, pleitear verbas do estado ou da União do que se indispor com amigos e conterrâneos criando, aumentando ou cobrando impostos da competência dos municípios. Além disso, na formação dos municípios quase sempre as motivações políticas antecedem as motivações econômicas.

O país tem 5.568 municípios. Quando se pensa abstratamente, um município deveria ser uma unidade política e administrativa com as autonomias próprias de uma subdivisão territorial do estado da federação em que esteja localizado. Como poder político e capacidade econômica deveriam andar juntos, imagina-se que um município devesse ter simultaneamente todas as condições de existir segundo os parâmetros da Constituição. Nesta, estão inscritos os poderes e a organização administrativa básicos do município, com previsão das modalidades de receitas tributárias que lhe deem sustentação, e a indicação das obrigações constitucionais de prestação de serviços públicos.

A rigor, uma comunidade com vida política própria e economia suficiente para manter-se poderia, segundo a Constituição, emancipar-se como município. Não é isso, entretanto, que acontece.

O que a experiência demonstra é que pequenas cidades, com populações inferiores a cinco mil habitantes, e sem nenhuma suficiência de sustentação econômica, muitas vezes transformam-se em municípios por força de poder político de lideranças locais, interessadas em assumir o comando das respectivas prefeituras.

Como consequência, o Brasil tem 1.856 municípios que não arrecadam o suficiente para cobrir os próprios gastos, o que representa 33,32% dos municípios brasileiros. Desses, em total paradoxo com o que deveria ser a autonomia política e econômica do município, 1.193 municípios, ou 21,42% do total nacional de municípios, não chegam a arrecadar impostos suficientes para pagar 10% das suas despesas administrativas (Índice de Gestão Fisca – Federação das Indústrias do Rio de Janeiro). Esses municípios sobrevivem com repasses dos estados, da União e, principalmente, do Fundo de Participação dos Municípios.

Isso significa que o déficit fiscal está admitido como pressuposto da existência de praticamente um terço dos municípios brasileiros, do que certamente resulta um costume arraigado, que é mais do que um viés cultural. Esses prefeitos, vereadores e políticos locais estão nos extremos da capilaridade do poder político que, na outra ponta, se vai manifestar no governo federal e respectivo Parlamento sobre a política nacional de equilíbrio fiscal.

Abra-se aqui os parêntesis necessários para destacar, conforme discussão séria e aprofundada sobre o tema, que há muitas vezes legítimos interesses estratégicos, regionais ou nacionais na criação de municípios, mesmo quando estes não tenham autonomia econômica. Isso certamente é verdade em relação a alguns municípios brasileiros. Entretanto, imaginar que esse fenômeno social e político ocorra em mais de 20% dos municípios brasileiros significa inutilizar o argumento pelo seu próprio excesso.

As consequências do desequilíbrio fiscal, dos pequenos ou grandes municípios e dos demais entes da federação, são muito graves e causam distorções totalmente antirrepublicanas. Uma delas é a política dos precatórios, mecanismo legal, a meu ver inconstitucional, que permite aos poderes executivos desrespeitarem as decisões judiciais, procrastinando o seu pagamento por muitos anos. Essa e outras distorções fazem com que o administrador público despreparado ou mal-intencionado atue como se cada mandato só devesse responder pelas despesas que fossem criadas no seu curso, de forma que não se reconheçam politicamente como de responsabilidade do administrador as dívidas contraídas em administrações anteriores.

Já houve ministro da Fazenda no Brasil que afirmasse, publicamente, o que muitos administradores públicos pensam, mas não falam: "Dívida pública não se paga. Administra-se". Ou seja, procrastina-se para que seja resolvida pelas administrações futuras. Há aqui uma questão conceitual e moral consistente em saber até que ponto as gerações presentes podem contrair dívidas para serem pagas pelas gerações futuras.

O déficit fiscal está admitido como pressuposto da existência de praticamente um terço dos municípios brasileiros.

O Brasil tem, em números de dezembro de 2021, uma dívida pública acumulada de aproximadamente R$ 5,49 trilhões (https://sisweb.tesouro.gov.br/), resultante, em sua quase totalidade, de empréstimos contraídos para cobrir a diferença entre o que gasta e o que arrecada. Nos cinco anos decorridos de 2015 a 2020, o país pagou de juros aos detentores desses créditos e de outros encargos da dívida a astronômica quantia de R$ 2,03 trilhões (Fonte: Balanço do Setor Público Nacional, ano base 2020 https://sisweb.tesouro.gov.br/). Como o PIB anual brasileiro é de aproximadamente R$ 7,5 trilhões, isso significa que nesses cinco anos foram pagos de juros e outros encargos, notadamente para cobrir o déficit fiscal acumulado ao longo de décadas e décadas, 26% do valor do PIB anual atual.

As comparações entre economias privadas e economias públicas são sempre muito sujeitas a distorções. Neste caso, entretanto, é possível imaginar que uma família, ou uma empresa, que tivesse pago, a título de juros e encargos de endividamento, nos últimos cinco anos, uma quarta parte do total das suas receitas atuais de um ano, estaria seriamente preocupada em buscar o equilíbrio orçamentário. O Brasil, entretanto, está indo na mão inversa. Com a Lei de Responsabilidade Fiscal, apontaram-se os rumos de recuperação gradual do equilíbrio fiscal. Apesar disso, o ano de 2021 for marcado pelas tentativas de violação do equilíbrio fiscal, algumas logrando o resultado nefasto.

O chamado equilíbrio fiscal, ou compatibilidade entre receita e despesa dos entes estatais, virou um divisor de águas.

O eleitor precisa se preocupar em saber qual corrente de gestão pública seu candidato vai reforçar.

Na verdade, o que deveria ser uma discussão lógica transforma-se, frequentemente, em uma questão ideológica. A esquerda, em lugar de buscar o equilíbrio fiscal, com a redução de gastos e o aumento da produção, de forma a aumentar também a arrecadação, põe a culpa nos credores da dívida pública. Como se estes fossem os culpados pela existência da dívida, ou devessem financiá-la sem cobrar juros. Ataca violentamente o equilíbrio fiscal, ignorando, ou fingindo que ignora o fato de que a consequência do aumento da dívida pública e do seu custo de carregamento compromete e impede drasticamente os investimentos sociais do Estado nos anos futuros. Gasta-se desordenadamente, hoje, o dinheiro que fará falta para o essencial no futuro próximo.

A direita finge que a dívida pública não existe, ou que não é um problema. Melhor ter dívida pública, que pesa nas costas de todos, do que aumentar os impostos para cobrir os gastos, o que pesaria nas costas dos que têm mais recursos para pagar impostos. Argumenta no sentido de que todos os países do mundo têm dívida pública. No caso do Japão, a dívida pública é mais de duas vezes (2,3) o valor do PIB. Com a ressalva, que os defensores da dívida pública fingem desconhecer, de que o Japão chega a ter juros negativos. Ou seja, tem um custo muito baixo de carregamento da dívida pública. E tem um sistema tributário completamente diferente do sistema brasileiro.

Para reforçar a elaboração de narrativas ideologicamente distorcidas, como já se disse, os citados 33,32% dos municípios estruturalmente deficitários na relação entre receita e despesa constituem uma força política nada desprezível, que, até por necessidade de coerência e sobrevivência, tenderão a considerar o equilíbrio fiscal como um preconceito contrário aos municípios mais pobres. Que vistos em outra perspectiva, deveriam ser distritos de municípios maiores e autossuficientes.

Por outro lado, nas narrativas ideológicas da esquerda e da direita esse tema parece inconciliável.

A direita, formada em grande parte por aqueles que têm maior renda e pagam mais impostos diretos, batalha pela redução dos impostos. O raciocínio básico é o de que quanto mais arrecadar, mais descontrolado será o Estado na gestão dos gastos públicos. E, na mesma linha de pensamento, aplaude toda redução dos gastos públicos e trabalha para que esta seja cada vez maior. Mesmo quando se trata dos gastos essenciais para projetos estratégicos para o futuro do país. Luta para economizar hoje na saúde, na educação, na segurança e em outros setores prioritários, sem se dar conta de que os custos de recuperação dos danos, do tempo e das oportunidades perdidas com essa economia serão exponencialmente mais altos no futuro próximo.

A esquerda, em defesa dos gastos sociais de interesse difuso, como saúde, educação e segurança, e em defesa do crescimento da estrutura estatal como meta do socialismo, luta pela expansão dos gastos públicos. A ideia básica é a de que é preciso criar cada vez mais benefícios sociais suportados pelo Estado. Criados os compromissos de despesas, de algum lugar surgirá a arrecadação. No longo prazo, se o sistema falir, será culpa do capitalismo que se terá demonstrado inviável.

Os populistas, tanto os de direita quanto os de esquerda, querem o aumento dos gastos públicos sob a forma de benefícios para o maior número de possíveis eleitores. Não perguntam qual a possibilidade, razoabilidade ou prioridade da despesa, ou mesmo da redução de impostos. Só se interessam em avaliar o quanto a alteração proposta lhes trará de votos.

Em todas essas posições há um pouco de ingenuidade, um pouco de hipocrisia e um pouco de má-fé.

A direita, talvez por solidariedade de classe, raramente associa a alta dos impostos com dois fatos que inegavelmente contribuem para ela: a sonegação fiscal e a má distribuição da carga tributária.

Nem toda sonegação fiscal é descoberta pelo credor tributário. Portanto, quando se fala na dívida ativa dos entes estatais, que na sua maior parte são tributos não pagos e pendentes de cobrança, trata-se apenas de uma parte dos valores tributários sonegados. Ainda assim, a dívida ativa da União em dezembro de 2020 era de aproximadamente R$ 2,5 trilhões.

Ou seja, consideradas apenas as contas públicas federais, há um volume acumulado de impostos a recolher (R$ 2,5 trilhões) igual a cerca de 33% do PIB de um ano inteiro e igual a percentagem muito próxima de 46% da dívida pública brasileira.

A recuperação da dívida ativa tributária da União pelos seus serviços de cobrança foi, no ano 2020, de aproximadamente R$ 23 bilhões, o que significa em torno de 1% do total. Não se pode dizer que essa cobrança seja uma atividade eficiente. E não vai aqui nenhuma crítica à PGFN, porquanto esta dispõe de, em números arredondados, 2.100 procuradores, que se devem encarregar da cobrança de dívidas de quase 4,7 milhões de devedores. Em conta rudimentar, cabe a cada procurador cobrar os débitos, em um ou mais processos, de cerca de 2.230 devedores. Ou seja, a estrutura é incompatível com o seu objetivo. É o que em linguagem de rua se diria "feito para não funcionar".

De par com isso, criou-se o costume de, periodicamente, fazer-se um Refis (programa de regularização fiscal). Eliminam-se as multas e boa parte dos juros de quem não pagou seus impostos nas ocasiões devidas e parcela-se o saldo a longo prazo. Isso seria ideia muito defensável para determinados devedores que comprovassem, por critérios objetivos, incapacidade temporária e involuntária de pagamento. Contudo, muitos empresários, alguns deles com representação direta no Parlamento e participação nas votações de aprovação, preferem sonegar impostos e esperar o próximo Refis. Desconsiderada a questão ética e muitas vezes as suspeitas de corrupção que evita autuações fiscais, é muito mais barato financiar-se com o dinheiro dos impostos do que recorrer à rede bancária.

Quanto à má distribuição da carga tributária, paralela aos efeitos da sonegação, haveria uma variedade enorme de exemplos de distorções legislativas, mas bastariam três para demonstrar que o que muitos pagadores de impostos sentem é não apenas a injustiça do sistema, como o desestímulo a determinadas atividades produtivas. O primeiro exemplo é a isenção tributária dos dividendos. O segundo exemplo é o custo e o risco da administração das obrigações tributárias, desnecessariamente complexas. E o último exemplo é a alocação dos riscos empresariais, dos quais o Estado está indevidamente isento.

A ISENÇÃO TRIBUTÁRIA DOS DIVIDENDOS – O primeiro exemplo de distorção que prejudica a justa distribuição dos ônus tributários é a tributação do trabalho e a isenção tributária dos dividendos. Todo trabalhador assalariado paga 27,5% do seu salário a título de imposto de renda. O ex-governador, ex-ministro do trabalho e ex-senador Franco Montoro morreu dizendo que salário não é renda, mas nunca foi ouvido.

Então, se o indivíduo se levantar às cinco horas da manhã, gastar duas horas no transporte público, trabalhar oito horas por dia, ao final do dia pagará quase um terço do seu salário a título de imposto. Mas, se for apenas sócio de uma empresa rentável, que distribua polpudos dividendos, poderá passar os dias no ócio e, no final do mês, do semestre ou do ano, receber os dividendos em sua conta bancária, sem nenhum imposto a pagar. Um país que tributa o trabalho e isenta o ócio não está no caminho certo do progresso econômico.

Essa distorção fica ainda mais grave, em prejuízo de qualquer racionalidade, quando se constata que há vários tributos que incidem sobre a folha de pagamento de salários. Ou seja, o país tem alto índice de desemprego e péssima distribuição de renda. Mas, cobra impostos progressivamente mais altos de quem criar mais empregos e pagar salários mais altos. Nada justifica esse critério de financiamento do Estado.

> *Muitos empresários, alguns deles com representação direta no Parlamento e participação nas votações de aprovação, preferem sonegar impostos e esperar o próximo Refis.*

Há três argumentos apresentados pelos que defendem esse sistema. Um desses argumentos diz que, como a empresa já foi tributada, haveria um *bis in idem* se os dividendos também fossem tributados. A rigor, esse argumento é válido, e deveria conduzir à redução máxima dos tributos incidentes sobre as atividades das empresas. Mas, enquanto isso não acontece, constata-se, no mínimo, uma iniquidade, porque o raciocínio dever-se-ia aplicar também aos salários. Se a empresa onde se pratica o esforço de produção já foi tributada, não haveria justificativa para a tributação do salário de quem contribuiu para essa produção e está levando para casa uma parcela mínima dos resultados econômicos dela.

O segundo argumento é o de que os dividendos não remuneram o ócio. Remuneram o capital empregado pelo empresário. Isso só é parcialmente verdade, porque o capital já é remunerado, em muitos casos, pelos juros sobre capital próprio. Mas, com o argumento de que dividendos são a remuneração do capital, volta-se à contradição tributária. O capital e o trabalho são forças igualmente nobres da produção. Não há motivo para isentar os dividendos que remuneram o capital e tributar os salários que remuneram o trabalho.

Ocorre que a solução ideal seria outra. A empresa, como conjunto de fatores organizados para a atividade produtiva, deveria ser poupada de todos os tributos que não fossem necessários para o desestímulo de atividades ou consumos socialmente indesejados. Portanto, a solução seria cobrar muito menos impostos da empresa, cuja existência e perenidade deveriam ser estimuladas com tributos tão próximos de zero quanto possível. A tributação deveria incidir sobre o dinheiro que se retira da atividade produtiva, para a satisfação de necessidades e interesses pessoais. Ou seja, deveria incidir sobre a remuneração do trabalho e sobre a remuneração do capital, de forma justa, equânime e progressiva, partindo-se de limites de isenção para os gastos essenciais.

O terceiro argumento dos que defendem a isenção tributária dos dividendos vem dos profissionais liberais organizados como empresas, às vezes unipessoais. Estes dizem, com razão, que os seus dividendos não remuneram nem o ócio, nem o capital empregado. Remuneram o seu trabalho pessoal. Ainda que assim seja, não há justificativa nem no princípio da igualdade, nem no princípio da isonomia, nem no princípio da equidade para que o trabalho do assalariado seja tributado e o trabalho do empresário de prestação de serviços não seja tributado.

O que se poderia pensar, em termos de legislação a ser feita, seriam níveis realistas de isenção. Em um país pobre, como é o Brasil, os salários e dividendos mínimos para a sobrevivência digna deveriam ser isentos. Não vou entrar aqui na discussão sobre o que sejam salários e dividendos mínimos para a sobrevivência digna. A Constituição estabelece os parâmetros para o salário mínimo exatamente buscando a sobrevivência digna. Mas não se pode dizer, nem figurativamente, que o salário mínimo no Brasil assegure sobrevivência digna.

Faz parte da dignidade humana conviver com altivez perante as dificuldades, enfrentando a realidade como efetivamente é. Aceita essa premissa, dever-se-ia considerar que a renda per capita nacional é de R$ 36.512,00 anuais (2020) e estabelecer um percentual da renda per capita média como piso para a sobrevivência digna e como limite variável da isenção tributária de salários e dividendos de qualquer natureza. Assim, todos aqueles que recebessem, a título de salário ou de dividendos, retribuição do trabalho ou do capital, igual ou abaixo de determinada fração da renda média per capita, estariam isentos da tributação sobre a renda. Acima desse piso, deveriam ser tributados progressivamente. Em contrapartida, as pessoas jurídicas nas quais esses contribuintes trabalhassem ou investissem seu capital seriam substancialmente poupadas de tributação que encareça e penalize a produção.

CUSTO E RISCO DA COMPLEXIDADE TRIBUTÁRIA – A existência no Brasil de aproximadamente 92 tributos, somados os federais, os estaduais, os municipais, e acrescidas as taxas e contribuições, já revela um sinal grave de irracionalidade e improvisação contínuas. Some-se a isso o fato de que a União, os estados e os municípios emitem aproximadamente 53 normas tributárias por dia útil, ou, 2,21 normas por hora. Para quem gosta de estatísticas, desde a promulgação da Constituição Federal de 1988 foram editadas 443.236 normas tributárias, das quais 30.837 estavam em vigor em 30 de setembro de 2021 (Fonte: Instituto Brasileiro de Planejamento e Tributação). Essa complexidade é multiplicada exponencialmente pelas relações entre esses tributos, uns incidindo sobre os outros, todos dependendo de tabelas, classificações, alíquotas, isenções, imunidades, prazos contados por diferentes critérios e inúmeras outras variáveis, muitas delas inteiramente subjetivas.

A Constituição estabelece os parâmetros para o salário mínimo exatamente buscando a sobrevivência digna. Mas não se pode dizer, nem figurativamente, que o salário mínimo no Brasil assegure sobrevivência digna.

O custo para o contribuinte cumprir a legislação é enorme, e o custo para os credores tributários conferirem e fiscalizarem o cumprimento das obrigações tributárias é igualmente astronômico.

Perversamente, o sistema tributário atribui todos os riscos decorrentes de erros de interpretação ou de execução das obrigações tributárias, desprezada até a comprovação da boa-fé, ao contribuinte. Este paga correção, juros e multas, estas em valor de até 150% do tributo devido, em todas as hipóteses de descumprimento, independentemente de suas causas.

Os credores tributários raramente pagam correção monetária e juros, e nunca pagam multa, mesmo quando, até levianamente, prejudicam o contribuinte com anos e anos de autuações e cobranças tributárias indevidas, que lhe corroem o crédito empresarial. A falta de isonomia entre o contribuinte e os entes públicos credores tributários é tanta, que as devoluções daquilo que o Supremo Tribunal Federal julga ter sido indevidamente cobrado se fazem a prazo longo, mediante compensação tributária e, muitas vezes, sujeitas às modulações dos julgamentos.

Em consequência disso, todas as empresas são obrigadas a manter e pagar, como assalariados ou prestadores de serviços autônomos, escriturários, conferentes, contadores, auditores, advogados, consultores, pareceristas e outros profissionais, em número maior ou menor, dependendo do tamanho da empresa. Aos ansiosos que se precipitarem em críticas a este texto, esclareço que não estou defendendo o desemprego de todos esses profissionais. Estou, veementemente, sustentando que em um país de administração tributária mais racional, a produção cresceria tanto que esses profissionais certamente teriam muito trabalho em atividades efetivamente mais eficientes para o crescimento profissional de cada um e para o crescimento da economia em que estariam inseridos.

Isso não precisa ser assim. A redução do número de impostos é, na teoria, objetivo unânime das partes envolvidas. Na prática, ninguém quer dar o primeiro passo. Além disso, há igual irracionalidade nos repasses tributários da União para os estados, e destes para os municípios, tudo sujeito a burocracias e barganhas políticas. Um passo gigantesco na direção da simplificação seria dado se os impostos federais nos quais os estados e municípios têm participação fossem fundidos e simplificados em um sistema que, com o uso das tecnologias disponíveis, permitisse que o contribuinte pagasse a uma central arrecadadora única, de administração pública autônoma, que faria a distribuição automática das quotas partes aos entes públicos que seriam os destinatários finais. Esses pontos já foram cobertos pela PEC 45, mas os contribuintes não se sensibilizaram o suficiente para buscar seus interesses legítimos perante seus representantes parlamentares. E, mais surpreendente, os estados e municípios não perceberam o significado e alcance político decorrente da modificação substancial das relações federativas, decorrente da possibilidade de receberem automática e imediatamente os seus repasses, sem necessidade de submissão ou barganha política.

DISTRIBUIÇÃO ASSIMÉTRICA DOS RISCOS EMPRESARIAIS – Muitos empreendedores atuais ou futuros empresários mantém uma visão retrógrada segundo a qual se consideram os únicos responsáveis pela produção e, por consequência, credenciados para ficar com todo o lucro. Em contrapartida, muitos empregados e suas lideranças, igualmente retrógrados, consideram-se em campos antagônicos aos interesses da empresa, e imaginam que possam garantir e melhorar os seus salários independentemente de a empresa ser bem sucedida, ou não. Nesse universo de equívocos conceituais potencializado por preconceitos de lutas de classes, o fisco atua como um terceiro indiferente, que se quer apropriar de uma parte dos resultados econômicos da produção, quer a empresa esteja tendo lucros ou prejuízos, quer os empregados estejam sendo demitidos, ou não. Em síntese, o empresário, nessas hipóteses que ocorrem em grande número, quer todo o lucro, e os empregados e o fisco agem como se pudessem se salvar, mesmo no naufrágio da empresa.

Em uma perspectiva empresarial e tributária em que prevalecessem princípios de justiça, isonomia, equidade e proporcionalidade, haveria o natural reconhecimento de que o empresário, com o seu trabalho de gestão e o seu capital, o assalariado, com a sua força de trabalho, seja braçal, seja intelectual, e o Estado, com a criação e manutenção das infraestruturas essenciais à atividade produtiva e ao consumo, são, os três, igualmente responsáveis pela produção e igualmente interessados no seu resultado. Portanto, deveriam desenvolver sistemas legais segundo os quais quando um ganha, todos ganham, proporcionalmente às suas contribuições. Quando um perde, todos perdem nas mesmas proporções.

Apesar dos efeitos da sonegação e da má distribuição da carga tributária, a direita prefere apenas fazer discursos sobre a necessidade de redução das despesas administrativas, sem distinguir entre as despesas indispensáveis, as necessárias e as supérfluas. Reduzir as despesas de administração do Estado a patamares de racionalidade e eficiência é muito bom e necessário, ressalvado que eficiência empresarial e eficiência governamental são conceitos diferentes, cada qual vinculado ao seu objetivo próprio. Para a empresa, eficiência é a busca do lucro com responsabilidade social. Para o Estado, a eficiência é a qualidade, ao menor custo possível, dos serviços públicos que presta, sem objetivar qualquer lucro e com foco no bem comum.

Dito tudo isso, enquanto não se reduzem as despesas descabidas do Estado, não deveria haver objeção a que, mediante reforma tributária de simplificação, tão urgente quanto possível, reduzissem-se os custos de administração tributária irracional que recaem sobre o contribuinte.

Não se questiona a necessidade e utilidade de reforma administrativa, especialmente com a erradicação do conceito de que emprego público deva ser espaço para a remuneração dos cabos eleitorais da próxima eleição. E está mais do que na hora de se cumprir a Constituição e limitar rigorosamente a administração pública a funcionários concursados. Os cargos em comissão deveriam estar totalmente reservados a funcionários concursados, que, quando convocados para exercer cargo de confiança, poderiam subir, no máximo e temporariamente, dois degraus do respectivo plano de carreira. Mas, nada disso altera o fato de que, se o país quer serviços públicos de qualidade, precisa ter funcionários públicos respeitados, bem treinados e bem remunerados, em todos os postos da administração pública.

A direita defende sempre o respeito às regras de mercado, e a lei da oferta e da procura. No que tem razão, a maior parte das vezes. Por outro lado, deveria admitir que, na administração pública, para estimular a procura de cargos por aqueles que estão em condições de exercê-los com excelência, também é preciso ofertar condições de trabalho, de compensação financeira e de benefícios compatíveis.

Na realidade, condicionar a reforma tributária à reforma administrativa é, algumas vezes, apenas uma estratégia daqueles que são privilegiados pelas distorções atuais do sistema tributário. O resultado é somar às dificuldades da reforma tributária, que já são imensas, as dificuldades da reforma administrativa, que não são menores. E, com isso, impedir ou retardar a reforma tributária.

Os setores privilegiados da economia combatem qualquer projeto de reforma tributária, porque qualquer projeto racional tenderia a acabar com os privilégios, ou pelo menos reduzi-los o máximo possível.

Também não se veem movimentos políticos da direita para aumentar os impostos daqueles que efetivamente pagam muito pouco, ou praticamente nada. A carga tributária do Brasil é de aproximadamente 37% do PIB. Mesmo que se considere que a população situada na linha da pobreza só paga impostos indiretos, para que a média seja de 37%, e como muitos pagam muito pouco ou nada dos impostos diretos, é possível, ou aritmeticamente demonstrável, que, no pequeno universo dos que mais pagam, alguns estejam pagando muito mais do que 37% de seus ganhos a título de impostos. Contra isso, muito pouca gente de direita se insurge.

Caberia falar aqui de uma estranha aliança entre a direita e a esquerda. Esta, muitas vezes defensora de ineficiências da administração pública e do aumento desordenado dos gastos públicos, e aquela, avessa a qualquer pagamento de impostos; ambas, em boa medida, responsáveis pelos resultados expostos anteriormente. Como isso exigiria uma digressão alongada, fica aqui apenas o registro.

Toda vez que o Estado gasta mais do que arrecada, a corrosão da sua economia pode até ser adiada, porém, mais cedo ou mais tarde, terá consequências graves.

O fato é que não existem mágicas econômicas. Toda vez que o Estado gasta mais do que arrecada, a corrosão da sua economia pode até ser adiada, porém, mais cedo ou mais tarde, terá consequências graves. E no equilíbrio relativo das necessidades, toda vez que alguns pagam de menos, outros pagam demais. E, se os detentores de privilégios tributários não concordarem em abrir mão deles, teremos todos de abrir mão da esperança de construirmos um país viável e justo, em que existam as desigualdades próprias da condição humana, mas se eliminem as desigualdades que agridem a dignidade e a cidadania de grande parte da população.

O eleitor consciente, em busca do voto democrático, deve-se informar sobre equilíbrio fiscal, sobre reforma administrativa e, sobretudo, sobre as ideias que seu candidato possa ter a respeito.

POTÊNCIA E PODER 10

No tempo de encaminhar a finalização deste livro, não se pode deixar de expor algumas ideias sobre o poder, que é a matéria-prima de toda atividade política. Exercer o voto democrático é o exercício de um ato de poder, o poder de eleger. E, ao mesmo tempo, é o exercício de um ato de delegação de poder, justamente para outorgar aos candidatos eleitos o poder de governar. Assim, nada mais natural que se indague o que é o poder.

O mundo está em constante transformação. As coisas, sejam as da natureza, sejam as construídas pelas mãos do homem, estão em constante transformação. Nada do que foi, será. Dentro de cada coisa existem átomos, cujos prótons e nêutrons formam um núcleo circundado por elétrons que se movem continuamente, criando campos de energia. Energia é potência. Toda coisa tem potência. A potência para permanecer o que é, na identidade do ser que constitui cada coisa, é a imanência. A potência para se transformar naquilo que virá a ser é o potencial de cada coisa. Cada coisa, no processo contínuo de transformação, tem o seu potencial, que é a capacidade de se transformar em uma de várias coisas que podem vir a ser.

Poder é a capacidade de determinar qual será o vir a ser de cada coisa, fazendo prevalecer uma ou algumas das alternativas do seu potencial. O calor, em determinada intensidade e circunstâncias, tem o poder de transformar o ovo em uma ave ou outra espécie de ovíparo. O calor aplicado de uma outra forma sobre o mesmo ovo tem o poder de produzir um ovo cozido. Uma vez quebrado o ovo, o calor que incida sobre suas partes tem o poder de produzir um ovo frito. O tempo, o sol e a umidade têm o poder de transformar um pedaço de madeira nobre em uma madeira apodrecida. O trabalho de um artesão competente tem o poder de transformar esse mesmo pedaço de madeira nobre em um artefato de uso doméstico, ou em uma escultura artística.

O que ouso classificar como um dos equívocos do marxismo foi tomar como premissa a crença de que cada coisa se transforma no seu contrário. Isso não é verdade, porque se cada coisa se transformasse no seu contrário, este também se transformaria no seu contrário, que seria a coisa original. O processo de transformação seria um círculo vicioso. A verdade é que cada coisa se transforma em uma ou algumas das coisas que são os seus potenciais de vir a ser. O poder define qual o potencial que prevalecerá, e com ele o vir a ser que virá.

Na argumentação dialética das escolas gregas de pensamento, de onde partiram Hegel, Marx e Engels, as ideias não se transformavam nas ideias contrárias. As teses, como proposições de ideias, eram desafiadas pelas antíteses, que eram ideias total ou parcialmente contrárias. Desse confronto nascia a síntese, que não é o contrário da tese. A síntese é o resultado de prevalecimento de um ou alguns dos vários potenciais da tese, tal como alterados e combinados com os potenciais da antítese.

As transformações contínuas de quase tudo que existe no mundo, exceto as relações de quantidade e de forma da aritmética e da geometria, não ocorrem só nas coisas. Ocorrem também nas pessoas, e nas comunidades ou sociedades de pessoas.

O ser humano também é um processo de transformação contínua, em que o óvulo se transforma em feto, este em pessoa, e esta em diferentes formas de pessoa ao longo da vida. Até se transformar em pó ou cinza. Em cada uma dessas etapas, sobre o potencial de se transformar em uma de várias formas ou tipos de pessoa, atua um poder determinante, que faz com que alguns potenciais se realizem a cada etapa, e outros se frustrem, definindo os diferentes tipos de pessoa que se é ao longo da vida.

Poder pessoal é a capacidade de realizar uma das alternativas do potencial de cada pessoa, no processo de transformação desta ao longo da vida. Pode ser o poder pessoal sobre si mesmo, chamado de autocontrole, autodeterminação, ou pode ser o poder de uma pessoa sobre outra, que pode ser o poder familiar, o poder patronal, o poder da medicina, o poder das pandemias, ou diferentes formas de poder.

Nenhum ser humano se transforma no seu contrário, o que implicaria em se transformar em um ser desumano, que não tivesse nem os atributos animais nem os atributos racionais. Exceto quando morre e deixa de ser um ser humano, porque a morte é o contrário da vida.

Da mesma forma a sociedade, como conjunto de pessoas, tem energia própria, como se as pessoas que a compõem fossem os átomos de um ser físico. Nos seres físicos, são os átomos, reunidos em moléculas, cada qual com o seu peso específico e suas próprias potencialidades, que compõem a sua massa. Nas sociedades humanas empresta-se o termo massa para designar o conjunto indefinido de pessoas, e é esse conjunto que dá forma e potência à sociedade. A sociedade, ou cada conjunto de pessoas com alguma identidade própria, também está em contínua transformação. O potencial de transformação de cada sociedade é enorme e tão intenso quanto sejam as energias sociais que se geram no relacionamento e movimentação das pessoas que a compõem.

Não existe predeterminação ou nenhuma forma de determinismo entre o ser e o vir a ser de cada sociedade. A sociedade que é, inevitavelmente se transformará na sociedade que virá a ser. As forças de transformação são tantas e tão complexas, atuando de formas tão variadas ao longo dos diferentes espaços de tempo, que o potencial de transformação de cada sociedade é infinito. As energias de transformação que se geram dentro dela são irresistíveis, de forma que alguma transformação sempre virá, contínua e permanentemente.

Na transformação das sociedades atuam, além das pessoas, outras energias ou potências de transformação que não dependem das pessoas que a compõem. São circunstâncias de tempo e lugar que interferem na transformação das sociedades, dependendo de onde se localizem e dos recursos naturais de que possam dispor. A essas energias se somam as energias intrínsecas da sociedade, resultante da movimentação de suas massas de pessoas. Exatamente porque as energias intrínsecas das sociedades são complexas, e altamente potentes, é impossível prever a forma de transformação que prevalecerá a cada instante. E é descabido supor que o vir a ser de cada sociedade será necessariamente um, e único, predeterminado por algum ou alguns aspectos da natureza da sociedade que foi.

Não há dúvida de que as energias internas do feudalismo transformaram a sociedade feudal em sociedade capitalista. Entretanto, dizer que o capitalismo é o contrário do feudalismo é uma ilusão ideológica criada para justificar a tese, equivocada, de que toda coisa se transforma no seu contrário. Caso o capitalismo fosse o contrário do feudalismo, o capitalismo seria um regime econômico em que os senhores feudais seriam os lavradores da terra, entregando parte substancial de suas colheitas aos antigos servos das glebas.

O potencial de transformação de cada sociedade é enorme e tão intenso quanto sejam as energias sociais que se geram no relacionamento e movimentação das pessoas que a compõem.

Visto que a transformação contínua da sociedade é um fato, causado pela potência de vir a ser que se gera na própria sociedade pela energia das ações humanas nela praticadas, o que se transforma em poder é a potência das massas humanas. O poder político é a capacidade de determinar, em alguma extensão, às vezes mínima, às vezes considerável, e nunca absoluta, qual será o vir a ser da sociedade. Em síntese, poder político é capacidade de direcionar a realização das potências geradas por energia própria no interior das massas humanas. Dito de outra forma, é a capacidade de controlar ou determinar, em alguma extensão, a transformação contínua e inevitável da sociedade.

Essa é uma afirmação muito importante, porque significa que o Brasil será, como sociedade em transformação contínua e inevitável, aquilo que a energia de suas massas humanas e o conjunto das suas forças de poder político fizerem com que seja.

O conjunto das forças do poder político, alinhadas ou antagônicas entre si, irá determinar que alguns potenciais de desenvolvimento do Brasil se realizem, e outros se frustrem. Os indivíduos que agirem sem interesse pela política estarão alienados de qualquer poder de interferir nessa transformação. E os que tiverem interesse no poder político precisam definir, conscientemente, como pretendem participar desse jogo de forças, ora alinhadas, ora antagônicas.

O Brasil já tem um potencial imenso para ser uma grande nação. Stefan Sweig observou isso ao criar a expressão "Brasil, país do futuro". Os fatores externos às suas massas populacionais são os mais favoráveis que se possam desejar, com todas as riquezas naturais imagináveis. A sua massa populacional é capaz de gerar energia de transformação ilimitada. E, se for educada no sentido mais amplo da expressão, gerará energia de transformação de muito melhor qualidade. Contudo, nada disso está assegurado.

O potencial do Brasil só se transformará em ato se as escolhas sobre quem deva exercer o poder político forem favoráveis ao bem comum do país, e se os políticos que forem escolhidos tiveram consciência da sua missão.

Para concluir este pequeno livro, em que, a voo de pássaro, se analisaram pressupostos do voto consciente nos governos democráticos, resta dizer alguma coisa sobre os sentimentos que nos fazem otimistas ou pessimistas em relação à democracia. Resta indagar se é possível ter esperança.

ESPERANÇA 11

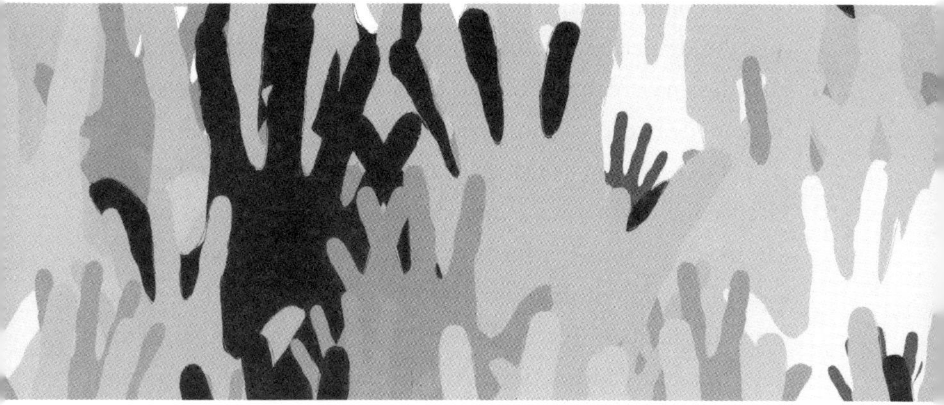

A expressão voto se origina do latim *votum*, que podia significar tanto o pedido como a promessa aos deuses, em pactos de formulação de desejos e de vocação de boas graças.

Na semântica atual, a palavra voto continua a significar o desejo, pelos bons votos que se possa fazer a alguém, e o compromisso que se possa assumir, pelos votos de fidelidade religiosa, matrimonial ou profissional. Muitas vezes o voto se confunde com o juramento de bem servir. Na conotação eleitoral o voto significa tudo isso, e mais a esperança de que o eleito cumpra as suas promessas e realize o bem comum.

A realização do seu próprio bem e a realização do bem comum são as principais esperanças do ser humano, no que diz respeito à sua vida terrena. O anseio que todo indivíduo tem, de que a vida possa lhe trazer generosas quantidades de coisas boas, e realizar a satisfação plena do seu próprio bem, concentra-se em parte no candidato, de quem o eleitor espera receber o completo atendimento dos seus interesses. Para alguns espíritos mais elevados, esses desejos votivos de coisas boas se ampliam para abranger o bem comum. Aquilo de que o indivíduo não se beneficia, senão indiretamente ou em compartilhamento com os seus contemporâneos; mas que satisfaz o seu anseio e o seu orgulho de pertencer a um país reconhecido como grande nas virtudes, nas realizações materiais e culturais, que projete a imagem de nação soberana, democrática e justa.

Os desejos, ou votos, pela aquisição dos bens individuais são predominantemente emocionais. São as emoções do eleitor, desde os seus instintos mais primitivos de sobrevivência até aos sentimentos mais sublimes de realização e reconhecimento pessoal, que mobilizam o eleitor em direção a uma determinada candidatura. Ainda que tais emoções possam passar pelos filtros da razão, a natureza fortemente emocional de suas escolhas é indisfarçável.

Já os desejos e os votos pela construção do bem comum são predominantemente racionais. Não se lhes negam conteúdos emocionais. Mas é a razão que diz ao eleitor minimamente esclarecido que é impossível fruir os benefícios individuais da riqueza em um país onde a riqueza é totalmente alheia à maioria, que a observa com o sentimento de injustiça. Ou fruir os benefícios da fartura, onde a maioria só conhece a amargura da miséria. Os sentimentos patrióticos verdadeiros não se limitam ao culto formal aos símbolos da pátria. Transcendem as aparências, para se materializar nas lutas pela construção de uma pátria que seja efetivamente a mãe gentil de todos os seus filhos. Os símbolos da pátria não valem por si mesmos. Valem, e valem muito, pelo que representam. E representam exatamente o bem comum. Representam os valores materiais e os valores morais de que ninguém se pode apropriar como exclusivamente seus, mas dos quais todos podem e devem fruir e com os quais devem alimentar as respectivas almas.

> *É impossível fruir os benefícios individuais da riqueza em um país onde a riqueza é totalmente alheia à maioria, que a observa com o sentimento de injustiça.*

A construção do bem comum, a definição dos destinos da humanidade como um todo e dos povos nacionais individualmente considerados podem ser objeto de crenças e de ação. Há quem acredite no destino, na fatalidade, e há quem acredite que a transformação da humanidade, da nação, do país, do estado, da cidade, dos indivíduos que habitam a cidade, em uma das muitas alternativas daquilo que têm a potência de ser, depende das escolhas e do esforço dos interessados.

Na visão religiosa, inspirada na filosofia e na teologia de Santo Agostinho, o destino dos seres humanos é a marcha da cidade dos homens para a cidade de Deus. O espírito humano seria inevitavelmente inclinado à verdade e, quando a descobre, não tem alternativas senão se encaminhar para a Verdade Suprema.

Na visão marxista, a história seria regida por leis inexoráveis da substituição de cada fase pelo seu contrário na fase subsequente, por força das próprias tensões da fase anterior. De tal forma que o destino das diferentes sociedades já estaria traçado naquilo que se convencionou chamar de determinismo histórico.

Para quem não consiga enxergar ou sentir nem a segurança de um futuro apontado pela religião nem o impulso irresistível do determinismo histórico, resta indagar se cada um de nós tem o livre arbítrio, a capacidade de fazer as próprias escolhas, notadamente as escolhas políticas.

O livre arbítrio também não é, e nunca foi, uma questão pacífica. Durante os muitos e muitos séculos em que a filosofia esteve atrelada às convicções religiosas, a capacidade humana de arbitrar o seu próprio destino era posta em dúvida, porque se confrontava com a vontade de Deus. Se Deus é onisciente, onipresente e todo-poderoso, tem desde sempre o conhecimento e o comando do destino de cada ser humano, que não pode ter escolhas próprias que não sejam a vontade de Deus. Mas, mesmo na ordem religiosa, esse pensamento era desafiado por outro, que admitia o livre-arbítrio exatamente como a expressão da vontade de Deus, que teria outorgado ao ser humano a liberdade de escolhas.

A essas considerações filosóficas e religiosas sobre a existência, ou inexistência, do livre-arbítrio, se juntaram outras informações e outras dúvidas, trazidas em tempos mais modernos pela neurociência, e pela perspectiva materialista do homem. Se o pensamento é fruto das reações químicas e da energia elétrica do cérebro, até que ponto o ser humano pode estar seguro de comandar efetivamente o seu pensamento e as escolhas que possa fazer, se sabidamente não tem consciência ou controle dessas reações químicas e elétricas?

As dúvidas filosóficas ficam no plano da razão. Isso não impede, entretanto, a certeza que temos de que podemos deixar os nossos jardins entregues às ervas daninhas, ou podemos decidir plantá-los como as flores da nossa predileção. Essas dúvidas filosóficas também não nos levam a ignorar os nossos sentimentos, quando nos emocionamos em presença de um gesto de solidariedade, ou de uma expressão de beleza. Ou quando nos sentimos tomados de grande desconforto em face de gestos que afrontam a dignidade humana.

Um país, uma nação, não são frutos do acaso.
São o resultado das ações humanas que sobre eles atuem.
O Brasil é o que dele fizemos até hoje, como brasileiros.
Ninguém, senão nós mesmos, como povo, tem culpa
ou mérito pelo que somos.

Não acho necessário enumerar aqui as nossas conquistas e realizações ao longo destes cinco séculos. Todos nós temos a percepção, mais ou menos clara, de tudo aquilo de que podemos nos orgulhar. Também não acho necessário enumerar todas as oportunidades que perdemos e os motivos pelos quais devemos nos envergonhar, e que demonstram, senão a incapacidade, pelo menos a omissão nas condutas de nos organizarmos como uma nação justa, próspera, de instituições fortes e efetivamente democráticas.

Mas cada dia é o primeiro dia do nosso futuro. *Carpe Diem*. Não há motivos para não alimentarmos a esperança de que somos capazes de construir uma nação muito melhor do que temos sido. A escolha de como queremos ser como cidadãos e que políticos queremos eleger para nos dirigir, ou se queremos nós próprios nos candidatar, é inteiramente nossa, de cada um de nós. Responderemos por essas escolhas no tribunal das nossas consciências ou nos orgulharemos delas quando tivermos que prestar contas a nós mesmos, ou aos nossos filhos e netos. A responsabilidade não é do outro. É de cada um de nós. O orgulho de fazer bem feito o que deve ser feito para o bem comum também é de cada um de nós. Basta que sejamos fortes no bem e na determinação de construirmos o nosso melhor destino.

*

Impressão e Acabamento | Gráfica Viena
Todo papel desta obra possui certificação FSC® do fabricante.
Produzido conforme melhores práticas de gestão ambiental (ISO 14001)
www.graficaviena.com.br